Muttersprache *plus*

Sprach- und Lesebuch 7 *Sachsen*

Erarbeitet von
Brita Kaiser-Deutrich, Silke König, Birgit Mattke, Jana Mikota, Viola Oehme, Elke Oll, Gerda Pietzsch, Bianca Ploog, Cordula Rieger, Luzia Scheuringer-Hillus, Birgit Schmidt, Adelbert Schübel, Wiebke Schwelgengräber, Bernd Skibitzki, Marianne Thiele, Viola Tomaszek, Ines Weghenkel

Unter Beratung von
Veronika Amm, Simone Fischer, Viola Oehme, Katrin Paape

Cornelsen
VOLK UND WISSEN

Inhalt

Richtig schreiben

Was weißt du noch aus Klasse 6?

1 Lies den folgenden Text.

Computersicherheit: Warum Phishing tatsächlich etwas mit Angeln zu tun hat

1 Ein ganz normaler Tag im E-Mail-Postfach: Es erwarten dich Nachrichten von Freunden und andere Mails, deren Absender du nicht kennst. Die Betreffzeilen dieser Mails sind oft mit englischen Wörtern gefüllt und versprechen Reichtum und günstige Angebote. Solche unerwünschten Werbe-E-Mails nennt man »Spam«. Sie sind lästig, verstopfen die Datenwege des Internets und machen es langsamer.

2 Die Spam-Mails erreichen euch aus der ganzen Welt. Aber woher weiß der Typ in Amerika eure E-Mail-Adresse? Kann sein, dass ihr sie ihm selber verraten habt, als ihr mal bei Gewinnspielen oder ähnlichen Aktionen teilgenommen habt, bei denen ihr eure Adresse angeben musstet. Die »Spammer« durchsuchen das Internet auch mit speziellen Programmen oder probieren Namenskombinationen, um nach E-Mail-Adressen zu fahnden, obwohl es verboten ist, ohne schriftliches O. K. von euch Werbung an euch zu senden.

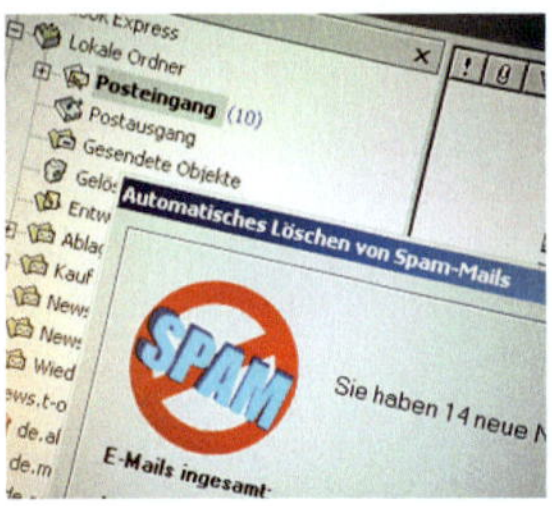

3 So schützt ihr euch: Gebt eure E-Mail-Adresse im Internet möglichst nie an. Ihr könnt euch eine Zweitadresse zulegen. Die kann man dann bei Bestellungen, Foren, Messenger angeben. Die andere ist für den persönlichen Mailverkehr bestimmt. Antwortet nie auf Spam-Mails!

4 Neben den Werbe-E-Mails können euch noch tückischere Mails in den Posteingang flattern. Es gibt Personen, die wollen sich eure Passwörter schnappen. »Phishing« (sprich: fisching) heißt diese Art von Datenklau. Unter einem Vorwand fragen sie die geheimen Daten ab. Sie versenden E-Mails, die anscheinend von den Seiten stammen, von denen sie die Kennwörter haben wollen. In der Mail ist ein Link enthalten, der auf eine täuschend echte Kopie der bekannten Website führt, und klickt man darauf, zappelt man schon fast am Haken. Auf der Internetseite, auf der man landet, wird man aufgefordert, seine Daten einzugeben und zack – schon hat der Bösewicht sie und kann sie selber benutzen.

5 So geht ihr nicht in die Falle: Geht nie direkt von Links in solchen E-Mails auf Seiten, die euch auffordern, eure Daten einzugeben. Und gebt nie persönliche Daten im Internet preis, wenn ihr nicht wisst, wozu das gut ist.

2 Bestimme, welche der Aussagen laut Text richtig oder falsch sind.

1 Phishing-E-Mails löschen geheime Kennwörter.
2 Phishing-E-Mails täuschen sichere Internetseiten vor.
3 Spam-E-Mails kommen aus der ganzen Welt.
4 Spam-E-Mails erkennt man an langen Wörtern in den Betreffzeilen.
5 Spam-E-Mails sind unerwünschte elektronische Post.

3 Ordne die folgenden Überschriften den Textabschnitten zu. Schreibe die Nummer des Abschnitts und den dazugehörigen Buchstaben auf.

A So funktioniert E-Mail-Phishing
B So könnt ihr dem Datenklau vorbeugen
C So kommen die »Spammer« an eure Adresse
D So könnt ihr euch gegen Spam-E-Mails schützen
E So erkennt ihr Spam-E-Mails

4 Wozu fordert dich der Text auf? Wähle die richtige Antwort aus.

Ich soll …
1 häufiger in das Internet, weil ich dort viele Informationen erhalte.
2 mehr darüber nachdenken, was ich warum im Internet tue.
3 meine E-Mails möglichst löschen, weil sie gefährlich sein können.
4 E-Mails und Internet selten nutzen, weil sie gefährlich sein können.

5 Ordne die folgenden Wörter nach Konjunktionen und Präpositionen.

bei – oder – mit – aber – doch – vor – aus – für

6 Ergänze die Sätze mit passenden Pronomen.

1 ___ kannst ___ E-Mail-Postfach durch ein Programm schützen, ___ Spams filtert. (Personal-, Possessiv-, Relativpronomen)
2 ___ prüfen E-Mail-Adressen und warnen vor ___, sobald ein unsicherer Absender vermutet wird. (Demonstrativ-, Personalpronomen)

7 Bestimme in den Sätzen der Aufgabe 6 die Haupt- und Nebensätze. Begründe deine Entscheidung.

Literarische Figuren in einem Jugendbuch untersuchen I

→ S.103 Eine literarische Figur beschreiben

1

a Lies folgenden Abschnitt aus einem Jugendbuch.

Das Buch spielt in Berlin-Charlottenburg. Der Ich-Erzähler Zoran und seine Freunde verbringen ihre Freizeit gemeinsam auf einem Platz in der Nähe der Stadtautobahn, wo sie Comic-Hefte lesen und Fußball spielen.

Zoran Drvenkar

Niemand so stark wie wir

Sein Name war Sebastian Tomalla, und er war anders als wir. Er war anders als alle, die wir kannten, und er kam ausgerechnet an einem Mittwoch in unser Leben reingeschneit. Wäre es ein anderer Tag gewesen, ich glaube, die Nachricht wäre einfach untergegangen. Aber weil der Mittwoch zu den wohl langweiligsten Tagen der Woche zählte, war uns jede Neuigkeit willkommen.

»Du, da ist einer bei uns eingezogen«, sagte Karim. »Im Erdgeschoss.«

»Der ist komisch«, fügte er nach ein paar Minuten hinzu.

Wir hockten in der gemütlichsten Höhle des Platzes. Es war direkt nach der Schule, überall tote Hose, also lasen wir Fix & Foxi-Comics und warteten, dass die Sonne nicht mehr so hart auf den Platz knallte. Wir wussten, das war gefährlich, konnte einem ohne Probleme einen Sonnenstich verpassen.

»Wer ist komisch?«, fragte ich.

»Na, der im Erdgeschoss. Er hat so einen Blick, du, den ich gar nicht verstehe. Unheimlich. Und er spricht nicht, nicht so richtig, du.«

»Isser stumm?«

Karim zuckte mit den Schultern.

»Ich bin nur kurz vorbeigegangen. Meine Mama meinte, ich sollte da mal ›Hallo‹ sagen. Ein Mädchen hat mir die Tür aufgemacht. Du, die war schön, so eine mit langen Haaren und Rock, weißt du?«

»Ui.«

»Mhm, habe ich also Hallo gesagt und wollte wieder abhauen, da fragte sie, ob ich nicht reinkommen will.« [...]

Eli stieß kurz darauf zu uns, und nachdem Karim alles noch mal wiederholt hatte, wollte Eli unbedingt sehen, wer der Irre nun war. Also trotteten wir in die Philippistraße zur Nummer 10 und klingelten im Erdgeschoss bei Tomalla.

Eine Frau machte auf.

Wir wurden ganz rot im Gesicht, besonders ich, denn ich hatte die Schwester von dem Irren erwartet, und als die Mutter öffnete, wusste ich nicht mehr, was genau ich hier eigentlich tat.

»Guten Tag«, sagte Karim. »Ich war schon mal da. Meine Freunde wollten auch mal Hallo sagen.«

»Wohnt ihr alle hier im Haus?«, fragte Frau Tomalla.

»Nee«, sagte Eli, »wir sind aus der Umgebung.«

»Dann kommt doch rein. Ihr wollt sicher zu Sebastian?«

Karim war der Schnellste: »Genau.«

Sie führte uns zu seinem Zimmer. »Er liest gerade, geht ruhig rein.«

Wir traten durch die Tür und blieben stehen, als ob sich vor uns ein Abhang befinden würde. Sebastian saß im Schneidersitz auf dem Boden. Unter seinem Hintern befand sich ein dickes, rotes Kissen. Er hatte ein Buch auf seinem Schoß, der Rücken war gerade, die Schultern nach hinten gezogen. Ein dünnes Stäbchen brannte über einer Schale, der Rauch war würzig und kringelte sich in die Luft, bevor ihn die Sonnenstrahlen zerfledderten.

»Echm ... Hallo!«, sagte Karim.

Sebastian sah uns an, das Buch weiterhin in den Händen und der Blick eine fragende Mischung aus Was-wollt-ihr-denn-hier und Was-tue-ich-denn-hier.

»Du, das sind meine Freunde.«

Sebastian kam auf die Beine, streckte seine Hand aus und sagte: »Sprudel.«

Es war unglaublich. Wir konnten darauf einfach nichts erwidern. Unsere Hände waren schlaff wie frische Eierkuchen.

Sebastians Mutter erschien mit einem Tablett, auf dem ein Teller voller Kekse und vier Limonadengläser standen.

»Setzt euch doch«, sagte sie, »Sebastian, mach bitte das Fenster ein Stück auf, es ist ein wenig stickig hier.«

Sebastian machte das Fenster ein Stück auf, und als wir dann alle auf dem Boden saßen, geschah das Verrückteste, was mir in den wenigen Jahren meines Lebens bisher untergekommen war. Sebastians Mutter setzte sich zu uns.

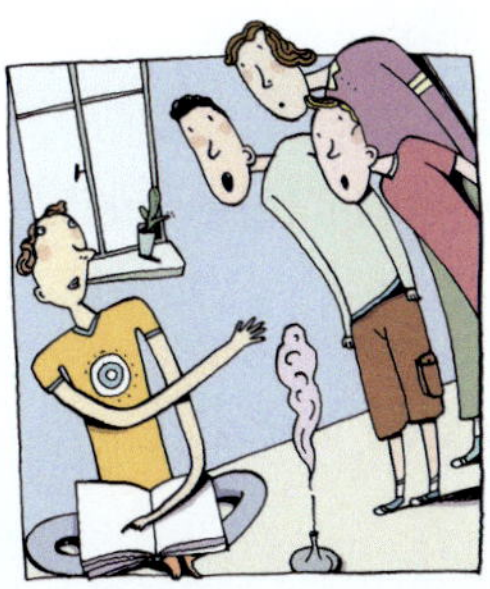

»Ich muss euch einiges erklären«, sagte sie.

Wir starrten sie an. Karims offener Mund erreichte eine Rekordweite. Ich hätte ihm locker meinen Fuß reinstecken können.

»Sebastian hat einige Probleme, und eines davon ist, er will nicht sprechen. Ab und zu sagt er ein Wort, den Rest der Zeit schweigt er.«

»Warum?«, fragte ich.

Sie sah Sebastian an, der sah seine Hände an, dann fuhr sie ihm zärtlich durchs Haar und er zuckte nicht zurück.

»Ich weiß es nicht«, sagte Frau Tomalla.

Das klang so traurig, dass ich schlucken musste. Neben mir bewegte sich Eli unruhig. Karim bekam noch immer nicht den Mund zu, jetzt hätte mein Kopf reingepasst.

»Darum seid bitte nicht gemein zu ihm«, wandte sie sich an uns.

»Wie macht er das denn in der Schule?«, fragte ich plötzlich.

Für mich schien das die Lösung aller Probleme: keine Antworten, keine Schule. Wenn ich das erfolgreich durchzog, war ich aus dem Schneider und musste nie mehr hin.

»Er geht auf eine besondere Schule. Es ist eine Schule für Sprachbehinderte. Sie können ihm aber nicht viel helfen. Die Ärzte sagen, es liegt ganz allein an ihm, ob er spricht oder nicht. Seine Stimmbänder sind in Ordnung, alles funktioniert.«

»Hat er denn früher gesprochen?«, wollte Eli wissen.

»Er hat, aber das ist lange her.«

Und da geschah es, dass wir alle drei gleichzeitig von Frau Tomalla zu Sebastian blickten. Er hatte die Augen noch immer auf seinen Händen. Eines war sicher, taub war er nicht.

»Gut, ich lass euch jetzt mal allein. Lernt euch besser kennen. Und wenn ihr mehr Limonade wollt, dann sagt mir einfach Bescheid.«

Als sie aufstand, erwartete ich, dass sie auch uns durch die Haare fahren würde. Sie tat es nicht, sondern schloss die Tür leise hinter sich und ließ uns allein.

Wir sahen Sebastian an, der noch immer seine Hände ansah.

Lernt euch besser kennen. Gute Idee, nur wie?

Sebastian blickte auf.

Wir schwiegen zu viert.

Einen Cluster anfertigen

b Sebastian stellt sich selbst mit dem Namen »Sprudel« vor. Stellt Vermutungen dazu an, wie er wohl zu dem Spitznamen gekommen ist. Sammelt eure Ideen in einem Cluster und stellt den Cluster vor.

c Tragt zusammen, auf welche Schwierigkeiten Sprudel im Leben treffen könnte. Sprecht darüber und notiert Stichpunkte.

d Lies den Text noch einmal und notiere in Stichpunkten, wer zur Clique gehört und was du über die Jungen erfährst.

e Löse eine der folgenden beiden Aufgaben.

Einen Steckbrief schreiben

Einen Tagebucheintrag verfassen

A Wähle eine Figur aus und verfasse einen Steckbrief, in dem du die Merkmale der Figur vorstellst.

B Wähle eine Figur aus und verfasse einen Tagebucheintrag, den sie am Abend nach dem Besuch schreiben könnte. Gestalte ihn so, dass die Gedanken und Gefühle der Figur und ihr Verhältnis zu anderen deutlich werden.

2

→ **S.109** Innere und äußere Handlung

a Lies, wie es mit Sprudel und den anderen weitergeht.

Adrian, der älter ist und in der Jungenclique das Sagen hat, ist nicht begeistert darüber, dass Sebastian neues Gruppenmitglied ist. Beim Fußballspiel kommt es zum Streit.

»Das war ’n Elfer«, sagte Adrian und stand auf.
»Okay«, sagte Eli.
»Das war ’n Elfer«, sagte Adrian erneut, diesmal lauter und sah sich um.
Niemand nickte, niemand widersprach.
»Was ist los mit euch, habt ihr euch in die Hosen geschissen oder was? Ich bin okay, werd zwar ein wenig humpeln, das ist aber alles, macht euch keine Gedanken. Aber erst der Elfer, den versenk ich persönlich, dann sehen wir weiter.«
Er nahm sich den Ball und ging zur Torlinie. Er humpelte dabei nicht.
»Hi«, sagte Adrian und lächelte Sprudel zu.
Ich setzte mich neben Eli auf einen der Felsen. Was brachte es, sollte der Arsch doch seinen Elfer haben, wenn er damit glücklich wurde.
Eli blickte mich ratlos an, ich hob nur die Schultern. Später wollte ich ihm erklären, dass jeder wusste, dass Adrian nur eine Show abgezogen hatte. Später.

»Acht, neun, zehn, elf …«
Der Ball wurde postiert, dann entfernte sich Adrian von ihm, um Anlauf zu nehmen.
»Wo willst du ihn hinhaben?«, rief er Sprudel zu.
Sprudel sparte sich eine Antwort und ging leicht in die Knie. Er war zwar kein guter Torwart, aber dumm war er nicht.

Mit etwas Glück würde er den Ball aus der Luft fischen, und die Sache wäre gegessen. Klüger wäre es natürlich gewesen, den Ball durchzulassen, damit Adrian sich freuen konnte. Wenn er sich freute, verschwand der Dampf aus seinem Kopf, und er war wieder der beste Freund, den wir hatten.

Adrian kam angeprescht.

Ich blinzelte einmal kurz, dann kam der Schuss und landete genau in Sprudels Gesicht.

Der Treffer warf ihn einen Meter ins Tor hinein, sodass sein Hinterkopf knapp einen der Felsen verfehlte. Ein dumpfer Aufprall erklang, und Sprudel lag auf dem Rücken, direkt vor unseren Füßen. Es staubte um ihn herum, und im nächsten Moment lief ein dicker Faden Blut aus seiner Nase.

Sprudel lag still.

In den wenigen Sekunden, in denen das passierte, war ihm die Schirmmütze von seinem Kopf geflogen und auf der Latte gelandet. Dort hockte sie abwartend wie ein aufgeschreckter Vogel. Auch Sprudels Brille war nicht mehr an ihrem Platz. Sie lag zwischen seinen gespreizten Beinen und funkelte in der Sonne.

Wir rührten uns nicht. Wir saßen nur da und glaubten nicht, was Adrian getan hatte. Jedem war klar, dass das kein Unfall gewesen war. So etwas konnte passieren, aber nicht an einem solchen Tag mit einem solchen Typen wie Adrian.

Rutsche kam als Erster wieder in Bewegung und flitzte an Sprudels Seite. Er hob vorsichtig seinen Kopf an und tastete ihm über die Brust, um nach dem Herzen zu suchen. Endlich wurde es auch für uns leichter, aus der Erstarrung zu kommen. Wir scharten uns um den armen Kerl. Eli schnappte sich eine Flasche und rannte die Böschung hinauf, um von zu Hause Wasser zu holen; Karim rollte seine Trainingsjacke zusammen und schob sie Sprudel unter den Kopf, während ich mit einem Pappdeckel Luft fächelte. Ich weiß nicht mehr, was die anderen Jungs taten, ich hörte nur ihre aufgeregten Stimmen, ihre Ratlosigkeit und ihre Fragen, was wir jetzt nur tun sollten.

Ein Rinnsal Blut kroch Sprudel beständig aus der Nase. Was konnte ihn aufhalten? Beine hoch? Eis auf den Nacken? Warum wurde er nicht wach und öffnete seine Augen?

Eli kam mit dem Wasser und kippte nach kurzem Zögern die ganze Flasche über Sprudels Gesicht. Das half ein wenig. Sprudel begann sich zu rühren und blinzelte.

»Noch auf der Erde?«, fragte ich leise.

Er nickte.

Die Jungs atmeten laut auf, ein regelrechtes Zischen der Erleichterung schwebte über unseren Köpfen. Für Sekunden hatten wir ernsthaft gedacht, es wäre vorbei mit Sprudel. Entspannung machte sich breit, dann kam der Schatten. Ich scherze nicht, er kam wirklich.

Wir hatten so gestanden und gehockt, dass die Sonne auf Sprudel fiel, weil wir sehen wollten, wo er getroffen worden war.

Der Schatten überdeckte alles.

Wir wandten uns um, sahen gleichzeitig auf.

Da war er, den Ball unter den Arm geklemmt, ein Grinsen auf den Lippen.

»Na, lebt er noch?«

»Kannst froh sein, dass er das noch tut«, antwortete Christian.

»Du, das war nicht fair, das weißt du doch, oder?«, fügte Karim leise hinzu.

Adrian spuckte aus.

»Das ist die falsche Frage«, sagte er.

Niemand wollte wissen, was die richtige Frage war, dennoch gab Adrian sie uns.

»Die richtige Frage ist: War das nun ein Tor oder nicht?«

b Fasse die Ereignisse des Textausschnitts mit eigenen Worten zusammen.

c Was hältst du von Adrians Verhalten? Begründe deine Meinung.

Textstellen suchen

d Untersuche Adrians Verhalten. Notiere dazu die passenden Textstellen.

Adrians Verhalten	Zeilenangabe	Zitat
spricht laut, beharrt auf seinem Recht …	Zeile 99, 101–102 …	»Das war'n Elfer«, sagte Adrian … »Das war'n Elfer«, sagte Adrian erneut, diesmal lauter …

e Wähle eine der folgenden Aufgaben aus.

A Schreibe einen Steckbrief über Adrian, in dem du ihn vorstellst.

B Schreibe einen Tagebucheintrag oder einen Brief Adrians.

C Schreibe eine Fortsetzung der Geschichte. Wie könnten die Jungen Adrian nach dem Vorfall behandeln?

C Wir schauten uns an. Als Erster …

So kannst du Besonderheiten von Figuren erkennen und darstellen

1. Suche Textstellen, in denen etwas über die Figur gesagt wird. Markiere sie auf einer Kopie oder notiere Seiten- und Zeilenangaben. Orientiere dich z. B. an folgenden Fragen:
   - Wie sieht die Figur aus?
   - Welche Eigenschaften werden ihr zugeschrieben?
   - Welche Gefühle werden benannt?
   - Wie verhält sich die Figur? Auf welche Eigenschaften und Gefühle lässt ihr Verhalten schließen?
   - Welche Beziehungen hat die Figur zu anderen Figuren?
2. Ordne deine Ergebnisse: Notiere Stichpunkte oder gestalte einen Cluster bzw. eine Tabelle zu den äußeren und inneren Merkmalen der Figur.
3. Schreibe einen Text **über** die Figur, **an** die Figur oder **aus der Perspektive** der Figur (z. B. Steckbrief, Fortsetzung der Geschichte, Brief oder Tagebucheintrag).

f Lest euch eure Texte gegenseitig vor und vergleicht sie. Besprecht, was ihr besser machen könnt.

3 Erfinde selbst eine literarische Figur.

a Stell dir vor, ein weiteres Mitglied wird in die Clique aufgenommen. Sammle zuerst äußere und innere Merkmale deiner Figur in einem Cluster oder einer Tabelle.

b Überlege, wie die erste Begegnung verlaufen könnte. Sammle Ideen mithilfe von W-Fragen, wie z. B.: *Wo? Wann? Wer?* ...

c Entwirf deine Geschichte von der ersten Begegnung mit einem neuen Mitglied der Clique.

Was habe ich gelernt?

4 Überprüfe, was du über das Untersuchen literarischer Figuren gelernt hast. Stelle in einem Cluster dar, welche Fragen du stellen musst, um etwas über eine Figur zu erfahren.

Eine Schreibwerkstatt durchführen

! In einer **Schreibwerkstatt** steht der Spaß am gemeinsamen Schreiben im Mittelpunkt. Wie in einer Werkstatt wird gemeinsam an Texten gearbeitet. Die einzelnen Arbeitsschritte sind das Werkzeug und die Sprache ist das Material.

1 Es gibt verschiedene Möglichkeiten, Texte gemeinsam zu planen und zu gestalten. Probiert folgendes Vorgehen aus.

Themen finden

a Bringt interessante Gegenstände oder Bilder z. B. zum Thema »Clique und Außenseiter« mit und sammelt sie in einem Karton. Zieht einen Gegenstand bzw. ein Bild.

Ideen sammeln, Texte planen

TIPP
Führt ein Brainstorming durch oder notiert eure Ideen in einem Cluster.

b Schreibt alles auf, was euch zu dem Gegenstand oder Bild einfällt.

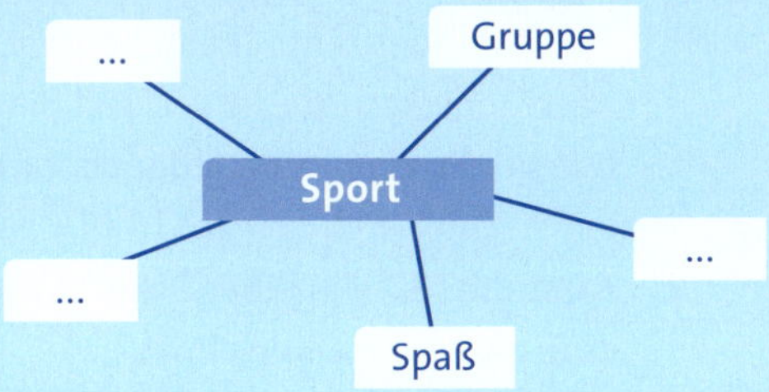

c Vergleicht eure Notizen, ergänzt und überarbeitet sie.

d Entscheidet, was für einen Text ihr schreiben möchtet: ein Gedicht, eine Erzählung, einen Brief o. Ä.

Textentwürfe schreiben und überarbeiten

e Schreibt eure Textentwürfe mithilfe der Notizen.

f Einigt euch, wie ihr beim Überarbeiten vorgehen wollt. Überarbeitet eure Texte allein, zu zweit oder in der Gruppe.

Endfassungen gestalten

g Präsentiert die fertigen Texte. Gestaltet z. B. ein Poster / eine Mappe.

2 Ihr könnt auch eine Fließbanderzählung schreiben.

a Schreibt dazu einen möglichen Anfangssatz auf, gebt das Blatt reihum und ergänzt immer nur einen passenden Satz.

Es regnete bereits seit Tagen. ...

TIPP
Wiederholt, wie man Texte gemeinsam überarbeiten kann.

b Einigt euch, wie ihr die Erzählung beenden wollt, und sucht eine passende Überschrift.

c Überarbeitet den Text gemeinsam und schreibt eine Endfassung.

3 Gemeinsam lassen sich Geschichten besonders gut am Computer schreiben, z. B. Fortsetzungs-, Hypertext- oder E-Mail-Geschichten. Probiert Folgendes aus.

Texte planen und gestalten

a Erfindet zwei Figuren, die sich gegenseitig E-Mails schreiben und darin ihre alltäglichen Erlebnisse, Gedanken und Gefühle erzählen.

TIPP
Speichert alle E-Mails in einem extra Ordner. Ihr könnt sie zusätzlich auch ausdrucken.

b Schreibt diese E-Mails aus der Sicht eurer Figuren. Geht dabei so vor: Eine Schülerin/Ein Schüler beginnt und schickt die E-Mail an die/den nächsten, diese/dieser verfasst die Antwort und schickt sie weiter. Das geht so lange, bis jede/jeder mindestens einmal dran war.

c Fasst die Texte in einer Datei zusammen und sucht gemeinsam eine passende Überschrift.

Texte überarbeiten, Endfassung schreiben

d Überarbeitet die Texte so, dass sie eine zusammenhängende Geschichte ergeben.

Fabeln lesen und verstehen

1 Die Fabeln von Äsop, einem Sklaven, gehören zu den ältesten.

a Lies die folgende Fabel.

Der Löwe und die Maus

Als der Löwe schlief, lief ihm eine Maus über den Körper. Aufwachend packte er sie und war drauf und dran, sie aufzufressen. Da bat sie ihn, er solle sie doch freilassen: »Wenn du mir das Leben schenkst, werde ich mich dankbar erweisen.« Lachend ließ er sie laufen. Es geschah aber, dass bald darauf die dankbare Maus dem Löwen das Leben rettete. Denn als er von Jägern gefangen und mit einem Seil an einen Baum gebunden wurde, hörte ihn die Maus stöhnen. Sie lief zu ihm, und indem sie das Seil rundherum benagte, befreite sie ihn. »Damals«, sagte sie, »hast du gelacht über mich und nicht erwartet, dass ich es dir vergelten könnte, jetzt weißt du, dass auch Mäuse dankbar sein können!«

●●● **b** Formuliere in einem Satz, was der Löwe von der Maus lernt.

Eine Fabel nacherzählen

c Lies die Fabel noch einmal. Notiere Stichpunkte zum Inhalt und erzähle die Fabel nach.

d Begründe, warum dieser Text eine Fabel ist. Nutze den Merkkasten.

!

Die **Fabel** (lat. *fabula* – Erzählung) ist ein kurzer erzählender oder gereimter Text. Zu ihren **Merkmalen** zählen:
- Tiere denken, handeln und sprechen wie Menschen,
- den Tieren sind bestimmte menschliche Eigenschaften zugeordnet, z. B.: *starker Wolf, listiger Fuchs,*
- Fabeln enthalten eine Lehre (zentrale Aussage), die aus dem Text erschlossen werden kann oder die sogar genannt wird.

Bekannte Fabeldichter sind Äsop (6. Jh. v. Chr.), Martin Luther (16. Jh.), Jean de La Fontaine (17. Jh.), Gotthold Ephraim Lessing (18. Jh.) und Iwan Krylow (19. Jh.). Zu den bekannten Fabelautoren des 20. Jahrhunderts zählen u. a. Wolfdietrich Schnurre und James Thurber.

Eine Fabel untersuchen

2

a Betrachte das Verhalten der Maus genauer. Stelle ihre äußeren und inneren Merkmale in einem Cluster oder einer Mindmap dar.

b Einem von beiden Tieren wird eine Wesenseigenschaft zugeschrieben. Suche die entsprechende Textstelle heraus. Ergänze weitere Adjektive, um das Tier treffend zu beschreiben.

TIPP
Nutze auch das Ergebnis der Aufgabe b.

c Der Löwe und die Maus – gegensätzlicher kann ein Paar kaum sein. Suche für beide Tiere aus der Fabel Eigenschaften heraus, die das verdeutlichen. Stelle deine Ergebnisse in einer Tabelle dar.

3

a Lies die Fabel von Martin Luther (1483–1546) in der Sprache des 16. Jahrhunderts.

Vom Frosch und der Maus

Eine Maus wäre gern über ein Wasser gewest und konnte nicht und bat einen Frosch um Rath und Hülfe. Der Frosch war ein Schalk und sprach zur Maus: »Binde deinen Fuß an meinen Fuß, so will ich schwimmen und dich hinüberziehen.« Da sie aber aufs Wasser kamen, tauchet der Frosch hinunter und wollte die Maus ertränken. Indem aber die Maus sich wehret und arbeitet, fleuget eine Weihe[1] daher und erhaschet die Maus, zeucht den Frosch auch mit heraus und frisset sie beyde.
Lehre: Siehe dich für, mit wem du handelst! Die Welt ist falsch und Untreu voll. Denn welcher Freund den andern vermag, der steckt ihn in 'n Sack. Doch schlägt Untreu allzeit ihren eigen Herrn, wie dem Frosch hie geschieht.

[1] mittelgroßer Greifvogel

b Tauscht euch über das Verhalten des Frosches und der Weihe aus.

c Schreibe dir unbekannte Wörter aus dem Text von Martin Luther heraus und übersetze sie. Übertrage den Text in heutiges Deutsch.

gewest – gelangt, …

d Lest euch eure Textfassungen gegenseitig vor und vergleicht sie.

e Formuliere die Lehre aus dem Text von Martin Luther neu. Nutze dabei z. B. bekannte Sprichwörter.

4 Wählt einen der im Merkkasten auf S.17 genannten Fabeldichter aus und informiert euch über dessen Schaffen.

TIPP
Ihr könnt in der Bibliothek oder im Internet suchen.

a Sammelt Informationen zu seinem Lebenslauf und präsentiert diese vor der Klasse.

b Tragt eine Fabel des Dichters mit verteilten Rollen vor. Begründet eure Auswahl.

c Formuliert die Lehre der gewählten Fabel in einem Satz.

d Weist an dem ausgewählten Text die Merkmale einer Fabel nach.

Eine Fabel schreiben

5 Deine Klasse möchte für einen Schreibwettbewerb selbst ein Fabelbuch schreiben.

Über die Aufgabe nachdenken

a Überlege, für wen und aus welchem Anlass du eine Fabel schreiben möchtest.

Den Inhalt planen

b Wähle eins der Sprichwörter aus oder suche selbst eins.

→ S.182, 184 Redewendungen und Sprichwörter

Wer andern eine Grube gräbt, fällt selbst hinein.

Der Klügere gibt nach.

Wenn zwei sich streiten, freut sich der Dritte.

c Überlege, welche Tiere mit welchen »menschlichen Eigenschaften« in deine Fabel passen würden.

d Notiere die Handlung in Stichpunkten.

Einen Textentwurf schreiben

e Schreibe einen Textentwurf, lass einen breiten Rand zum Überarbeiten. Verwende wörtliche Rede und formuliere eine Lehre.

f Führt zu euren Entwürfen eine Schreibkonferenz durch.

Den Entwurf überarbeiten

g Überarbeite deinen Entwurf. Schreibe die Endfassung. Du kannst deine Fabel auch mit Zeichnungen versehen.

h Stellt euch eure Fabeln gegenseitig vor und sammelt sie in eurem Fabelbuch.

6 Fabeln gibt es auch in gereimter Form.

Eine Fabel vortragen

a Lies folgende Fabel von Jean de La Fontaine (1621–1695). Versuche, den richtigen Sprechrhythmus zu finden.

Der Frosch und der Ochse

Ein Frosch sah einen Ochsen stehn
von mächt'gem Wuchs auf einer Wiese.
Selbst winzig wie ein Ei, wollt er vor Neid vergehn.
Groß möchte er sein wie dieser Riese!

Er bläht sich auf, wird dicker, mehr und mehr.
»He, Schwester«, ruft er, »schau mal her!
Sag, ist es schon so weit? Ich schaff's auf jeden Fall!«
»Ach, keineswegs!« – »Und jetzt?« – »Nie wirst du solch Koloss!«
»Und jetzt?« – »Hör auf!« – »Und jetzt?« – Da gab es einen Knall.
Geplatzt war er, der Gernegroß!

Es wimmelt auf der Welt von aufgeblähten Bäuchen.
Ein Schloss möcht sich erbau'n der kleinste Krämer[1] schon,
Gesandte hielte gern sich ein Provinzbaron
Und Pagen[2] jeder Geck[3], um großen Herrn zu gleichen.

[1] Händler
[2] Diener
[3] Angeber

b Übt den Vortrag mit verteilten Rollen.

c Weise anhand des Textes die Merkmale einer Fabel nach.

d Schreibe den Text in Prosaform auf. Achte auf die Wirkung deiner Textfassung im Vergleich zur Versform.

Was habe ich gelernt?

7 Überprüfe, was du über Fabeln gelernt hast. Wähle dazu eine der folgenden Aufgaben aus.

1. Lies eine Fabel deiner Wahl vor und baue absichtlich einen falschen Satz ein. Die anderen müssen ihn herausfinden.
2. Wähle zwei Fabeln aus, schreibe diese ordentlich am Computer ab und zerschneide sie. Deine Mitschüler sollen aus den Puzzleteilen die Fabeln wiederherstellen.
3. Lies den anderen eine Fabel vor. Ergänze diese mit zwei erfundenen Lehrsätzen und lass sie den richtigen herausfinden.

Darstellendes Spiel

1

a Stelle dir vor, du befindest dich im Kostümfundus eines Theaters. Suche eine für dich passende Verkleidung. Begründe deine Wahl.

b Hast du selbst schon einmal in einem Theaterstück mitgewirkt? Berichte von deinen Erfahrungen.

Blick in den Kostümfundus eines Theaters

Ein Rollenspiel erarbeiten

2 Erarbeitet ein Rollenspiel zur Fabel »Der Löwe und die Maus« (S. 17, Aufgabe 1 a).

a Was sagt der Löwe, was die Maus? Schreibt für jede Rolle den Text.

b Überlegt, was ihr an »Kostümen« und Requisiten braucht. Arbeitet mit einfachen Mitteln.

c Spielt euer Rollenspiel vor. Beurteilt danach gegenseitig eure Ergebnisse. Besprecht, was ihr besser machen könnt.

3 Übertragt die Fabel »Der Frosch und der Ochse« (S. 20, Aufgabe 6 a) auf die Welt der Menschen und entwickelt ein szenisches Spiel dazu.

a Wiederholt die Lehre der Fabel und überlegt, wie ihr den Inhalt der Fabel auf eine Situation im menschlichen Alltag übertragen könnt.

b Probt ein szenisches Spiel zu einer solchen Alltagssituation.

c Beobachtet als Zuschauer das Spiel genau und gebt Tipps zur Verbesserung.

d Wiederholt euer Spiel mit anderen »Schauspielern«. Besprecht, was verbessert wurde.

4 Fasst eure Spielszenen unter dem Titel »Von Tieren und Menschen« zu einer kleinen Theatervorstellung zusammen.

5 Erprobt euch als Schauspielerinnen/Schauspieler in einem Drama. Gestaltet die Szenen des Dramas »Verzieh dich!« (S. 41–46) für eine Theatervorführung. Überlegt gemeinsam, wie ihr dazu vorgehen wollt.

6 Beschäftigt euch mit einem Sketch.

Ein Gespräch lesen

a Lest das folgende Gespräch. Überlegt, was bei diesem Gespräch schiefläuft. Geht es wirklich nur um das Ei?

Loriot

Das Frühstücksei

Das Ehepaar sitzt am Frühstückstisch. Der Ehemann hat sein Ei geöffnet und beginnt nach einer längeren Denkpause das Gespräch.

Er Berta!
Sie Ja ...!
Er Das Ei ist hart!
Sie *(schweigt)*
Er Das Ei ist hart!
Sie Ich habe es gehört ...
Er Wie lange hat das Ei denn gekocht ...
Sie Zu viel Eier sind gar nicht gesund ...
Er Ich meine, wie lange dieses Ei gekocht hat ...
Sie Du willst es doch immer viereinhalb Minuten haben ...
Er Das weiß ich ...
Sie Was fragst du denn dann?
Er Weil dieses Ei nicht viereinhalb Minuten gekocht haben *kann*!
Sie Ich koche es aber jeden Morgen viereinhalb Minuten!
Er Wieso ist es dann mal zu hart und mal zu weich?
Sie Ich weiß es nicht ... ich bin kein Huhn!
Er Ach! ... Und woher weißt du, wann das Ei gut ist?
Sie Ich nehme es nach viereinhalb Minuten heraus, mein Gott!

Er Nach der Uhr oder wie?

Sie Nach Gefühl ... eine Hausfrau hat das im Gefühl ...

Er Im Gefühl? ... Was hast du im Gefühl?

Sie Ich habe es im Gefühl, wann das Ei weich ist ...

Er Aber es ist hart ... vielleicht stimmt da mit deinem Gefühl was nicht ...

Sie Mit meinem Gefühl stimmt was nicht? Ich stehe den ganzen Tag in der Küche, mache die Wäsche, bring deine Sachen in Ordnung, mache die Wohnung gemütlich, ärgere mich mit den Kindern rum, und du sagst, mit meinem Gefühl stimmt was nicht!?

Er Jaja ... jaja ... jaja ... wenn ein Ei nach Gefühl kocht, dann kocht es eben nur *zufällig* genau viereinhalb Minuten!

Sie Es kann dir doch ganz egal sein, ob das Ei *zufällig* viereinhalb Minuten kocht ... Hauptsache, es *kocht* viereinhalb Minuten!

Er Ich hätte nur gern ein weiches Ei und nicht ein *zufällig* weiches Ei! Es ist mir egal, wie lange es kocht!

Sie Aha! Das ist dir egal ... es ist dir also egal, ob ich viereinhalb Minuten in der Küche schufte!

Er Nein-nein ...

Sie Aber es ist *nicht* egal ... das Ei *muss* nämlich viereinhalb Minuten kochen ...

Er Das habe ich doch gesagt ...

Sie Aber eben hast du doch gesagt, es ist dir egal!

Er Ich hätte nur gern ein weiches Ei ...

Sie Gott, was sind Männer primitiv!

Er *(düster vor sich hin)* Ich bringe sie um ... morgen bringe ich sie um ...

b Lest den Sketch jetzt noch einmal mit verteilten Rollen. In welchem Tonfall sprechen die Partner miteinander?

Einen Sketch spielen

c Stellt euch eine andere komische Situation zwischen diesem Ehepaar vor, schreibt einen kurzen Sketch dazu und spielt ihn vor.
Achtet auf folgende Punkte:
- Mimik: Der Gesichtsausdruck muss zum Text passen.
- Gestik: Körperbewegungen (z. B. Hände) unterstreichen den Text.
- Aussprache: Immer laut und deutlich sprechen!

Ein Stegreifspiel durchführen

7 Macht ein Stegreifspiel zu einer Alltagssituation, d. h., ihr spielt ohne Vorbereitung.

a Sucht aus folgenden Situationen eine aus und verteilt die Rollen.

A Der Vater weist die Tochter zurecht, weil sie nicht pünktlich zu Hause war.
B Im Supermarkt drängelt sich eine ältere Dame vor. Ein Junge versucht freundlich zu seinem Recht zu kommen.
C Zwei Schülerinnen verbreiten unwahre Geschichten über eine Mitschülerin. Diese stellt die beiden zur Rede.

b Spielt die ausgewählte Situation.

c Überlegt gemeinsam, was gelungen war und was nicht.

d Spielt noch einmal eure Szene in verbesserter Form.

Was habe ich gelernt?

8 Überprüfe, was du über das darstellende Spiel gelernt hast. Beantworte dazu folgende Fragen:

1. Welche Arbeitsschritte sind zur Vorbereitung eines darstellenden Spiels nötig?
2. Warum sind mehrere Proben hilfreich?
3. Auf was sollten die (Schau-)Spieler besonders achten?

Meinungen austauschen – Diskutieren

Meinungen bilden und begründen

Ein Gespräch lesen

1 Pia und Janek sprechen in der Projektwerkstatt »Kunst« über ihre Erlebnisse in den Sommerferien. Dabei kommt es zu Meinungsverschiedenheiten.

a Lies das Gespräch.

Pia Ich habe in den Sommerferien mit Ton gearbeitet und diese Skulptur angefertigt. Wie gefällt sie dir?

Janek Wenn ich ehrlich sein soll, eigentlich nicht besonders. Für mich muss Kunst lustig sein. Aber deine Figur sieht irgendwie k.o. aus. Ich hätte sie »Müder Mensch« genannt oder »Ab ins Bett«.

Pia Gut geraten, Janek. Ich wollte wirklich Müdigkeit ausdrücken. In den Ferien sind wir viel gewandert. Meine Tonfigur zeigt, wie ich mich abends gefühlt habe – ich war völlig erledigt und wollte nur noch schlafen.

Janek Verstehe. Hier auf meinem Foto siehst du, was ich in den Ferien gemacht habe. Du darfst meiner Figur einen Namen geben, Pia. Ich gebe dir einen Tipp – sie kommt in einer Berglandschaft vor.

Pia Was hast du denn in den Ferien gemacht?

Janek Ich habe viel gelesen, besonders über die Inuit in Labrador.

Pia Hm, schwierig, sieht aus wie ein abstrakter Mensch. Ich erkenne Kopf, Arme und Beine. Hat das Loch im Bauch was zu bedeuten? Hunger vielleicht? Ich weiß – ich nenne deine Figur »Hungriger Steinriese«.

Janek *(lacht)* Steinriese ist okay, Pia. Aber hungrig ist er nicht. Die Figur heißt Inukshuk, das bedeutet so viel wie »Mensch aus Stein, der den Weg weist«. Inukshuks dienen der Orientierung in der Tundra. Sie stehen auf schwierigen Trails[1] in Sichtweite voneinander entfernt. Sieht man durch das Loch im Bauch, blickt man genau auf den nächsten Inukshuk und findet so sicher seinen Weg, sogar im Nebel. Ich fand die Idee toll, deshalb wollte ich auch so einen Inukshuk bauen.

Pia Na ja, dein Steinmensch sieht ja nicht schlecht aus. Mich stört bloß ein bisschen, dass er nicht deine eigene Idee ist, Janek. Du hast ja bei den Inuit abgeguckt. Als Kunstwerk darfst du deinen Inukshuk eigentlich nicht bezeichnen, höchstens als Nachbau.

Janek *(erstaunt)* Das ist doch Quatsch. Natürlich ist jeder Inukshuk ein eigenes Kunstwerk, denn jeder sieht anders aus! Außerdem ist er als Wegweiser auch noch sehr nützlich!

Pia Ich verstehe Kunst anders. Meine Tonfigur ist zwar nicht nützlich, aber dafür habe ich sie mir ganz alleine ausgedacht. Warum hast du dir nicht auch ein eigenes Motiv überlegt? Ist dir nichts anderes eingefallen, als eine Idee zu klauen?

[1] Wanderpfade

Probleme erkennen

b Worin bestehen die grundlegenden Meinungsverschiedenheiten zwischen Pia und Janek? Formuliere die Probleme als Fragen.

Meinungen und Begründungen erkennen

c Suche die Meinungen und Begründungen heraus, die Pia und Janek geäußert haben.

!

Mit einer **Meinung** drückt man seinen persönlichen Standpunkt zu einem Sachverhalt aus. Man nutzt dazu Wendungen, wie z. B.:

Meiner Meinung nach ... — *Ich finde die Idee faszinierend, dass ...*
Ich glaube ... — *Ich verstehe das so, dass ...*
Ich denke, dass ... — *Ich verstehe das anders.*
Mein Vorschlag ist ...

Um seine Meinung zu **begründen,** kann man die Wörter *deshalb, darum, aus diesem Grund, deswegen, weil* als Einleitung benutzen.

d Janek sagt: »Kunstwerke müssen schön und lustig sein.« Stimmst du ihm zu? Begründe deine Meinung.

Ich stimme Janek (nicht) zu, weil ...

2

a Pia führt ein Tagebuch. An diesem Abend trägt sie Folgendes ein.

Heute habe ich mich mit Janek beinahe gestritten. Er meinte, er mag Kunst nur, wenn sie lustig ist. Ich weiß, so denken viele aus meiner Klasse! Aber muss Kunst denn immer lustig sein? Ich finde das nicht, weil ich der Meinung bin, dass Kunst [illegible]. Janek hat seine Steinfigur nach dem Vorbild der Figuren der Inuit gebaut. Er sagt, das ist trotzdem Kunst, weil jede Figur [illegible] und außerdem sind sie auch noch [illegible]
Das ist doch Quatsch! Meine Tonfigur ist zwar nicht nützlich, aber dafür [illegible]!
Aber ist sie deshalb besser als Janeks? Und wer legt überhaupt fest, was Kunst ist und was nicht? Ziemlich schwierige Fragen! Ich hätte mich lieber nicht mit Janek darüber unterhalten sollen. Vermutlich habe ich ihn heute gekränkt, obwohl ich das gar nicht wollte.

Meinungen und Begründungen formulieren

b Leider ist Pia Tee auf die Tagebuchseite getropft.
Ergänze die Begründungen, die unleserlich geworden sind.

c Pia denkt, dass sie Janek gekränkt hat. Stimmst du ihr zu?
Begründe deine Meinung.

3 Welche Meinung hast du zu den Fragen, über die Pia und Janek sprechen?

a Wähle eine Frage aus und überlege als Erstes, ob du einem von ihnen zustimmen kannst.

b Formuliere deine eigene Meinung und suche nach Begründungen.

c Beurteilt, ob eure Meinungen und Begründungen überzeugend sind.
Formuliert gegebenenfalls beide neu.

Eine Diskussion vorbereiten und durchführen

!

Die **Diskussion** ist eine Gesprächsform, in der es um einen problematischen, strittigen Sachverhalt geht. Die Diskussionsteilnehmer setzen sich mit diesem Sachverhalt auseinander, tragen ihre Meinungen vor und begründen sie.
Ziel der Diskussion ist es, **sich zu einigen.** Wenn kein Standpunkt überzeugend genug ist, dann sucht man einen Kompromiss.

1 Alex und Lina haben an der wöchentlichen Zusammenkunft der Schülersprecher teilgenommen.

a Lies die Notizen, die sich Alex gemacht hat.

- Ist es sinnvoll, in der großen Pause Konfliktlotsen auf dem Schulhof einzusetzen?
- Sollten in der Frühstückspause am Schulkiosk nur Milchgetränke angeboten werden?
- Soll es eine Hausaufgabenhilfe »Schüler helfen Schülern« geben?

Meinungen und Begründungen formulieren

b Stellt Vermutungen an, welche Meinungen und Begründungen in der Diskussion geäußert wurden. Ergänzt die Notizen von Alex.

c Lies nun, was sich Lina notiert hat.

- für die Kleinen Spielgeräte auf dem Schulhof, sogar Spielsachen zum Ausleihen für die Hofpause
- für die Großen nur Bänke → Einige kommen auf dumme Ideen!
- »Schüleraufsicht« wäre sinnvoll. Eventuelle Hilfe bei Pausenmobbing.

Fragen formulieren

d Leite aus Linas Notizen die Fragen ab, um die es in der Diskussion der Schülersprecher noch ging. Schreibe die Fragen auf.

e Überlege, ob du die Fragen so formuliert hast, dass sie zu einer Diskussion anregen. Kann man zu den Fragen verschiedene Meinungen haben?

Einen Diskussionsbeitrag leisten

2 Robert hat eine Diskussion zum Thema »In der Gruppe fühle ich mich stark« gehört. »Einige Beiträge waren echte Killerphrasen«, meint er.

a Lies die folgenden Äußerungen aus der Diskussion und erkläre, was Killerphrasen sind.

1 Das ganze Gerede um den Gruppenzwang ist purer Quatsch.
2 Jeder macht doch sowieso, was er will und mit wem er will.
3 Meine Eltern interessiert nicht, mit wem ich unterwegs bin.
4 Das geht nicht.
5 Darauf hab ich keinen Bock.
6 Das ständige Ausgehen ist mir viel zu teuer.
7 Du immer mit deinem schlauen Gerede!
8 Davon hast du doch eh keine Ahnung.

b Überlegt, wie man auf diese Phrasen reagieren kann, damit die Diskussion weitergeht. Probiert verschiedene Antwortvarianten aus.

! Die **Diskussionsteilnehmer** sollten in ihren Diskussionsbeiträgen stets sachlich bleiben und die Diskussion voranbringen. Dazu gehört, dass man auf Äußerungen der Vorredner eingeht und die Diskussion nicht durch sogenannte Killerphrasen hemmt.
Geeignete Wendungen sind z. B.:
- *Ich habe Ole so verstanden, dass …*
- *Also, Ben denkt, dass …*
- *Ich glaube das aber nicht, und zwar aus folgendem Grund: …*
- *Ich finde es gut, dass du die Sache angesprochen hast, weil …*
- *Dazu möchte ich noch ergänzen, dass …*

Größere Diskussionen sollten durch einen **Diskussionsleiter** eröffnet und gelenkt werden. Er achtet auf die Einhaltung der Diskussionsregeln und legt die Reihenfolge der Redner fest. Am Ende fasst er die Ergebnisse zusammen.

Eine Diskussion leiten

3 Ordnet den Aufgaben eines Diskussionsleiters (Zahl) die passenden Äußerungen (Buchstabe) zu.

Der Diskussionsleiter	
1 kann einen Protokollführer bestimmen	A *Ich freue mich, dass so viele …* *Unser Thema ist …* *Wir sprechen heute über …*
2 begrüßt die Teilnehmer und eröffnet die Diskussion	B *Zuerst spricht Lea, danach hat Ronny das Wort.*
3 erteilt den Rednern das Wort, achtet auf die Einhaltung der Diskussionsregeln	C *Wir haben nun alle Meinungen gehört. Wir stimmen jetzt ab.* *Wer ist dafür, dass …?* *Wer ist dagegen, dass …?* *Gibt es Stimmenthaltungen?*
4 fasst wichtige Beiträge zusammen	D *Ben schreibt heute das Wichtigste mit.*
5 leitet Abstimmungen ein und führt sie durch	E *Paul und Sina halten es für besonders wichtig, dass …*

Eine Diskussion vorbereiten und durchführen

4 Führt in der Klasse eine Diskussion zum Thema »In der Gruppe fühle ich mich stark« durch.

a Formuliert die Frage, über die diskutiert werden soll.

b Schreibt die Teilfragen auf, die zu klären sind.

Welche Vorteile bietet eine Gruppe/Clique?
Welche Gefahren …?
Was nützen …?

c Formuliere deine Meinungen zu diesen Fragen, notiere auch deine Begründungen.

TIPP
Bestimmt auch einen Protokollanten.

d Wählt einen Diskussionsleiter und führt die Diskussion durch. Einigt euch möglichst auf eine gemeinsame Meinung oder sucht einen Kompromiss.

Eine Diskussion auswerten

e Tauscht euch darüber aus, wie eure Diskussion verlaufen ist und was man verbessern könnte.

So könnt ihr eine Diskussion auswerten

1. Wurden die inhaltlichen Fragen geklärt?
   - Zu welchem Ergebnis seid ihr gekommen?
   - Habt ihr euch auf einen Standpunkt geeinigt oder kam es zu einem Kompromiss?
   - Welche Begründungen haben euch besonders überzeugt?
2. Haben sich alle Teilnehmer an die Diskussionsregeln gehalten?
   - Waren alle Beiträge kurz und treffend?
   - Sind alle Teilnehmer höflich miteinander umgegangen?
   - Wurde auf die Meinung des Vorredners Bezug genommen?
   - Haben sich alle an die Anweisungen des Diskussionsleiters gehalten?
3. Wie hat der Diskussionsleiter seine Aufgabe bewältigt?
   - Hat er das zu diskutierende Thema bzw. die Frage klar benannt?
   - Hat er alle Wortmeldungen in der richtigen Reihenfolge berücksichtigt?
   - Hat er auf kurze und sachliche Beiträge geachtet?
   - Hat er das Ergebnis gut zusammengefasst?

Eine Diskussion vorbereiten, durchführen und auswerten

5 Bereitet eine Klassendiskussion zu einem Problem vor.

a Wählt eines der folgenden Themen für die Diskussion aus.

1 Computernutzung bei Leistungskontrollen

2 Trends

3 Gewalt an Schulen

b Formuliert eine Frage, die zum Diskutieren anregt. Überlegt, welche Teilfragen zu klären sind.

c Bildet euch eine Meinung zu der Frage und sucht nach Begründungen.

d Bestimmt einen Diskussionsleiter und führt die Diskussion durch.

e Tauscht euch darüber aus, wie eure Diskussion verlaufen ist und was man verbessern könnte.

6

Eine Diskussion vorbereiten, durchführen und auswerten

a Sucht euch eine der fünf Fragen aus, über die die Schülersprecher (S. 28, Aufgabe 1) beraten haben.

1. *Ist es sinnvoll, in der großen Pause Konfliktlotsen auf dem Schulhof einzusetzen?*
2. *Sollten in der Frühstückspause am Schulkiosk nur Milchgetränke angeboten werden?*
3. *Soll es eine Hausaufgabenhilfe »Schüler helfen Schülern« geben?*
4. *Wäre es gut, für die Großen auch Angebote für die Hofpause zu schaffen?*
5. *Sollte in den Pausen eine »Schüleraufsicht« eingesetzt werden?*

b Diskutiert eine der Fragen in der Gruppe. Geht dabei vor wie in Aufgabe 4 (S. 30).

7 Diskutiert über die Frage, über die Pia und Janek (S. 25, Aufgabe 1 a) gesprochen haben. Geht dabei vor wie in Aufgabe 4 (S. 30).

8 Über welche strittigen Fragen sprecht ihr gerade an eurer Schule? Wählt eine der Fragen aus und diskutiert sie in der Klasse.

Was habe ich gelernt?

9 Fasse zusammen, was du über das Diskutieren gelernt hast. Fertige ein Merkblatt an.

Wichtige Gesprächsregeln:

1. ...
2. ...

...

Vorbereitung einer Diskussion

1. ...
2. ...

...

Argumentieren

1 Toms Klasse plant eine längere Radtour. Tom möchte seine Eltern davon überzeugen, dass er vorher ein neues Fahrrad braucht.

a Vergleiche folgende Äußerungen, die Tom nutzen könnte.

1 Ich möchte, dass ihr mir ein neues Fahrrad kauft.
2 Ich brauche ein neues Fahrrad, weil das alte sehr klein ist.
3 Meine Klasse plant vor den Sommerferien eine längere Radtour. Dafür brauche ich ein neues Fahrrad, denn mein altes Rad ist inzwischen zu klein. Wenn ich damit fahre, ist das sehr unbequem.

b Bewertet, welche Äußerung die Eltern am ehesten überzeugen würde.

> !
> Das **Argumentieren** ist eine Diskussionsstrategie. Wer argumentiert, führt eine Aussage bzw. Behauptung an, die durch **Argumente (Begründung + Beispiel)** gestützt wird, z. B.:
>
> *Ich brauche ein neues Fahrrad,* BEHAUPTUNG
> *weil das alte inzwischen zu klein ist.* BEGRÜNDUNG
> *Wenn ich damit fahre, ist das sehr unbequem.* BEISPIEL
>
> Man kann Behauptung und Begründung durch Wörter, wie *weil, denn, infolgedessen, deshalb, darum, demzufolge,* miteinander verbinden.

Behauptungen, Begründungen und Beispiele erkunden

2 Übertrage die folgende Tabelle in dein Heft. Untersuche die Äußerungen und ordne sie in die richtigen Spalten ein. Achte auch darauf, welche Äußerungen inhaltlich zusammengehören.

- Mit 13 Jahren braucht man ein Handy.
- Meine Eltern sind froh, dass ich ein Handy habe.
- ..., denn dadurch wissen sie immer, wo ich bin.
- Die sage ich auch nicht meinem Bruder.
- An meinen Rechner kommt keiner ran.
- Ich sage ihnen Bescheid, wenn ich mich mit Freunden treffe.
- ..., denn meine Passwörter kennt niemand.
- Dann kann man sich schnell verabreden.
- ..., weil man viel mit den Freunden unterwegs ist.

Behauptung	Begründung	Beispiel

3 Ordne den folgenden Behauptungen Begründungen und Beispiele zu.

Ohne ein Antivirenprogramm würde ich niemals ins Internet gehen, …

Eine Fahrradtour ist langweilig, …

Alle sollten am Spendenlauf der Schule teilnehmen, …

Begründungen und Beispiele

…, denn ich hätte viel zu viel Angst, dass mir Viren den Rechner blockieren.

Da erleben wir doch nichts!

…, denn das gespendete Geld wird für die Neugestaltung des Schulhofs verwendet.

Bei meinem Freund hat ein Virus den Rechner zum Abstürzen gebracht.

Und den Hof benutzen doch schließlich alle.

…, weil wir den ganzen Tag nur Fahrrad fahren.

Begründungen und Beispiele formulieren

4 Suche selbst Begründungen und Beispiele für die folgenden Behauptungen.

1 Freunde sind wichtig.
2 Ferien sind immer zu kurz.
3 Es ist egal, was für Wetter draußen ist.

1. Freunde sind wichtig, weil …

5 Stellt selbst eine Behauptung auf. Begründet sie und nennt passende Beispiele.

Ich behaupte, dass …

6 Die Klasse 7a der Lessingschule diskutiert über das Thema »Schuluniform – ja oder nein?«.

a Lest den Ausschnitt mit verteilten Rollen.

Kim Ich habe in der Zeitung gelesen, dass an einer Berliner Hauptschule Schuluniformen eingeführt wurden. ¾ der Schüler haben das positiv aufgenommen. Wäre das nicht auch was für uns?

Falko Das fehlte noch! Auf diese blöde Idee kannst nur du kommen! Das wäre ja wie beim Militär. Es wird vorgeschrieben, was man zu tragen hat. Man hat dann überhaupt keine Entscheidungsfreiheit mehr.

Nils Im Gegenteil – gerade das kann befreiend wirken! Dann hört doch die Jagd nach den Markenklamotten auf. Man braucht sich nicht mehr mit den Eltern um das Geld dafür zu streiten. Außerdem ist doch eh schon morgen out, was heute in ist!

Vanessa Ich bin da anderer Meinung. Für mich ist Kleidung der Ausdruck von persönlichem Geschmack. Und der wird unterdrückt, wenn alle das Gleiche tragen.

Nina Du kannst doch in deiner Freizeit tragen, was du willst. Sportmannschaften tragen schließlich auch Uniformen. Das schafft Verbundenheit. Und nach außen zeigt man Geschlossenheit.

Lisa Also, ich gebe Nils Recht. Der morgendliche Kampf vor dem Spiegel ist dann vorbei. Aber ... ist das nicht unhygienisch, wenn man jeden Tag dasselbe trägt?

b Beurteilt das Verhalten der Diskutierenden.

Behauptungen formulieren

c Welche Behauptungen werden von den Schülerinnen/Schülern angeführt? Formuliert die einzelnen Behauptungen.

Schuluniformen helfen beim Sparen ...

Begründungen formulieren

d Welche Begründungen werden jeweils für die Behauptungen genannt?

..., weil man keine Markenkleider mehr kaufen muss ...

Beispiele formulieren

e Nennt Beispiele, die in der Diskussion angeführt werden.

Der Streit um das Geld mit den Eltern fällt weg.

7 Die Klasse 7a der Lessingschule hat sich nicht auf die Einführung einer Schuluniform einigen können. Sie möchte aber das Gemeinschaftsgefühl der Klasse stärken und diskutiert über eine Klassenfahrt.

a Im Protokoll hält eine Schülerin die Behauptungen und Begründungen fest, die in der Diskussion genannt werden.

Kathi: Klassenfahrt bringt nichts, die Außenseiter bleiben die Außenseiter.
Kevin: Klassenfahrt ist toll für die Klasse, alle halten zusammen.
Patrick: Klassenfahrt bringt was, weil man manche Mitschüler erst richtig kennenlernt.
Sue: Klassenfahrt ist doof, da kann so richtig schön gemobbt werden.

● **b** Übertrage die Tabelle in dein Heft und ordne die Behauptungen und Begründungen aus Aufgabe a ein. Ergänze jeweils ein Beispiel.

Behauptung	Begründung	Beispiel
...	...	...

●●● **c** Ergänzt weitere Behauptungen, Begründungen und Beispiele zum Thema Klassenfahrt und Gemeinschaftsgefühl.

d Unterbreitet weitere Vorschläge, wie das Gemeinschaftsgefühl einer Klasse gestärkt werden kann.

Was habe ich gelernt?

8 Überprüfe, was du über das Argumentieren gelernt hast. Beantworte dazu die folgenden Fragen.

1. Wie ist ein Argument aufgebaut?
2. Ordne folgende Sätze in der Reihenfolge:
   1 Behauptung, 2 Begründung, 3 Beispiel
   - Till ist enttäuscht von René und hat ihm die Freundschaft aufgekündigt.
   - Sonst ist Freundschaft sinnlos.
   - Ein Freund muss einem helfen, wenn man ein Problem hat.

Einen Vorschlag unterbreiten

TIPP
Schlage im Wörterbuch nach, was IHK bedeutet.

1 Die Schülerinnen und Schüler der Klasse 7 wollen an einem Wettbewerb der IHK zum Thema »Umweltfreundliches Verkehrsmittel der Zukunft« teilnehmen.

a Lest das folgende Gespräch mit verteilten Rollen.

Markus Die Sache ist doch sonnenklar! Es geht um umweltfreundliche Verkehrsmittel. Damit sind natürlich Autos gemeint. Wir sollten uns also Gedanken machen, wie Autos Sprit sparen können, wie der CO_2-Ausstoß geringer wird und so weiter.

Tim Klasse Idee, Professor. Meinst du nicht, dass sich darüber die Ingenieure der Autohersteller längst den Kopf zerbrochen haben? Und garantiert erfolgreicher, als wir das könnten? Außer den Autos gibt es übrigens auch noch ein paar andere Verkehrsmittel, mit denen du zu deiner Connie kommen kannst.

Anja Nun bleib mal sachlich, Tim. Lass Connie aus dem Spiel, die gehört jetzt nicht zum Thema. Den Leuten von der IHK ist klar, dass wir keine Experten sind. Aber kreativ sein können wir trotzdem, und für so viel Geld lohnt sich ein bisschen Gehirnjogging allemal.

Paul Anja hat Recht. Und das Thema »Auto« ist doch gar nicht schlecht. Wir wissen alle, dass Tim gut zeichnen kann. Tim, wie wäre es, wenn du dir ein Team zusammenstellst, das eine Zeichnung für ein Auto der Zukunft entwirft?

Tim Na gut, das könnte ich machen. Mit welchen Schwerpunkten?

Paul Ich schlage vor, wir machen das so: Erstens planen wir die Karosserie aus leichten und umweltfreundlichen Werkstoffen, zweitens überlegen wir uns, womit die Karre angetrieben werden soll, und last, but not least, braucht unser Auto ein cooles Design.

Anja Und einen werbewirksamen Namen!

Markus Stimmt, der darf natürlich nicht fehlen. Was haltet ihr davon, wenn wir zu jedem Schwerpunkt eine Arbeitsgruppe bilden?

b Die Schüler gehen in ihrem Gespräch aufeinander ein. Sucht Vorschläge und Wendungen für Zustimmung und Ablehnung heraus.

c Übertrage die folgende Tabelle in dein Heft und sammle für jede Spalte geeignete Wendungen.

Vorschlag	Zustimmung	Ablehnung
Ich schlage vor, dass	Ja, das sehe ich auch so. ...	Damit bin ich nicht einverstanden. ...

!

Vorschläge sollten gut durchdacht werden und sich an ein konkretes Thema halten. Man kann sie mit bestimmten Wendungen einleiten, z. B.:
Ich schlage vor, dass ...
Mein Vorschlag wäre ...
Dazu fällt mir ein, dass ...
Wir sollten auch daran denken, dass ...
Habt ihr in Betracht gezogen, ob ...?
Man kann sich zu den Vorschlägen **zustimmend** oder **ablehnend** äußern. Bei einem **Kompromiss** gehen alle ein wenig von ihrem Standpunkt ab, um eine Einigung in wesentlichen Punkten erzielen zu können.

2

a Gefällt euch die Idee, mit der sich die Klasse am IHK-Wettbewerb beteiligen will? Begründet eure Meinung.

b Sammelt eigene Vorschläge zum Thema »Umweltfreundlichkeit«.

TIPP
Informiert euch darüber im Internet oder in der Tagespresse.

c Untersucht eure Vorschläge unter folgenden Gesichtspunkten:
- Stellen sich einige Themen als besonders wichtig heraus?
- Gibt es dafür bereits nationale oder internationale Lösungsansätze?

Präsentiert die Ergebnisse eurer Recherche in der Klasse.

Eine Mindmap anlegen

!

Eine **Mindmap** (engl. *mind* – Gedanken, Gedächtnis; *map* – Landkarte) dient der übersichtlichen Sammlung und logischen Strukturierung von Informationen zu einem Thema. Man kann diese Methode deshalb gut zur Vorbereitung einer **Diskussion** oder zur **Gliederung** eines Textes nutzen.
Ausgehend von dem zentralen Begriff, der in der Mitte steht, werden weiterführende Informationen ringsherum angeordnet. Linien (z. B. Haupt- und Nebenäste) verdeutlichen Beziehungen, z. B. zwischen Ober- und Unterbegriff, Teil und Ganzem.

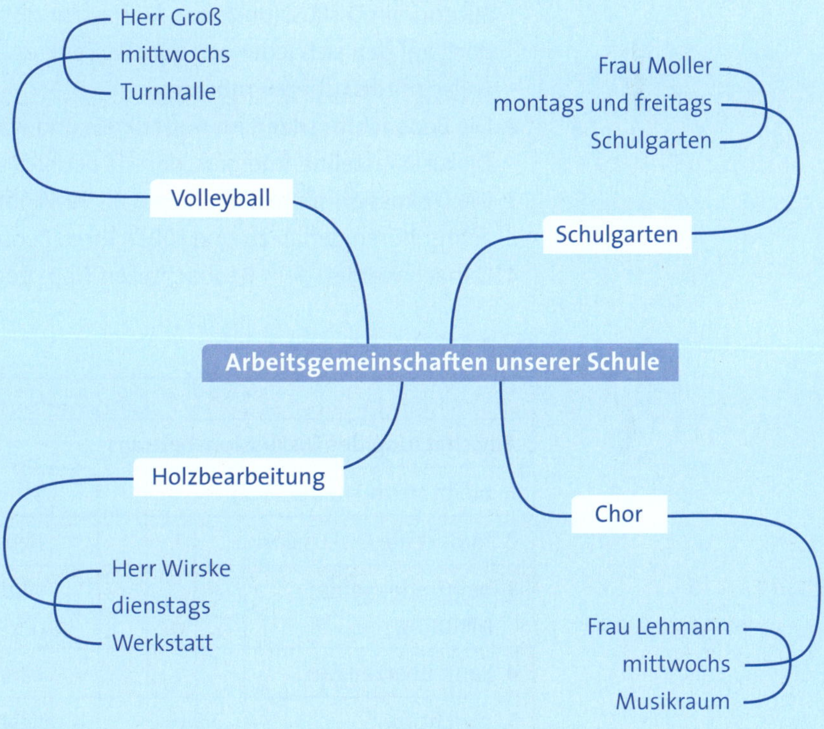

TIPP
Verwende unterschiedliche Farben und Formen. Aber stelle Gleichwertiges auch gleich dar.

1 Entwirf eine Mindmap, in der du Informationen über die Arbeitsgemeinschaften an eurer Schule sinnvoll anordnest.

2 Überlegt, in welchen anderen Unterrichtsfächern Mindmaps sinnvoll eingesetzt werden können. Gestaltet unterschiedliche Mindmaps. Bittet ggf. die Fachlehrer um Hilfe.

Eine Fishbowl-Diskussion durchführen

! **Fishbowl** (engl. *fishbowl* – Goldfischglas) ist eine Methode, bei der eine kleinere Gruppe diskutiert und die anderen die Diskussion beobachten.

1 Wählt aus dem Kapitel *Meinungen austauschen – Diskutieren* (S. 25–38) ein Thema aus und organisiert eine Fishbowl-Diskussion.

TIPP
Ihr findet Themen z. B. auf S. 31, 32 oder 35.

So könnt ihr eine Fishbowl-Diskussion durchführen

1. Im Innenkreis sitzen z. B. fünf Diskutierende und eine Diskussionsleiterin/ein Diskussionsleiter. Außerdem steht ein leerer Stuhl dort, auf den sich jeder aus dem Außenkreis setzen darf, der zeitweise mitdiskutieren möchte.
2. Die Beobachter sitzen im Außenkreis und wählen einen Diskussionsteilnehmer aus, den sie beobachten wollen.
3. Die Diskussion sollte nicht länger als 10 Minuten dauern. Die Beobachter hören genau zu und füllen ihren Beobachtungsbogen aus.
4. Danach werden dem Beobachteten Tipps gegeben.

Beobachtungsbogen

	++	+	–	––	
Einschätzung des Diskussionsbeitrags					
1. bleibt beim Thema					schweift vom Thema ab
2. fördert die Diskussion					hemmt die Diskussion
3. begründet seine Meinung					sagt seine Meinung nur
4. kann überzeugen					kann nicht überzeugen
5. spricht frei					liest Notizen komplett ab
Einschätzung des Gesprächsverhaltens					
1. beteiligt sich rege					beteiligt sich kaum
2. hört aufmerksam zu					hört nicht zu
3. geht auf andere ein					geht nicht auf andere ein
4. blickt Mitschüler an					blickt Mitschüler nicht an
5. lässt andere ausreden					fällt anderen ins Wort

Lisa Gallauner

Verzieh dich!

1. Szene: Vor dem Schulhaus

Vorhang öffnet sich. Paula, Tina und Babsi sitzen vor der Schule und quatschen.

Babsi Habt ihr schon von der Neuen gehört? Kommt angeblich in unsere Klasse. Der Tom kennt sie näher. Er hat mir schon von ihr vorgeschwärmt. *(süffisant)* Muss ja eine echte Schönheit sein.

Paula *(verzieht das Gesicht)* Eine echte Schönheit? Na super. So eine können wir bei uns brauchen! Die bringt sicher alles durcheinander, und das jetzt, wo wir in der vierten[1] Klasse sind. Warum kommt die überhaupt zu uns?

Babsi *(zuckt mit den Schultern)* Keine Ahnung. Ist wohl umgezogen. Vielleicht haben sich ihre Eltern scheiden lassen – so wie meine.

Tina Oder meine. Mich wundert, dass es deine Alten noch miteinander aushalten, Paula.

Paula Pah. Mir wäre lieber, sie würden sich endlich scheiden lassen. Die zwei streiten sowieso nur noch. *(Paula schaut ein wenig bedrückt drein, macht dann aber eine wegwerfende Handbewegung und versucht, vom Thema abzulenken.)* Aber zurück zu der Neuen. Der werden wir schon zeigen, wo der Hammer hängt, nicht wahr, Mädels? *(Babsi und Tina nicken eifrig.)*

Tina Aber klar. Von der lassen wir uns nicht das Ruder aus der Hand nehmen. Die wird schon sehen, wer hier das Sagen hat, egal, wie schön sie ist.

Babsi Genau. Schön sind wir selber auch. Und den Tom angle ich mir! Da lass ich keinen dazwischenkommen, besser gesagt, keine! *(Ihre Freundinnen lachen schallend. Babsi fällt in ihr Lachen ein. Plötzlich geht Lena, die Neue, in einiger Entfernung an den Mädels vorbei. Diese werden still und beginnen zu tuscheln.)*

1 In Österreich entspricht die vierte Klasse unserer achten Klasse.

Babsi Da! Das muss sie sein. Genauso hat Tom sie beschrieben.

Tina *(neidisch)* Die ist ja wirklich eine Schönheit.

Paula Aber sicher auch total eingebildet und unsympathisch. Das sieht man doch auf den ersten Blick. Die wird sich noch wundern.

Babsi *(giftig)* Genau! Die schnappt mir Tom nicht weg. Ich kann auf euch zählen, Mädels? […]

1 Überlegt, warum die drei Mädchen Lena verurteilen, ohne sie zu kennen.

2. Szene: In der Schulgarderobe

Lena Und du meinst echt, dass die nett zu mir sein werden? Ich bin so nervös. Außer dir kenne ich ja niemanden hier. Was, wenn mich die anderen nicht mögen?

Tom Keine Angst, Lena, die mögen dich schon. Alle Mädchen und Burschen aus meiner Klasse sind echt okay, mach dir keine Sorgen. Das wird schon. Ich bin mir sicher, die freuen sich über dich, vor allem die Mädchen. Schließlich sind wir Burschen in der Überzahl, da können sie weibliche Unterstützung immer gut gebrauchen.

Lena *(scheint ein bisschen erleichtert zu sein und lächelt)* Na gut, wenn du meinst. Ach übrigens, an wen soll ich mich denn halten? Ich meine, welche Mädchen sind besonders nett? Ich kann ja schließlich nicht immer mit dir abhängen. Sonst glauben die noch, zwischen uns läuft was.

Tom *(lacht auf)* Zwischen uns? Was laufen? Lena, du und ich, wir sind wie Geschwister, da kann gar nichts laufen. Immerhin kenne ich dich schon ewig, seit dem Kindergarten!

Lena Das wissen wir beide, aber die anderen doch nicht. Die denken sicher gleich, wir sind ineinander verknallt, wenn ich mich ständig mit dir abgebe. Also, welche Mädchen sind denn am coolsten in deiner … äh … in unserer Klasse?

Tom *(überlegt nicht lange, wie aus der Pistole geschossen antwortet er)* Ganz klar: Babsi, Paula und Tina. Halt dich an die drei, dann kann nichts schiefgehen. Die drei sind echt schwer in Ordnung, glaub mir. Und jetzt mach dich locker, Lenchen! Das wird schon.

Tom *(erschrocken)* O Mann, so spät schon!? Wir müssen uns beeilen! In der ersten Stunde haben wir Mathe, und der Berger mag es gar nicht, wenn man zu spät kommt. Du willst doch nicht gleich zur Begrüßung unsere Schulordnung schreiben müssen, oder?

(Beide packen ihre Schultaschen und laufen von der Bühne.) […]

2 In welcher Lage befindet sich Lena? Beschreibe, wie sie sich wohl fühlt.

3. Szene: In der Klasse

Der Vorhang geht auf. Alle sitzen an ihren Plätzen, bis auf Tom und Lena. Da betritt Herr Berger die Klasse.

Herr Berger Guten Morgen, Herrschaften!

(Frau Schneider betritt den Raum. Sie ist der Klassenvorstand der Jugendlichen.)

Frau Schneider *(freundlich)* Entschuldigen Sie bitte die Störung, Herr Kollege. Dürfte ich mir meine Klasse für fünf Minuten ausleihen?

Herr Berger *(etwas pikiert)* Wenn es unbedingt sein muss, aber nur fünf Minuten!

(Herr Berger verlässt das Klassenzimmer. Frau Schneider geht auf Lena zu, gibt ihr die Hand, begrüßt sie freundlich und stellt sie dann dem Rest der Klasse vor.)

Frau Schneider So, Leute, ihr fragt euch vielleicht, wer diese sympathische junge Dame ist. Also, das ist Lena. Sie ist ab heute ein Teil unserer Klasse, was mich natürlich sehr freut. Weibliche Unterstützung können wir hier schließlich immer gut gebrauchen [...], also, ich erwarte von euch allen, dass ihr Lena mit offenen Armen aufnehmt und ihr die Eingewöhnung in unserer Klasse so einfach wie möglich macht. Es ist nicht so leicht, die Schule zu wechseln, noch dazu in der vierten Klasse. Seid also nett zu ihr, ja? Babsi, als Klassensprecherin kümmerst du dich bitte um alles. Sag und zeig Lena, was sie wissen muss. Das Konferenzzimmer, die Info-Tafel, die coolsten Burschen hier in der Schule. *(Erneut lachen einige Schüler auf.)* Nein, im Ernst, du kümmerst dich um Lena, versprochen, Babsi?

(Babsi nickt. Auf ihrem Gesicht macht sich ein breites, gekünsteltes Lächeln breit.)

Babsi *(übertrieben)* Aber sicher, Frau Schneider, Sie können sich auf mich verlassen. Ich kümmere mich schon um Lena.

(Babsi wirft Tina und Paula einen verstohlenen Blick zu. Dabei grinst sie. Auch die anderen beiden grinsen.) Und Tina und Paula helfen mir dabei.

Tina Sicher!

Paula Klar. Wir kümmern uns um alles.

Frau Schneider *(zufrieden)* Gut, dann setz dich doch am besten gleich neben Babsi, Lena! Zum Glück ist da noch ein Platz frei. [...]

(Die Klassentür geht auf, Herr Berger streckt den Kopf rein.)

Herr Berger Frau Kollegin ... die fünf Minuten ...

Frau Schneider Ich bin schon fertig, Herr Kollege. Danke schön!

(Frau Schneider eilt aus der Klasse. Lena geht zum Platz neben Babsi.)

Babsi *(wirft Lena, als keiner zusieht, einen giftigen Blick zu und flüstert)* Mach dich bloß nicht zu breit, Bella!

(Lena ist tief getroffen – man merkt es an ihrem Gesichtsausdruck – trotzdem setzt sie sich neben Babsi.)

Herr Berger So, weiter geht's mit den binomischen Formeln. Niko, komm bitte an die Tafel! *(Niko steht auf und geht zur Tafel. Der Vorhang fällt.)*

4. Szene: In der Garderobe

Babsi Hallo, Bella, du hast dich heute aber schick gemacht. Ist der Fetzen neu? *(Babsi zupft an Lenas neuem, weißem Pulli.)*

Lena Ja, der ist neu – und nenn mich nicht immer Bella! Ich heiße Lena! [...]

Babsi *(süffisant)* Aber, aber. Wer wird denn da aufmucken?! Du traust dich was, Bella. Immerhin sind wir zu dritt und du bist gaaaaanz allein. [...]

(Lena sieht Tina verständnislos an. Als sie sich wegdrehen will, ist es bereits zu spät. Paula, die eine Flasche Cola in den Händen hält, hat ihr diese bereits über den neuen Pulli geschüttet.)

Paula *(zynisch)* Huch, das tut mir aber leid, Bella. Wie konnte mir das nur passieren? So ein Pech – dein neuer Pulli ist hinüber. Aber unter uns: Weiß steht dir ohnehin nicht, ha, ha, ha!

Lena *(entsetzt, kämpft mit den Tränen)* Sag mal, spinnst du!? Das erzähl ich der Schneider! Oder ich geh gleich zum Schulleiter.

(Tina und Paula packen Lena und halten sie fest, während Babsi bedrohlich auf sie einredet.)

Babsi Das wirst du schön bleiben lassen, Bella! Oder willst du, dass wir dir das Leben hier zur Hölle machen? Glaub mir, das fällt uns nicht schwer. Wir müssen nur das eine oder andere Gerücht über dich in die Welt setzen.

Tina Und schon hast du keine Freunde mehr, nicht einen einzigen.

Paula Sogar dein geliebter Tom wird sich dann nicht mehr mit dir blicken lassen wollen. [...]

Lena *(verzweifelt, ihr rinnen einige Tränen über die Wangen)* Wieso seid ihr eigentlich so gemein zu mir? Was wollt ihr denn von mir?

Babsi Verzieh dich! Das wollen wir von dir. Verschwinde zurück in deine alte Schule! Wir brauchen dich hier nämlich nicht!

Paula und Tina Genau! Verzieh dich!

(Die Schulglocke läutet zur nächsten Stunde. Babsi, Paula und Tina verschwinden und lassen die weinende Lena alleine zurück. Der Vorhang fällt.)

5. Szene: In Lenas Zimmer

Lena sitzt am PC und liest gerade ihre E-Mails. [...]

Lena *(liest laut, entsetzt)* Haben wir dir nicht gesagt, dass du dich verziehen sollst?! Warum bist du denn immer noch nicht weg?! Wir machen dich fertig, du Schlampe, verlass dich darauf!!! *(Lena steht auf und geht nervös durch ihr Zimmer. Sie ist schon wieder den Tränen nahe.)* Scheiße! Woher haben die drei meine E-Mail-Adresse? Was mache ich denn jetzt bloß?

(Lenas Mutter betritt mit einem Korb voll gebügelter Wäsche den Raum.)

Lenas Mutter *(besorgt)* Lena, wie siehst du denn aus? Ist etwas passiert, mein Schatz?

Lena *(gekünstelt fröhlich)* Nein, nein, Mama. Alles bestens.

(Lenas Mutter schaut ihre Tochter skeptisch an, fragt aber dann nicht weiter nach, sondern stellt den Wäschekorb auf den Boden.)

Lenas Mutter Da bitte – deine Wäsche. Die Colaflecken habe ich leider nicht aus dem weißen Pulli rausgekriegt. Dass du aber auch so ungeschickt sein musst! Wie geht's dir eigentlich in der

Schule? Hast du schon neue Freundinnen gefunden?
(Lena setzt ein gekünsteltes Lächeln auf und schnappt den Wäschekorb, um ihrer Mutter nicht ins Gesicht sehen zu müssen.)

Lena Aber klar. Jede Menge neuer Freundinnen. Ist alles paletti, Mama. Mach dir keine Gedanken um mich!

Lenas Mutter Das freut mich aber, Schatz. Essen gibt's, wenn Papa zu Hause ist. Er bringt uns eine Pizza mit, hat er gesagt. *(Lena, die immer noch mit der Wäsche beschäftigt ist, nickt nur. Lenas Mutter verlässt den Raum. Kaum ist sie draußen, geht Lena wieder an den PC. Sie liest eine Weile.)*

Lena *(verzweifelt)* Mich verziehen? Vielleicht sollte ich das wirklich tun. *(Licht aus, Vorhang fällt)*

3

a Erkläre den Begriff *Mobbing*. Du kannst dazu das Fremdwörterbuch nutzen oder im Internet recherchieren.

b Überlegt, wie Lena sich wehren kann. Improvisiert dazu eine Szene.

6. Szene: Vor der Schule

[...] *Tom sitzt bei seinem Freund Niko und beschäftigt sich mit dem Handy. Er sieht dabei nicht besonders glücklich aus. Als Lena sich den beiden Jungs nähert, steht Tom auf und geht davon.*

Lena Hallo, Tom! Du, ich muss unbedingt mit dir reden.
(Niko steht ebenfalls auf. Lena, die Böses ahnt, packt ihn am Arm und hält ihn fest.)

Lena Halt, Niko! Sag mal, was ist denn mit Tom los? Gestern hat er nicht auf meine SMS geantwortet, und jetzt läuft er einfach davon. Ist er sauer auf mich?

Niko *(wirft Lena einen verächtlichen Blick zu und meint unfreundlich)* Das ist nicht dein Ernst, oder? Frag doch nicht so scheinheilig! Natürlich ist Tom sauer auf dich, wäre ich übrigens auch, wenn meine angeblich beste Freundin so einen Schmarren über mich verbreitet ...

4 Überlegt, wie das Stück enden könnte. Fasst eure Ideen in Stichpunkten zusammen. Welcher Vorschlag gefällt euch am besten?

5 Lest eine Szene eurer Wahl in Rollen. Die Regieanweisungen helfen euch dabei, die Gefühle der jeweiligen Figur richtig auszudrücken.

→ S. 110 Lesetagebuch

Eine Klassenfahrt ist immer etwas Besonderes. Aber wenn die Mädchenclique »Wilde Hühner« mit der Jungengruppe »Pygmäen« verreist, dann wird es richtig spannend. Das Abenteuer beginnt mit einer Zugfahrt …

1 Tragt zusammen, was ihr von einem Buch erwartet, in dem eine Klasse verreist.

Cornelia Funke

Die Wilden Hühner auf Klassenfahrt

»Hier rein!«, rief Sprotte und riss die Abteiltür auf. »Schnell, beeilt euch.«
Sie warf ihre Reisetasche auf einen Sitz, die Jacke auf den nächsten und ließ sich selbst auf den Platz am Fenster plumpsen.
»Mann, hast du es wieder eilig!«, stöhnte Frieda. Mit ihrem vollgepackten Rucksack blieb sie fast in der Abteiltür stecken.
»Wo sind die andern?«, fragte Sprotte.
»Kommen gleich«, antwortete Frieda und bugsierte den Rucksack ins Gepäcknetz.
»Leg deine Jacke auf den leeren Sitz da«, sagte Sprotte. »Und zieh den Vorhang zu. Dass hier nicht noch andere reinkommen.«
Draußen auf dem Gang schoben sich ein paar Jungs aus ihrer Klasse vorbei. Fred streckte Frieda die Zunge raus, Torte und Steve schielten um die Wette.
»Guck dir die Idioten an.« Frieda kicherte, schnitt ihre scheußlichste Grimasse und schielte zurück. Dann zog sie den Vorhang zu. Die Jungs klopften gegen die Scheibe und drängelten ins Nachbarabteil.
»Also«, Frieda ließ sich wieder auf ihren Sitz fallen. »Die Pygmäen sind nebenan. Bis auf Willi. Aber der kommt wohl noch.«
»Na, das kann ja lustig werden«, sagte Sprotte und legte die langen Beine auf den Sitz gegenüber.
Jemand schob die Abteiltür auf. Melanie, auch die Schöne Melanie genannt, steckte den Kopf durch den Vorhang. »Wie sieht's aus, ist hier noch Platz für zwei Wilde Hühner?«
»Hereinspaziert«, sagte Sprotte. »Ist Trude bei dir?«
»Klar.« Melanie schob eine riesige Reisetasche ins Abteil.
»Morgen«, murmelte Trude verschlafen.

»Meine Güte.« Sprotte half Melanie, ihre Riesentasche ins Gepäcknetz zu hieven. »Was hast du denn alles mitgenommen? Deinen ganzen Schminktisch oder was?«

»Haha!« Melanie setzte sich neben Frieda und strich sich die Locken aus dem Gesicht. »Klamotten natürlich. Am Meer weiß man nie, wie das Wetter wird.«

Sprotte zuckte die Achseln. »Hauptsache, du hast deine Kette dabei.«

»Na, was denkst du denn?« Melanie polierte mit einem Taschentuch ihre Lackschuhe. Um ihren Hals baumelte ein Kettchen mit einer Hühnerfeder. Genau wie bei den drei andern, nur dass deren Federn an Lederbändern hingen.

Die Feder um den Hals war das Bandenzeichen und nur ein echtes Wildes Huhn durfte sie tragen.

»Ich glaub, es geht los«, sagte Trude.

Mit einem Ruck setzte sich der Zug in Bewegung. Langsam fuhr er aus dem dunklen Bahnhof hinaus ins Sonnenlicht.

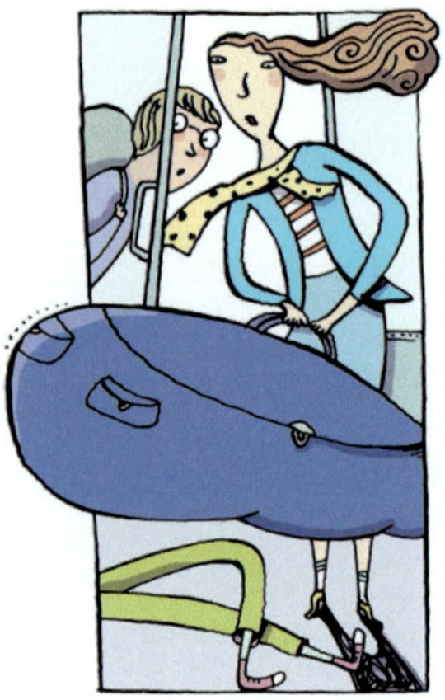

»Genau das richtige Wetter für unsere Inselreise, was?« Melanie zog eine Tüte Gummibärchen aus der Jacke und hielt sie den andern dreien hin. »Hier, auf eine tolle Klassenfahrt.«

Sprotte und Frieda bedienten sich, aber Trude schüttelte den Kopf.

»Nee, danke, ich bin auf Diät.«

»Seit wann das denn?«, fragte Sprotte.

»Seit vorgestern.« Verlegen zupfte Trude an ihrem Pony herum. »Ein Pfund hab ich schon abgenommen. Jedenfalls fast.«

»Auf Diät bei einer Klassenfahrt?« Melanie kicherte. »Keine schlechte Idee. Bei dem Essen, das uns wahrscheinlich erwartet.«

»Stimmt.« Sprotte guckte aus dem Fenster und schrieb mit dem Finger ihren Namen auf die staubige Scheibe. [...] »Wisst ihr was, ich bin richtig aufgeregt.«

»Ach ja? Gestern wolltest du uns noch alle überreden krankzuspielen, damit wir zu Hause bleiben können«, sagte Frieda.

»Ja, gestern«, sagte Sprotte. »Gestern ist vorbei.«

Nebenan sangen die Pygmäen Fußballlieder.

»Vollkommen unbegabt«, stellte Melanie fest. »Was meint ihr, sollen wir auch mal was singen?«

Sprotte stöhnte. »O nein! Verschon uns bitte.«

»Melanie hat eine gute Stimme«, sagte Trude. »Sie singt sogar im Chor. Erster Sopran.« Trude war Melanies größter Fan. Sie himmelte sie an. Vierundzwanzig Stunden am Tag.

»Na, wunderbar!« Spöttisch verzog Sprotte das Gesicht. »Aber wenn sie hier singt, spring ich aus dem Fenster.«

Melanie machte gerade den Mund auf, um darauf etwas nicht sehr Freundliches zu erwidern, als es an der Abteiltür klopfte.
»Der Schaffner«, wisperte Trude. »Mein Gott, wo hab ich denn bloß meine Fahrkarte?«

2 Wer gehört zu den »Wilden Hühnern« und was erfährst du über die vier Mädchen? Erstelle zu jedem Cliquenmitglied einen Steckbrief.

Aber es war nur Torte, das kleinste und lauteste Bandenmitglied der Pygmäen.
»Hallo, ihr Federviecher!«, rief er. »Hier ist eine Nachricht für euch.«
Dann warf er Frieda einen zusammengerollten Zettel in den Schoß, machte einen Knicks und knallte die Tür wieder zu.
»Oh!« Melanie verdrehte die Augen. »Ich wette, das ist eine Liebesnachricht. Torte hat schon lange ein Auge auf Frieda geworfen.«
»Quatsch!«, murmelte Frieda, aber krebsrot wurde sie trotzdem.
[...]
Widerstrebend rollte Frieda den Zettel auseinander. Die übrigen Hühner beugten sich neugierig vor.
»Kein Liebesbrief«, stellte Sprotte fest. »Das ist Freds Klaue.«
Fred war der Chef der Pygmäen.
»›Warnung an die Wilden Hüner‹«, las Frieda vor. »O Mann, nicht mal ›Hühner‹ schreibt der richtig. Warum nennen die sich nicht einfach ›die Analphabeten‹?«
»Was denn für 'ne Warnung?«, fragte Trude. Beunruhigt rückte sie ihre Brille zurecht.
»Moment«, Frieda strich den Zettel glatt, »das ist gar nicht so leicht zu entziffern. ›Hiermit verkünden wir, die berüchtichten Pygmäen, das der Friedensvertrak mit den jämmerlichen Wilden Hünern an fremden Orten nicht gültig ist. Also nehmt euch in Acht, Hüner. Unterschrift: die Pygmäen.‹«
Frieda hob den Kopf. »O nein, jetzt geht das wieder los.«
»Hab ich's mir doch gedacht!«, rief Sprotte. Sie klatschte in die Hände. »Wunderbar, das werden sie bereuen.«

3 Beschreibe das Verhältnis zwischen den Mädchen und den Jungen. Wie bewertest du es?

4 Schreibe einen Antwortbrief der »Wilden Hühner« an die »Pygmäen«.

Sachtexte erschließen

Einem Sachtext Informationen entnehmen

! Um schnell einen Überblick über den Inhalt eines Sachtextes zu erhalten, überfliegt man ihn mit den Augen. Man nennt das **orientierendes Lesen.**

1 Probiere aus, welche Art des Überfliegens dir am leichtesten fällt.

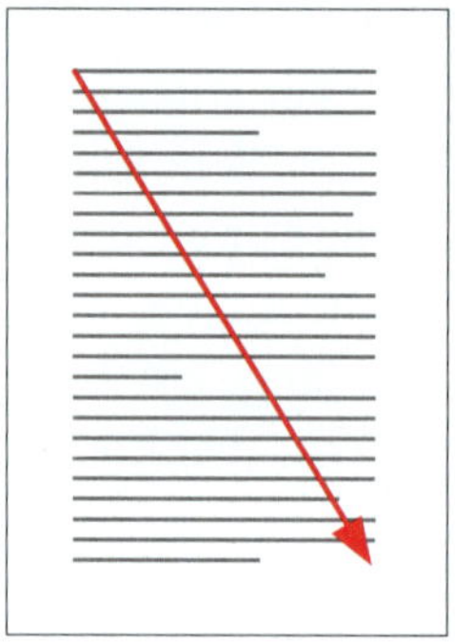
Diagonallesen

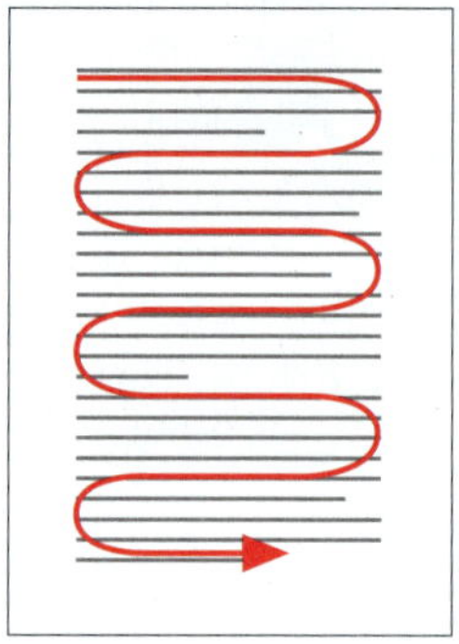
Slalomlesen

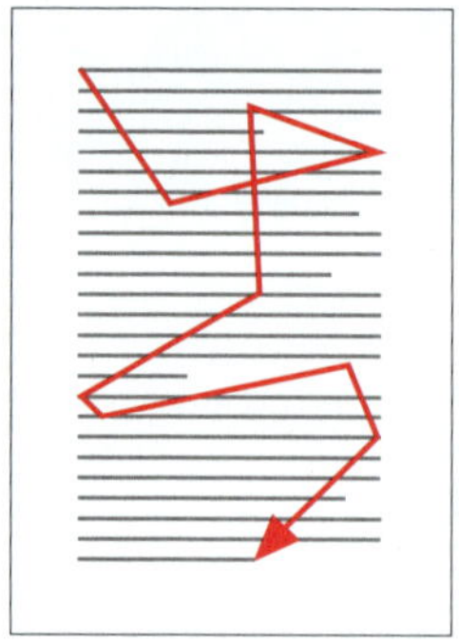
Zickzacklesen

2

Den Text überfliegen

a Erfasse das Thema des Textes durch orientierendes Lesen schon so genau wie möglich.

Stell dir vor, du öffnest morgens deine Zimmertür und musst feststellen, dass durch euren Flur neuerdings eine lärmende Autostraße verläuft. Dann wird der Weg in die Küche für dich zu einem riskanten Abenteuer! Und das Badezimmer ist leider einem Parkplatz gewichen …

So ähnlich ergeht es den Koalas in Australien. Eukalyptusbäume sind gleichzeitig ihr Wohnzimmer und ihre Speisekammer. Herunter klettern Koalas nur gezwungenermaßen, denn auf dem Boden wird es für sie gefährlich. Weil aber diese Bäume immer häufiger gefällt werden, um zum Beispiel einer Straße zu weichen, verlieren viele Koalas ihr Zuhause – und riskieren auf der Suche nach einem neuen Wohnraum Kopf und Kragen.

Vielleicht denkst du, dass die Koalas doch nur ein paar Stämme weiter ziehen müssten. Aber so einfach ist es leider nicht. Denn häufig sind alle Bäume in einem Koala-Revier bereits von den

Duftnoten der Artgenossen markiert. Um einen bereits markierten Baum aber machen Koalas einen großen Bogen – sogar wenn der »Eigentümer« längst woanders lebt oder tot ist. So bleiben manche Bäume bis zu einem Jahr »unbewohnt«, bis die Duftmarke des früheren Besitzers verschwunden ist.
Koalas leben zwar gern in der Nähe der übrigen Familienmitglieder. Aber trotzdem will jeder seinen eigenen Baum. Sicher wärst du auch nicht begeistert, wenn deine jüngeren Geschwister an deine Zimmertür klopfen würden, um bei dir einzuziehen? Der Wunsch nach Privatsphäre hat bei den Koalas aber einen lebenswichtigen Grund: Eukalyptusbäume sind für sie nämlich gleichzeitig Zufluchtsort und Nahrungsquelle. Von den Blättern verschlingen die Vegetarier bis zu 500 Gramm pro Tag. Von einem Baum können sich aber nicht mehrere ausgewachsene Tiere ernähren. Hinzu kommt, dass nur 30 der rund 600 Eukalyptusarten in Australien von den Koalas genutzt werden. Das alles macht die Wohnungssuche schwierig.

Hat ein Koala seinen Baum eingebüßt, muss er sich ein neues Revier suchen. Doch diese Suche birgt große Gefahren: Denn so geschickt sie beim Klettern im Baum sind, so hilflos sind Koalas auf ebenem Boden. Überhaupt bewegen sich Koalas im Zeitlupentempo: Meist verschlafen die Faulpelze bis zu 20 Stunden des Tages, während nur ihr Verdauungsapparat auf Hochtouren läuft. Denn die Eukalyptusblätter sind im Grunde giftig und müssen erst von zahlreichen Bakterien im Blinddarm in einen bekömmlichen Speisebrei verwandelt werden. Da bleibt wenig Energie, um beispielsweise auf der Straße einem rasenden Auto auszuweichen, sich vor bissigen Hunden oder skrupellosen Felljägern in Sicherheit zu bringen. Und so sterben jährlich tausende Koalas auf der Suche nach einem neuen Revier. Die »Australian Koala Foundation« schätzt, dass es heute nur noch 100 000 frei lebende Koalas gibt. Seit die ersten Europäer im Jahr 1788 nach Australien gereist sind, wurden über 80 Prozent des ursprünglichen Eukalyptuswaldes zerstört.

Das Thema benennen

b Lies den Text noch einmal und schreibe auf, welches Thema angesprochen und welche Hauptaussage gemacht wird.

Der Text beschäftigt sich mit …

c An wen ist der Text gerichtet? Belege deine Antwort mit Textstellen.

d Zu welchem Zweck hat die Autorin den Text geschrieben?
Suche diejenigen Antworten heraus, die nicht zutreffen.

1 Die Autorin findet Koalas niedlich und will deshalb über sie berichten.
2 Die Autorin will weiteres Sterben der Koalas verhindern.
3 Die Autorin spricht sich gegen das Fällen von Eukalyptusbäumen aus.
4 Die Autorin spricht das Problem an, dass durch das Fällen von Eukalyptusbäumen Koalas vernichtet werden.
5 Die Autorin will Geld für die bedrohten Koalas sammeln.
6 Die Autorin will darüber informieren, dass Koalas gefährdet sind.
7 Die Autorin appelliert an die Menschen, keine Eukalyptusbäume mehr zu fällen.

e Entscheide dich für eine Aussage, die du am zutreffendsten findest.
Begründe deine Entscheidung.

f Wie würde sich die Absicht der Autorin verändern, wenn an den Schluss des Textes noch folgender Abschnitt angefügt wäre?
Formuliere die Absicht in einem Satz und schreibe ihn in dein Heft.

Ihr wollt euch für bedrohte Tiere einsetzen und wisst nicht wie? Oder ihr habt zu Hause ein Kaninchen, einen Hund oder ein Pferd und möchtet euch mit anderen Tierbesitzern austauschen? Dann willkommen in unserem Forum für Tierschutz!

! Will man durch überfliegendes Lesen feststellen, ob bestimmte Informationen im Text enthalten sind, dann kann man sich an **Schlüsselwörtern** orientieren, die man sich vorher überlegt.

Schlüsselwörter finden

3

a Im Text von Aufgabe 2 a (S. 50) wird die Frage beantwortet: »Was macht die Suche der Koalas nach einem neuen Eukalyptusbaum so schwer?« Überlege dir Schlüsselwörter zum Thema.

Eukalyptusbaum, …

b Suche mithilfe dieser Schlüsselwörter diejenigen Textstellen heraus, die diese Frage beantworten.

Informationen veranschaulichen

! **Informationen** aus einem Text kann man auf verschiedene Arten notieren. Besonders einprägsam ist es, wenn man sie **veranschaulicht**, (z. B. in Übersichten, Grafiken oder Mindmaps).

1

a Übernimm die folgende Übersicht in dein Heft.

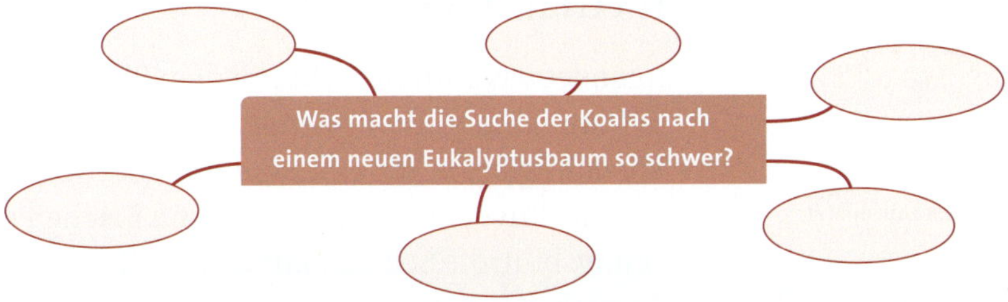

b Trage in die Kreise jeweils einen Grund ein. Nutze dazu die Arbeitsergebnisse der Aufgaben 3 a und b (S. 52).

c Besprecht, welche Vorzüge es hat, die gefundenen Antworten in einer Übersicht festzuhalten.

2

a Suche aus dem Text die Gründe heraus, warum Spießböcke ohne Wasser auskommen.

Bei großen Dürren sterben in Kenia die Wildtiere in den Naturparks. Sie finden kein Wasser zum Trinken und auch kaum mehr ein Blättchen an den Bäumen. Ihr Buschland sieht dann aus wie eine Wüste.

Es gibt aber auch Tiere, die ohne Wasser auskommen. Oryx-Antilopen, auch Spießböcke genannt, sind perfekt an das Leben in der Wüste angepasst. In ihrer Heimat Namibia kann es im Schatten bis zu 50 Grad heiß werden. Spießböcke halten das aus. Ihre Körpertemperatur steigt tagsüber auf bis zu 45 Grad an. Jedes andere Säugetier würde bei dieser Hitze sterben. Doch Spießböcke bewahren trotzdem einen kühlen Kopf. Sie haben eine Art eingebaute Klimaanlage: Diese kühlt das Blut ab, bevor es zum Hirn fließt. Nicht einmal trinken müssen Spießböcke! Sie behelfen sich, indem sie nachts auf Nahrungssuche gehen. Dann haben die Pflanzen mehr Wasser gespeichert. Allein das Wasser aus der Nahrung genügt den Tieren zum Überleben.

Informationen veranschaulichen

b Überlege, wie du die Gründe, die du im Text gefunden hast, anschaulich darstellen kannst. Fertige eine Übersicht an.

3

Den Text überfliegen

a Suche durch überfliegendes Lesen alle Textstellen heraus, die beschreiben, was bei den Ausgrabungen in Guatemala gefunden wurde.

Im Grab des Herrschers

Irgendetwas stimmt nicht mit dem Boden in der Maya-Pyramide El Diablo. Ausgrabungsleiter Stephen Houston merkt das sofort. Vorsichtig beginnen er und sein Team von der US-amerikanischen Brown University[1] zu buddeln. Und machen eine schaurige Entdeckung: blutrote Schalen mit menschlichen Fingerknochen darin! Sie graben weiter.

Schon ohne diesen Fund ist die alte Maya-Stadt El Zotz mit ihren Pyramiden und Tempelruinen ein ungemütlicher Ort. Vor allem, wenn es dämmert. Dann färben tausende Fledermäuse den Himmel über dem Urwald von Guatemala schwarz. So viele Tiere schwirren durch die Luft, dass die Ruinenstadt nach ihnen – den »Zotz« – benannt wurde. Und die El-Diablo-Pyramide war einst so steil und sie zu besteigen so gefährlich, dass sie den Namen des Teufels trägt. Mittlerweile hat sie der Dschungel verschluckt. Bäume und Moos wuchern über die sumpfige Erde, die den Prunk von damals unter sich begräbt.

Im Inneren der Pyramide tragen die Archäologen nun vorsichtig Kalkstein und Schlamm vom Boden ab, Schicht für Schicht. Nach zwei Metern stoßen sie auf Steinplatten. Um nach Hohlräumen darunter zu suchen, treibt Stephen Houston einen Stock zwischen die Fugen. Und bei einem der Versuche verschwindet der Stock plötzlich tiefer und tiefer. Die Archäologen blicken in ein schwarzes Loch. Stephen Houston wird klar: Sie sind auf etwas Bedeutendes gestoßen. Er ruft einen Kollegen herbei, Edwin Román. Gemeinsam lassen sie eine kleine Glühbirne in die Dunkelheit hinab. »Diese Farben explodierten geradezu«, sagt Edwin Román später. In Rot, Grün und Gelb leuchten ihnen Stoffe, Jade, mit Affen und Schweinen bemalte Keramik, Schnitzereien und Gemälde einer Grabkammer entgegen.

Als sie das Grab dann öffnen, steckt Stephen Houston wagemutig seinen Kopf hinein »Es riecht noch immer nach Verwesung darin«,

[1] *englisch* Universität

teilt er seinen Kollegen mit. Eiskalte Schauer jagen ihm den Rücken hinab. Die Kammer war wohl so gut versiegelt, dass über 1600 Jahre lang keine Luft eingedrungen ist. Selbst Stoffe und Holzschnitzereien, die sonst schnell verrotten, sind dadurch erhalten geblieben.

Aber für wen waren all die Schätze bestimmt? Wer war der Tote in der Gruft? »Wir glauben, dass es sich um die Überreste eines etwa 50 Jahre alten Mannes handelt«, sagt Edwin Román. Ein stattliches Alter für einen Maya. Und er ruhte nicht allein: Im Grab entdecken die Archäologen noch weitere Skelette von sechs Kindern. Keines davon war älter als fünf Jahre, als es starb. Die Mayas hatten sie dem Toten geopfert.

Die Schätze, die über dem Grab errichtete Pyramide, die Menschenopfer – all das lässt Stephen Houston und sein Team vermuten, dass der Tote ein König gewesen sein muss: Chak »fish-dog« Ahk. Der Name setzt sich aus den Wörtern rot, Fisch, Hund und Schildkröte zusammen. Bislang kennen ihn die Wissenschaftler nur aus Hieroglyphen[2]-Aufzeichnungen. »Wahrscheinlich ist es sogar der Begründer einer Dynastie«, erklärt Stephen Houston. »Zu einer Studentin, die mir bei den Ausgrabungen half, habe ich daraufhin gesagt: So etwas wirst du wohl nie wieder ausgraben. Das passiert dir nur einmal im Forscherleben.«

Die Entdeckung stellt alle bisherigen Erkenntnisse der Forscher auf den Kopf. Die berühmte Maya-Stadt Tikal liegt nur etwas mehr als 20 Kilometer entfernt. Von El Diablo aus kann man über die Baumwipfel hinweg deren Tempel IV erspähen. El Zotz war im sechsten Jahrhundert explosionsartig gewachsen, nachdem der Gigant Tikal an Macht verloren hatte. Das Volk von El Zotz baute damals prächtige Paläste und Grab-Pyramiden, verbündete sich mit den Feinden Tikals. Doch ebenso schnell wie El Zotz aufgestiegen war, ging es auch wieder unter – glaubten die Forscher, bis sie die Grabkammer aus dem vierten Jahrhundert fanden. Vermutlich betteten die Maya ihren ersten König erst 200 Jahre nach dessen Tod in die luxuriöse Ruhestätte. Aber warum? Das wollen Stephen Houston und sein Team bei weiteren Ausgrabungen im Sommer 2011 herausfinden. Vermutlich wird es Jahre dauern, bis sie all die Geheimnisse entschlüsselt haben, die das Grab 1600 Jahre lang für sich behalten hat.

[2] ägyptische Schriftzeichen

Eine Skizze anlegen

b Übertrage die folgende Mindmap in dein Heft und ergänze sie.

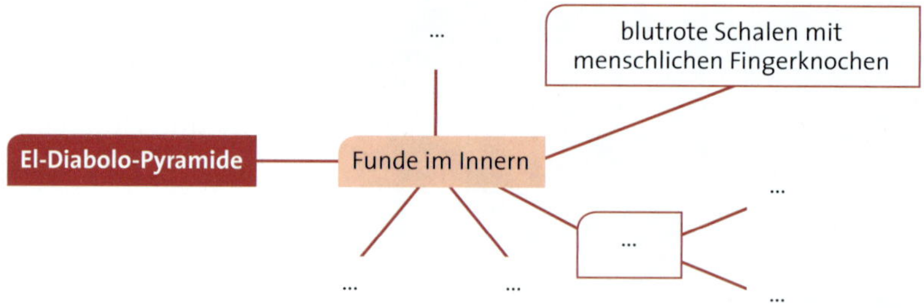

●●● **c** Ergänze deine Mindmap (Aufgabe 3 b) um Informationen zu Aussehen und Lage der Pyramide.

4

TIPP
Du kannst auch am Computer arbeiten.

a Erprobe eine andere übersichtliche Darstellung zur El-Diabolo-Pyramide (z.B: Tabelle, Cluster).

b Überarbeite deine Übersicht so, dass du sie der Klasse vorstellen kannst.

●●● **c** Halte einen kurzen Vortrag über die El-Diabolo-Pyramide. Nutze dazu deine Ergebnisse aus den Aufgaben 3 und 4.

TIPP
Wiederhole, wie du deinen Vortrag richtig präsentieren kannst.
→ S. 83

Die Gliederung eines Textes untersuchen

! Um einen Sachtext genau zu erfassen, ist es hilfreich, sich mit seiner **Gliederung** zu beschäftigen. Dabei helfen Zwischenüberschriften und die Einteilung in Textabschnitte. Hat der Text keine Zwischenüberschriften, formuliert man selbst welche.

Einen Text abschnittweise lesen und zusammenfassen

1

a Lies jetzt den Text von Aufgabe 3 a (S. 54) Abschnitt für Abschnitt. Fasse zusammen, was im jeweiligen Textabschnitt mitgeteilt wird.

b Formuliere für jeden Abschnitt eine Überschrift, die auf den Inhalt des Abschnitts hinweist.

! Ist ein umfangreicher Text nicht in Abschnitte gegliedert, sollte man ihn selbst **in Abschnitte unterteilen.** Dabei orientiert man sich an Einleitesätzen. Das sind Sätze, die ein neues Teilthema einführen. Oft erkennt man sie an Formulierungen, wie z. B.:
Im Folgenden wird …
Ein weiterer Aspekt ist …

2

a Lies den folgenden Text Abschnitt für Abschnitt. Prüfe, ob jeweils mit dem ersten Satz ein neuer Gedanke eingeleitet wird.

Weltraumeroberer Juri Gagarin

»Das Kommando zum Zünden ist erfolgt ... Vorstufe ... Zwischenstufe ... Voller Aufschub«, hört Juri Gagarin durch den Funk. »Pojechali! Auf geht's!«, meldet er zurück. Mit diesen Worten ist eines der aufregendsten Ereignisse der Menschheit festgehalten: der erste bemannte Weltraumflug.

Am 12. April 1961 um 9:08 Uhr hob der Russe mit seinem Raumschiff Wostok 1 ins Universum von Baikonur ab und betrat Raum, den vor ihm keiner betreten hat. 108 Minuten dauerte der Flug. Dann landete Gagarin unsanft auf einem Feld in der Nähe des russischen Dorfes Smelowka. Der Kosmonaut wurde bereits erwartet. Ganz Russland hatte im Radio von dem ersten bemannten Weltraumflug erfahren. Die Menschen tanzten auf den Straßen, feierten Juri Gagarin und jubelten über den geglückten Flug.

Der erste bemannte Raumflug war eine Sensation. Zum Teil auch wegen der weltpolitischen Umstände: Russland und die USA befanden sich im sogenannten Kalten Krieg – die große Auseinandersetzung um das geeignete Staatssystem. Der Westen war kapitalistisch, der Osten kommunistisch. Beide wollten den jeweils anderen übertrumpfen. Somit war der gelungene Weltraumflug für die Russen ein symbolischer Sieg über die westliche Welt und des Kommunismus. Bei den Feierlichkeiten schwang dieser Punkt mit.

Doch im Mittelpunkt stand der Weltraumflieger selbst. In Moskau wurde ein großer Empfang organisiert. Tausende Menschen wollten den Helden sehen und von ihm erfahren, wie die Erde aus dem All ausschaut, was er auf dem Flug erlebt hat. Bereits während des Fluges gab er über Funk bekannt: »Achtung, ich sehe den Horizont. Welch schöne Aureole[1]. Zuerst der Regenbogen von der Oberfläche der Erde selbst, und dann zieht ein solcher Regenbogen unten vorbei. Er ist sehr schön und schon am rechten Bullauge vorbeigezogen. Durch das optische Visier sind die Sterne zu sehen, wie sie vorbeiziehen. Ein wunderbares Schauspiel.« Es war die erste Beschreibung der Welt eines Menschen aus dem All.

Neben der fantastischen Aussicht ließ sich Juri Gagarin durch die Schwerelosigkeit beeindrucken: »Das ist ein bemerkenswertes Gefühl. Du hebst die Hände, und sie bleiben ohne jede Anstrengung in der Lage, die du ihnen gegeben hast. Und für deine Sachen ist das bequem. Man braucht weder einen Tisch noch Regale – man kann sie direkt in der Luft ablegen. Sie fallen nicht herunter, sondern schweben ganz ruhig.« [...]

1934 wurde Juri Gagarin in dem kleinen Dorf Kluschino nahe der Stadt Gshatsk in Russland geboren. Sein Vater war Tischler, seine Mutter Bäuerin. Seine Kindheit fiel in die Zeiten des Zweiten Weltkriegs. Während der Kriegsjahre ereignete sich ein Vorfall, der ihn prägte: Gagarin beobachtete, wie ein sowjetischer Jagdflieger einen notgelandeten Pilotenkollegen aufsammelte und ihn damit vor einer deutschen Gefangenschaft rettete. Anschließend wuchs in ihm der Wunsch, selbst Pilot zu werden. [...]

Als er 27 Jahre alt war, kam sein großer Tag.

In der Folgezeit wollte die ganze Welt ihn sehen. Zahlreiche Reisen unternahm er, um Leuten von seinen Erlebnissen zu erzählen. Er traf die Queen ebenso wie japanische und indische Staatsoberhäupter. Doch Gagarin hatte einen anderen Wunsch: Er wollte nicht nur durch die Welt geflogen werden, sondern wieder selber fliegen – am liebsten natürlich erneut ins All.

[1] *lateinisch* Lichtkranz

1968 unternahm er mehrere Testflüge. Auch am Morgen des 27. März. Scherzend stieg er ins Flugzeug. Nichts deutete an diesem Tag auf eine Besonderheit hin. Doch 22 Minuten nach dem Start ereignete sich ein bis heute ungeklärter Zwischenfall: Juri Gagarins Flugzeug stürzte ab und er starb. Ganz Russland trauerte über den Tod seines Helden. [...]

b Seht euch die Einleitesätze der Abschnitte genau an. Überlegt euch, woran man erkennt, dass sie einen neuen Gedanken einführen.

c Ordne jedem Textabschnitt den passenden Begriff zu.

Kindheit – Abgehoben – Gelandet – Eindrücke – Schwerelosigkeit – Politik – Tod – Reisen

d Formuliere mithilfe der Begriffe aus Aufgabe c für jeden Abschnitt eine Teilüberschrift.

→ **S.39** Eine Mindmap anlegen

3 Fertige zum Text von Aufgabe 2 a (S. 57) eine Mindmap an. Schreibe in die Mitte das Thema. Die Hauptäste sind die Teilüberschriften. Die Informationen der einzelnen Abschnitte sind die Nebenäste.

! Jeder Text folgt einem vom Autor beabsichtigten **gedanklichen Aufbau** (Gedankengang). Um diesen zu erfassen, muss man die Abfolge der einzelnen Gedanken verstehen. Solche Gedanken können z. B. folgende sein:
- Aufwerfen von Fragen,
- Erläutern durch Beispiele,
- Mitteilen von Fakten und Informationen,
- Benennen von Ursachen,
- Aufzeigen von Folgen,
- Ziehen eines Vergleichs,
- Zusammenfassen von Aussagen.

4

a Lies den einleitenden Abschnitt des Textes von Aufgabe 2 a (S. 50). Welche Funktion hat der Abschnitt?

b Erklärt, wie der Abschnitt gestaltet ist. Tauscht euch darüber aus, was die Autorin dadurch erreicht.

5

a Untersuche die Textabschnitte von Aufgabe 2 a (S. 57). Welche Elemente aus dem Merkkasten von S. 59 enthalten sie?

b Schreibe die gefundenen Elemente des Textes geordnet untereinander auf und notiere dazu jeweils ein bis drei Stichpunkte.

c Besprecht, wie der Text aufgebaut ist.

> **!** Die Sätze und Abschnitte eines **Textes** sind in der Regel inhaltlich und sprachlich miteinander verbunden. Häufig wird ein **Bezug zum vorhergehenden Satz** hergestellt, z. B. durch die Verwendung von:
> - Pronomen, z. B.: *er, seine, diese,*
> - Adverbien, z. B.: *daher, folglich, also, vorher, danach,*
> - Präpositionen, z. B.: *während, zwecks.*

d Untersucht, wie die Sätze und Abschnitte des Textes sprachlich miteinander verbunden sind. Notiert Wörter, die Bezüge zwischen Textteilen herstellen.

Mit diesen Worten ... (Z. 3) – Pronomen
... Raum, den vor ihm keiner betreten hat. (Z. 7–8) – Pronomen ...

6

→ S. 172 Textgestaltung durch Satzverknüpfung

a Probiert aus, ob ihr die Sätze des folgenden Textes wahllos vertauschen könntet. Begründet eure Meinung.

[...] Charles Darwin zählt zu den bedeutendsten Naturforschern in der Geschichte der Menschheit. Im 19. Jahrhundert wurde der britische Biologe durch seine Evolutionstheorie bekannt und sollte in der Zukunft das Weltbild nachhaltig beeinflussen. Im Alter von nur 22 Jahren ging Darwin 1831 an Bord des Segelschiffs »HMS Beagle«, um mit dem Kapitän Robert Fitzroy die Welt zu erkunden. Auf der fünfjährigen Reise sammelte er wertvolle Informationen über die Tier- und Pflanzenwelt. Nach der Rückkehr veröffentlichte Darwin seine Erkenntnisse über die Artenvielfalt, die er mit seinen Theorien über die Anpassung an den Lebensraum und die natürliche Selektion[1] zu erklären versuchte.

[1] *Lateinisch* Auslese, Auswahl

b Sucht aus dem Text die Wörter heraus, die den Bezug zum vorhergehenden Satz herstellen.

c Untersucht den inhaltlichen Aufbau des Textes. Führt dazu die folgende Reihe fort.

Charles Darwin – bedeutender Naturforscher – 19. Jahrhundert – ...

d Erklärt, warum der Aufbau des Textes sinnvoll ist.

7 Hier sind einige Sätze durcheinandergeraten. Füge sie wieder so zusammen, dass ein Text entsteht.

a Notiere zunächst jeden Satz. Beginne immer mit einer neuen Zeile. Nummeriere die Sätze und schreibe sie in der richtigen Reihenfolge ab.

Die Reise beginnt mit einem Flug über die Wiesen und Felder Englands im 19. Jahrhundert. In seinem Arbeitszimmer scheint alles zum Greifen nah. Fast entsteht das Gefühl, das eigene Gesicht spiegele sich in den Gläsern auf seinem Schreibtisch. Ziel ist das südlich von London gelegene Down House, in dem Darwin die letzten vierzig Jahre seines Lebens verbrachte. Und schon schwebt man in das Innere eines Buddelschiffs. In der spannenden Planetariumsshow nimmt Charles Darwin den Zuschauer mit auf seine große Expeditionsreise, die ihm zum Durchbruch als Wissenschaftler verhalf. Inmitten eines riesigen Fischschwarms geht es vorbei an Korallenriffen und seltenen Pflanzen. Immer wieder taucht ein Seestern vor den Augen auf – und wer genau aufpasst, entdeckt das fast verborgene Seepferdchenpärchen. Umgeben von dem Kreischen der Möwen und mystischen Klängen beginnt die Reise ins Ungewisse. Gerade noch auf dem Schiff, taucht der Zuschauer plötzlich in das tiefe Blau des Ozeans. Im Handumdrehen verwandelt sich das Modell in die »HMS Beagle«. Die Wellen tosen, die Segel wehen, die Masten knarren – alle Sinne werden angesprochen. Einzelne Sonnenstrahlen treffen auf den Meeresboden und lassen die Farben der bunten Unterwasserwelt schimmern. [...]

b Erkläre, woran du die Reihenfolge der Sätze erkannt hast. Nutze dazu die Informationen aus dem Merkkasten (S. 60).

Informationen aus Grafiken entnehmen

!

Grafiken stellen Informationen übersichtlich und anschaulich dar. Man erhält schnell einen Überblick über Daten und Fakten. Zur Auswertung einer Grafik muss man die dort enthaltenen Angaben in einen Text umformulieren.

1

a Lies die Überschriften und formuliere zu den angegebenen Zahlen und Prozenten ganze Sätze. Beantworte folgende Fragen.

1. Zu welchem Thema werden Angaben gemacht?
2. Welche Fragestellungen werden veranschaulicht?

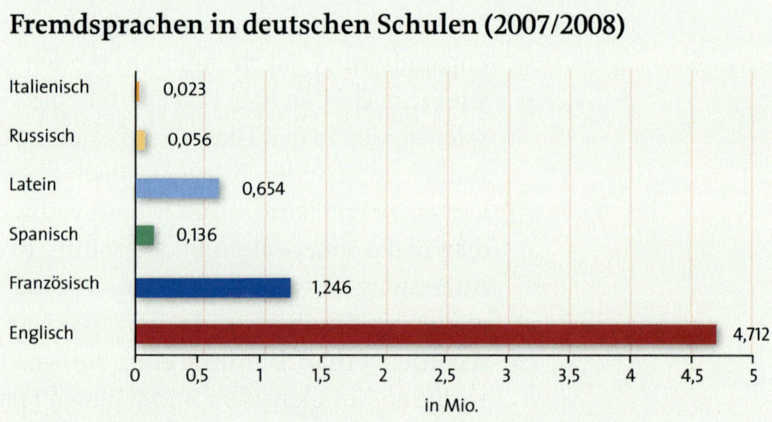

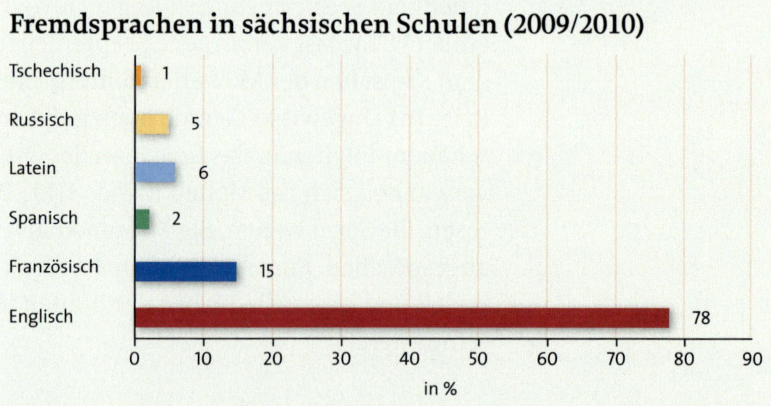

b Erfasse die Angaben des Balkendiagramms zum Fremdsprachenunterricht in Deutschland, indem du dir den höchsten, den niedrigsten und einen für dich interessanten Wert heraussuchst. Schreibe jeweils in einem Satz auf, was das heißt.

c Betrachte jetzt das Balkendiagramm zum Fremdsprachenunterricht in Sachsen. Suche die beiden höchsten und den niedrigsten Wert heraus. Formuliere die Informationen jeweils in einem Satz.

2 Führe nun die Angaben aus den Aufgaben 1 b und c zusammen.

a Schreibe die folgenden Sätze in dein Heft und vervollständige sie.

1. Am meisten Schülerinnen und Schüler lernten in Deutschland im Schuljahr 2007/2008 ___, nämlich ___ Schülerinnen und Schüler.
2. Am wenigsten Schülerinnen und Schüler lernten in deutschen Schulen ___. In Sachsen war das Schlusslicht Tschechisch mit ___ % der Schülerinnen/Schüler.
3. In Sachsen lernten im Schuljahr 2009/2010 ___ % der Schülerinnen und Schüler Latein.

b Vergleiche die Reihenfolge der Fremdsprachen. Was fällt dir auf? Suche eine Erklärung für deine Beobachtung.

3 Betrachte das Kreisdiagramm und werte es aus. Formuliere in ganzen Sätzen.

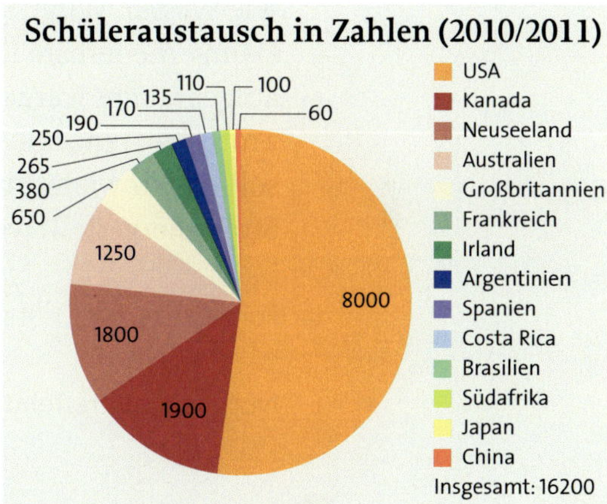

TIPP
Nutze dazu deine Arbeitsergebnisse aus den vorangegangenen Aufgaben.

4 Schreibe auf der Grundlage der Diagramme (Aufgabe 1a) einen Text zum Thema »Fremdsprachenunterricht in Deutschland und Sachsen«. Nutze dazu die Schrittfolge aus Aufg. 1.

So kannst du Informationen aus Grafiken entnehmen
1. Lies die Überschrift. Welches Thema wird behandelt?
2. Lies die Bezeichnungen der Achsen des Diagramms bzw. die Legende. Was wird jeweils angegeben?
3. Entnimm den Darstellungen die konkreten Werte.
4. Vergleiche die Werte miteinander. Fasse ähnliche Aussagen zusammen und hebe auffällige Angaben hervor.
5. Ziehe Schlussfolgerungen aus dem Vergleich.

Teste dich selbst!

Das Thema des Textes erfassen

1

a Lies den folgenden Text.

Stromausfall! Was nun? Musik hören oder am Computer arbeiten geht nicht mehr. Fernseher, Licht, Heizung, Kühlschrank, Waschmaschine – alles außer Betrieb. Ein Leben ohne Strom ist für uns undenkbar geworden.

Derzeit steigt der Stromverbrauch nach wie vor an. Aber wo kommt der Strom her, den wir täglich so sorglos verbrauchen? Knapp 600 Milliarden Kilowattstunden (kWh) Strom werden pro Jahr von verschiedenen Kraftwerken in Deutschland erzeugt. Früher wurde Strom ausschließlich in Kohlekraftwerken erzeugt. 1961 gab es dann das erste Kernkraftwerk in Deutschland.

Öl, Kohle, Uran und Plutonium sind Brennstoffe, die in der Natur gefunden und abgebaut werden. In den letzten 100 Jahren haben wir Menschen sehr viel von diesen Rohstoffen verbraucht. Deshalb gibt es immer weniger davon. Damit sie auch noch von den Menschen, die nach uns auf der Erde leben, genutzt werden können, muss sparsam damit umgegangen werden.

Ebenso ist es wichtig, verstärkt Energie aus erneuerbaren Quellen, wie Wasser, Wind, Sonne, Biomasse und Erdwärme, zu gewinnen. Denn erneuerbare Energien können vom Menschen nicht aufgebraucht werden und stehen daher unbegrenzt zur Verfügung. Trotz der grenzenlosen Verfügbarkeit von erneuerbaren Energien sollten wir weiterhin nach neuen Möglichkeiten suchen, wie Strom hergestellt werden kann.

b Formuliere kurz, mit welchem Thema sich der Text beschäftigt.

c Notiere eine treffende Überschrift.

Den Gedankengang erfassen

2

a In jedem Abschnitt wird ein neuer Gedanke mitgeteilt. Fasse ihn mit einer kurzen Wortgruppe zusammen.

b Im Text werden drei Schlussfolgerungen gezogen. Notiere sie in geeigneter Form.

Informationen aus einer Grafik entnehmen

3

a Formuliere in einem Satz, was das Diagramm darstellt.

Stromerzeugung in Deutschland

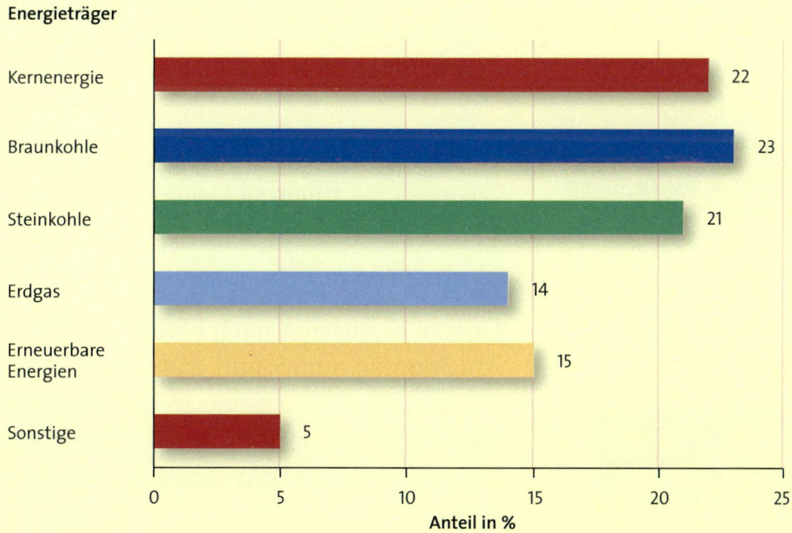

b Beantworte die folgenden Fragen.

1. Welcher Energieträger hat den höchsten Anteil an der Stromerzeugung in Deutschland?
2. Welche Aussage kannst du bezüglich der erneuerbaren Energien treffen?

c Bringe die Energiearten in eine Reihenfolge entsprechend ihres Anteils an der Energiegewinnung und notiere diese.

d In welcher Beziehung steht das Diagramm zum Text von Aufgabe 1?

e Schreibe die beiden Angaben aus dem Text und aus der Grafik heraus, die du benötigst, um herauszubekommen, wie viele kWh durch erneuerbare Energien erzeugt werden.

Berichten

Über eine Exkursion berichten

1 Tragt zusammen, welche Arten von Berichten ihr schon kennt und welche Besonderheiten diese aufweisen.

TIPP
Schlagt die Merkmale von Berichten im Merkwissen nach.

2 Anna soll für das Fach Geografie einen kurzen Bericht über die Exkursion der Arbeitsgemeinschaft »Gesteinskunde« schreiben.

a Lies Annas Text.

Unsere Exkursion nach Flöha

Am Sonntag, dem 5. Juni, traf sich die Arbeitsgemeinschaft »Gesteinskunde« gegen 6:15 Uhr am Chemnitzer Hauptbahnhof. Die einzige Person, die um diese Zeit fröhlich dastand, war unsere Geografielehrerin. Wir waren noch müde und trotteten lustlos zum Zug, der 6:30 Uhr nach Flöha fuhr. Im Zug schliefen einige gleich noch mal ein. Aber lange konnten sie nicht schlafen, denn nach 25 Minuten hieß es aussteigen.

Zuerst mussten wir durch die ganze Stadt marschieren und dann ging es mindestens eine halbe Stunde nur bergauf. Celine und Lukas jammerten die ganze Zeit, denn beide kamen auf dem Weg ganz schön ins Schwitzen. Endlich, nach 35 Minuten: der Wald, unser Ziel.

Dort bekamen wir unsere Aufträge. Wir sollten am Steinbruch und im Wald Tonschiefer, Porphyrtuff und Quarzporphyr sammeln. Die Sucherei ging auch gleich los. Wir fanden alle Gesteinsarten. Die Fundstellen mussten wir in eine Geländekarte eintragen sowie die Steine nach Festigkeit und Farbe beschreiben. Ein Protokoll sollte auch geschrieben werden. Wir hatten also ganz schön zu tun. Nach drei Stunden war unsere Arbeit aber getan. Leider hatte es so angefangen zu regnen, dass wir fast bis auf die Haut nass waren. Aber die Zeit im Wald war schön, verging sehr schnell und wir hatten trotz des Arbeitsauftrags viel Spaß.

b Beurteile, ob Anna ihre Aufgabe erfüllt hat. Begründe deine Meinung.

3 Schreibe für Anna den Bericht über die Exkursion.

Einen Bericht planen

a Schreibe aus dem Text in Aufgabe 2 a (S. 66) alle Angaben heraus, die du für diesen Bericht benötigst, und ordne sie den *W*-Fragen zu.

Einen Textentwurf schreiben

b Schreibe mithilfe deiner Notizen den Bericht über die Exkursion. Lass einen breiten Rand für spätere Überarbeitungen.

Den Entwurf überarbeiten

c Überarbeite deinen Entwurf. Gehe dabei folgende Schritte:
- Überdenke die Schreibaufgabe.
- Überarbeite den Inhalt.
- Überprüfe die Wortwahl.
- Kontrolliere den Satzbau.
- Korrigiere die Rechtschreibung.

4 Berichte mündlich über einen Wandertag, einen Projekttag oder eine Exkursion. Nutze dazu Stichpunkte.

→ **S. 94** Gewusst wie: Texte verfassen

5 Schreibe für die Internetseiten der Schule einen Bericht über eine Klassenfahrt oder einen Ausflug mit den Eltern, mit Verwandten oder Freunden.

a Notiere Stichpunkte zu den *W*-Fragen.

b Schreibe mithilfe deiner Notizen den Bericht. Lass einen breiten Rand für Überarbeitungen.

c Überarbeite den Entwurf und schreibe eine Endfassung in dein Heft.

So kannst du einen Bericht schreiben

1. Denke über die Schreibaufgabe nach.
   (Wem berichtest du worüber und zu welchem Zweck?)
2. Ordne die Fakten sinnvoll, die du berichten möchtest.
   Nutze dazu z. B. die *W*-Fragen.
3. Schreibe einen Entwurf. Lass einen breiten Rand zum Korrigieren.
4. Überarbeite den Entwurf und schreibe die Endfassung.

6 Schreibe für die Homepage der Schule einen Bericht über ein Ereignis aus eurem Schulalltag, z. B. über das Sportfest oder eure Lesenacht.

Über ein Experiment berichten

Ein Protokoll schreiben

!

Ein **Protokoll** ist eine besondere Form des Berichts, mit dem man andere kurz, sachlich und genau informiert oder etwas dokumentiert. Im **Verlaufsprotokoll** werden der Ablauf und die Ergebnisse einer Veranstaltung, einer Diskussion oder eines Experiments festgehalten. Im **Ergebnisprotokoll** werden nur Ergebnisse bzw. Beschlüsse notiert.

Ein Protokoll untersuchen

TIPP
Sieh dir die Gliederungspunkte an.

→ S.70 Ein Experiment beschreiben

1 Untersuche, um welche Protokollform es sich hier handelt.

Name: Nina Zabel Klasse: 7a Datum: 12.10.2014

Aufgabe:
Prüfe, ob die vorliegenden Lebensmittel Stärke enthalten.

Materialien: reine Stärke
Iod-Kaliumiodid-Lösung
je ein kleines Stück Banane, Apfel und Brot

Durchführung:
Zuerst werden 2 oder 3 Tropfen der Iod-Kaliumiodid-Lösung auf die reine Stärke gegeben, um die Verfärbung zu beobachten. Anschließend gibt man auf jede Lebensmittelprobe 2 bis 3 Tropfen der Lösung.

Beobachtung:

Proben	Verfärbung
Stärke	schwarz
Banane	graublau
Apfel	keine
Brot	blauviolett

Entsorgung:
Die getesteten Lebensmittel werden im Hausmüll entsorgt. Die Iod-Kaliumiodid-Lösung ist für weitere Versuche zu verwenden.

Auswertung:
Das Brot zeigt die stärkste Verfärbung, was auf den größten Stärkeanteil hinweist. Bananen verfärben sich nicht so intensiv, das bedeutet, sie enthalten weniger Stärke. Bei Äpfeln ist keine Verfärbung zu beobachten, das heißt, sie enthalten keine Stärke.

!

Ein **Versuchsprotokoll** ist eine besondere Form des Verlaufsprotokolls. Es sollte folgende Angaben enthalten:
- Name, Klasse, Datum,
- Aufgabe bzw. Fragestellung,
- Materialien und Geräte,
- Durchführung des Experiments,
- Beobachtungen,
- Entsorgung der Materialien,
- Auswertung der Beobachtungen.

Ein Protokoll schreiben

2 Schreibe mithilfe der folgenden Angaben ein Versuchsprotokoll.

a Ordne die Textbausteine nach den Gliederungspunkten im Merkkasten.

– Untersuche, welche Lebensmittel Fett enthalten.
– Filterpapier, Olivenöl, Wasser, Sonnenblumenkern, Erdnuss, ein wenig Pflanzenmargarine, je ein kleines Stück Banane und Apfel
– Es wird ein Tropfen Olivenöl auf Filterpapier gegeben, außerdem zur Kontrolle (getrennt davon) ein Wassertropfen.
– Olivenöl, Sonnenblumenkerne, Pflanzenmargarine und Erdnüsse enthalten Fett, Wasser, Bananen und Äpfel dagegen nicht.
– Die getesteten Lebensmittel und das Filterpapier werden im Hausmüll entsorgt.
– Man umrandet den Ölfleck rot und den Wasserfleck blau.
– Nach 10 Minuten hält man das Filterpapier gegen das Licht.
– Nun drückt man einen Sonnenblumenkern und Proben der anderen Lebensmittel auf Filterpapier.
– Olivenöl ist reines Fett und hinterlässt auf Filterpapier einen Fettfleck.

Lebensmittel	Fettfleck	Lebensmittel	Fettfleck
Olivenöl	ja	Sonnenblumenkern	ja
Erdnuss	ja	Pflanzenmargarine	ja
Banane	nein	Apfel	nein

b Schreibe das Versuchsprotokoll in dein Heft.

Was habe ich gelernt?

3 Überprüfe, was du über das Berichten gelernt hast.
Erkläre deinem Lernpartner/deiner Lernpartnerin, worauf es beim Berichten ankommt.

Beschreiben

Ein Experiment beschreiben

1 Tragt zusammen, wozu man Experimente beschreiben muss. Denkt dabei an den naturwissenschaftlichen Unterricht.

2

a Lies die folgende Beschreibung eines Experiments.

Nachweis der Lebenstätigkeit von Bakterien

Materialien: 2 Kartoffeln
2 Wassergläser
etwas Erde
Wasser

Eine der beiden Kartoffeln wird etwas eingeschnitten, an der Schnittfläche wird ein wenig Erde aufgetragen. Dann legt man die Kartoffel vorsichtig in ein Glas und gießt dieses randvoll mit Wasser. Das Glas wird nun an einen warmen Ort gestellt und drei Tage lang beobachtet.

Das Vorgehen wird mit der zweiten Kartoffel wiederholt. Das Glas wird dieses Mal aber in den Kühlschrank gestellt und ebenfalls drei Tage beobachtet.

b Untersuche, welche Angaben für die Beschreibung eines Experiments notwendig sind.

→ S.146 Verben

c Untersuche, in welcher Ausdrucksweise die Beschreibung verfasst wurde. Betrachte dazu die Subjekte und Prädikate in den Sätzen.

!

Experimente kann man **beschreiben,** um zu ihrer Durchführung anzuleiten oder um ihren Verlauf ausführlich und genau zu dokumentieren.
Je nach Zweck des Berichtens muss Folgendes enthalten sein:
- das Ziel des Experiments bzw. die Untersuchungsaufgabe,
- die benötigten Geräte und Materialien,
- die auszuführenden Handlungen und Teilhandlungen,
- die beobachteten Ergebnisse des Experiments.

Die Beschreibung eines Experiments wird meist im **Präsens** und in **unpersönlicher Ausdrucksweise** verfasst, z. B.:
Die Kartoffel wird etwas eingeschnitten. (Verbform im Passiv)
Man legt die Kartoffel in ein Glas. (*man*-Form)

3 In den folgenden Notizen für die Beschreibung eines Experiments ist einiges durcheinandergeraten.

Eine Beschreibung planen

a Bringe die folgenden Angaben in die richtige Reihenfolge.

- auf jede Lebensmittelprobe 2–3 Tropfen der Iod-Kaliumiodid-Lösung
- Nachweis von Stärke in Lebensmitteln
- je ein kleines Stück Käse, Banane, Apfel und Brot + Iod-Kaliumiodid-Lösung
- blau-violette bis schwarze Färbung → Stärke in den Lebensmitteln

Einen Textentwurf schreiben

b Formuliere die Beschreibung des Experiments so, dass andere es exakt durchführen können. Schreibe in dein Heft.

Den Entwurf überarbeiten

→ **S. 94** Gewusst wie: Texte verfassen

c Überarbeite den Entwurf. Achte dabei besonders auf die Gliederung, die Zeitform der Verben und die unpersönliche Ausdrucksweise. Schreibe die Endfassung in dein Heft.

TIPP
Überlege, wie deine Beschreibung enden könnte, wenn du die beobachteten Ergebnisse nicht verraten willst.

4 Wähle ein Experiment aus dem naturwissenschaftlichen Unterricht. Beschreibe es so, dass andere es durchführen können.

So kannst du Wortwahl und Satzbau in deiner Beschreibung überarbeiten

1. Überprüfe besonders die Fachbegriffe und Verben.
2. Untersuche, ob (un-)bestimmte Artikel richtig verwendet wurden.
3. Überprüfe die Satzanfänge.
4. Prüfe, ob Satzglieder umgestellt werden können bzw. sollten.
5. Betrachte die Wörter, die eine zeitliche Abfolge ausdrücken. Nutze geeignete Konjunktionen.
6. Probiere aus, ob Sätze mithilfe nominalisierter/substantivierter Verben umzuformulieren sind.

5 Veranschauliche das Experiment aus Aufgabe 4 auf einem Plakat.

6 Wähle ein Experiment aus dem naturwissenschaftlichen Unterricht. Beschreibe den Verlauf und auch die beobachteten Ergebnisse.

Was habe ich gelernt?

7 Überprüfe, was du über das Beschreiben gelernt hast. Erstelle dazu einen Cluster.

Ein Experiment durchführen und mitschreiben

!

Während des Experimentierens muss man genau beobachten, was passiert. Seine **Beobachtungen** sollte man **in Stichpunkten mitschreiben,** um das Experiment zum Schluss mithilfe dieser Beobachtungen auswerten zu können.
Man kann die Stichpunkte kurz formulieren, indem man
- Nominalisierungen/Substantivierungen verwendet, z. B.: *Verfärbung bei Kartoffeln und Brot,*
- Abkürzungen benutzt, z. B.: *ca., u., usw., u. a., d. h.,*
- Tabellen vorbereitet.

1 Tragt zusammen, welche Abkürzungen ihr kennt, und schreibt sie in euer Heft. Ergänzt die Bedeutung.

2 Führe das Experiment aus Aufgabe 3 a (S. 71) durch.

TIPP
Du kannst in die rechte Spalte auch die Farbe eintragen.

a Übertrage vorher die folgende Tabelle in dein Heft und ergänze sie mit deinen Beobachtungen.

Lebensmittel	Verfärbung (ja/nein)
Käse	…

b Werte das Experiment anhand deiner Beobachtungen aus.

Folgende Lebensmittel enthalten Stärke: …

3 Führe das Experiment aus Aufgabe 2 a (S. 70) durch.

a Überlege zuerst, welche Form der Notizen sich eignen würde, um die Beobachtungen schnell notieren zu können.

→ S. 188
Nominalisierte/
Substantivierte
Verben und Adjektive

b Führe das Experiment durch und notiere deine Beobachtungen.

Mitteilungen verfassen

Offizielle Briefe und E-Mails schreiben

1 An der Pinnwand hängen Notizzettel.

a Entscheide, ob es in den beschriebenen Situationen sinnvoller ist, einen kurzen Brief bzw. eine E-Mail zu schreiben oder anzurufen. Begründe deine Meinung.

b Tragt zusammen, welche Vorteile es hat, eine Anfrage oder Mitteilung schriftlich zu verfassen.

c Entscheide, welche der schriftlichen Mitteilungen als private, welche als offizielle Briefe oder E-Mails verfasst werden.

!

Private Briefe und E-Mails sind persönliche Mitteilungen einer Privatperson an eine andere, z. B. Einladungen, Trostbriefe, Liebesbriefe, Urlaubsgrüße und Geburtstagskarten.
Offizielle Briefe und E-Mails sind Mitteilungen an eine Institution oder ein Unternehmen, z. B. Anträge, Beschwerdebriefe und Bewerbungsschreiben.

d Überlegt, zu welchen Anlässen ihr offizielle Briefe oder E-Mails verfassen müsst.

2 Für das Verfassen eines offiziellen Briefs gibt es genaue Vorgaben.

a Sieh dir den Musterbrief an und ordne den Teilen des offiziellen Briefs die folgenden Benennungen zu.

Absender – Empfänger – Ort, Datum – Betreffzeile – Anrede – Brieftext – Grußformel – Unterschrift

Klasse 7a Leipzig, 1. Oktober 2014
35. Mittelschule Leipzig
Virchowstr. 4/6
04157 Leipzig

Reisebüro »Aktivreisen«
Prager Str. 117
04317 Leipzig

Planung einer Klassenfahrt nach Rostock

Sehr geehrte Damen und Herren,

wir möchten im Juni des nächsten Jahres eine dreitägige Klassenfahrt nach Rostock unternehmen. Wir sind 26 Schülerinnen und Schüler. Senden Sie uns bitte Prospekte und mögliche Angebote zu.

Mit freundlichen Grüßen

Sandra Meier
Klassensprecherin der Klasse 7a

b Erkläre, warum es wichtig ist, die Absender- und Empfängeranschrift korrekt zu vermerken.

c Schreibe deine Privatadresse und die Anschrift deiner Schule richtig in dein Heft.

!

Offizielle Briefe und E-Mails sollten sachlich und knapp, aber höflich formuliert sein. Man verwendet die **Anredepronomen** *Sie, Ihr(-e).* Außerdem sollte man auf fehlerfreie Rechtschreibung und Zeichensetzung achten.
In Abhängigkeit davon, ob man den Namen seines Ansprechpartners kennt, schreibt man in der **Anrede:**
Sehr geehrte Frau Müller, ...
Sehr geehrter Herr Lehmann, ...
Sehr geehrte Damen und Herren, ...
Der Anrede folgt ein Komma und es wird auf einer neuen Zeile klein weitergeschrieben.
In der **Betreffzeile** formuliert man kurz den Anlass des Briefs, z. B.: *Bewerbung um einen Praktikumsplatz.*
Als **Grußformel** am Schluss des Briefes schreibt man: *Mit freundlichen Grüßen / Mit freundlichem Gruß.*
Darunter folgt die **persönliche Unterschrift.**

3 Formuliere zu folgenden Inhalten eine passende Betreffzeile.

1 Schüler bitten in einem Brief die Geschäftsleitung eines Baumarktes um Unterstützung bei der Renovierung des Klassenraums.
2 Eine Klasse bittet eine Jugendbuchautorin, eine Lesung in der Schule zu halten.
3 Schüler einer 7. Klasse möchten wissen, ob es möglich ist, die Druckerei der Lokalzeitung zu besichtigen.
4 Eine Klasse übermittelt Ideen zur Neugestaltung des Sportplatzes.

4 Formuliere die folgenden Sätze kürzer.

TIPP
Vermeide Füllwörter, wie *recht, halt, gewiss, völlig, eigentlich, einigermaßen, geradezu.*

1 Wir sind uns ziemlich sicher, dass Sie uns bei dem Projekt unterstützen könnten.
2 Man kann wohl mit Recht sagen, dass wir von Ihrem Angebot sehr begeistert sind.
3 So würden wir halt gerne wissen, ob Sie noch freie Plätze haben.
4 Da man wirklich ehrlich sagen kann, dass wir sportbegeistert sind, möchten wir mehr über diesbezügliche Sportangebote wissen.
5 Wir hoffen, wir haben Ihnen unsere Ideen einigermaßen verständlich und relativ klar dargestellt.

1. Wir sind uns sicher, dass ...

5 Ersetze hier die langen Nominalgruppen durch Verben.

1. Ich möchte Ihnen die Informationen geben, die zur Abfahrtszeit vorliegen.
2. Hiermit möchten wir Sie um die Zusendung eines Katalogs bitten.
3. Wir werden Ihr Angebot einer genauen Prüfung unterziehen.
4. Könnten Sie uns davon in Kenntnis setzen, ob es zu dieser Zeit noch freie Plätze gibt?

1. Ich möchte Sie über die Abfahrtszeit informieren.

6 Schreibe den folgenden Brief in dein Heft. Verwende die Pronomen in richtiger Groß- oder Kleinschreibung.

Sehr geehrte Frau Heilmann,
vielen Dank für i/Ihren Antwortbrief. Ich bin sehr froh, dass s/Sie eine passende Sprachschule für meine Tochter in London gefunden haben. Wie s/Sie wissen, reist s/Sie bereits im Mai dorthin. Bitte teilen s/Sie mir noch i/Ihre Londoner Adresse mit, damit meine Tochter s/Sie im Notfall auch dort erreichen kann. Könnten s/Sie bitte auch ein paar Prospekte beilegen, damit sich meine Tochter besser auf i/Ihren Aufenthalt in London vorbereiten kann?
Vielen Dank für i/Ihre Bemühungen!

Mit freundlichen Grüßen
Sibylle Bergmann

7 Bei der Beschriftung eines Briefumschlags muss man bestimmte formale Regeln beachten.

a Betrachte die Abbildung und trage wichtige Regeln zusammen.

b Beschrifte selbst einen Briefumschlag mit ausgedachten Anschriften.

8 Verfasst eine Checkliste, mit der ihr die Qualität der von euch verfassten offiziellen Briefe kontrollieren könnt.

Checkliste für das Verfassen offizieller Briefe

- *Formale Aspekte:*
  Absender und Anschrift korrekt? ☐
  …
- *Inhaltliche Aspekte: …* ☐
- *Sprachliche Aspekte: …* ☐
- *Äußeres Erscheinungsbild: …* ☐

9 Ihr plant ein Schulfest im zweiten Schulhalbjahr.
Für die Durchführung sucht ihr Sponsoren und Unterstützer.

a Überlegt, wen ihr anschreiben möchtet und um welche Form der Unterstützung ihr bitten könntet.

Ansprechpartner?

b Prüft, welche Informationen für die Briefe euch noch fehlen, und überlegt, wie ihr diese beschaffen könnt.

10 Verfasse einen Brief an einen möglichen Sponsor oder an eine Firma, die euch helfen könnten.

Den Textentwurf schreiben

a Schreibe zuerst einen Entwurf. Orientiere dich an dem Musterbrief aus Aufgabe 2 a (S. 74).

Den Entwurf überarbeiten

b Kontrolliert eure Briefe gegenseitig mithilfe der Checkliste aus Aufgabe 8.

c Überarbeite deinen Entwurf. Achte besonders auf Rechtschreibung und Zeichensetzung.

d Schreibe die Endfassung des Briefs handschriftlich oder am Computer. Verwende weißes DIN-A4-Papier.

TIPP
Wähle am PC die Schriftart *Arial* oder *Times* und die Schriftgröße 11 oder 12.

Was habe ich gelernt?

11 Überprüfe, was du über offizielle Briefe und E-Mails gelernt hast. Fertige ein Poster mit den Bestandteilen und Regeln an.

Präsentieren: Über fremde Länder informieren

1 Im Rahmen eines Projekts sollen die Schülerinnen und Schüler der 7a eine Präsentation erarbeiten, mit der sie über das Leben der Menschen in einem asiatischen Land informieren. Sie haben 10 bis 15 Minuten Zeit für die Präsentation.

a Sieh im Atlas nach, wo Asien liegt, und nenne die asiatischen Staaten.

b Überlege, welche Informationsquellen du für die Recherche nutzen kannst.

c Trage zusammen, welche Vor- und Nachteile diese Informationsquellen haben.

d Übertrage die Tabelle in dein Heft und ergänze sie stichpunktartig.

Quelle	Vorteile	Nachteile
Internet	jederzeit zugänglich	...

2 Tom hat sich für einen Vortrag über das Leben der Menschen in China entschieden.

a Tragt zusammen, was ihr bereits über China wisst.

b Formuliert einige Fragen, auf die Tom eurer Meinung nach in seiner Präsentation eingehen müsste.

Informationen im Internet suchen

→ S. 87 Das Internet nutzen

3 Tom möchte sich einen Überblick verschaffen und recherchiert im Internet. Dazu benutzt er verschiedene Suchmaschinen.

a Probiert bei den verschiedenen Suchmaschinen aus, wie viele Einträge es zum Suchbegriff »China« jeweils gibt.

b Grenzt die Suche durch weitere Begriffe ein.

China+Lebensweise, China+...

4 Seht euch folgende Suchergebnisse an und beurteilt, ob die Seiten Material für den Vortrag enthalten.

a Lest dazu die Kurzbeschreibungen der Seiten in der Trefferliste.

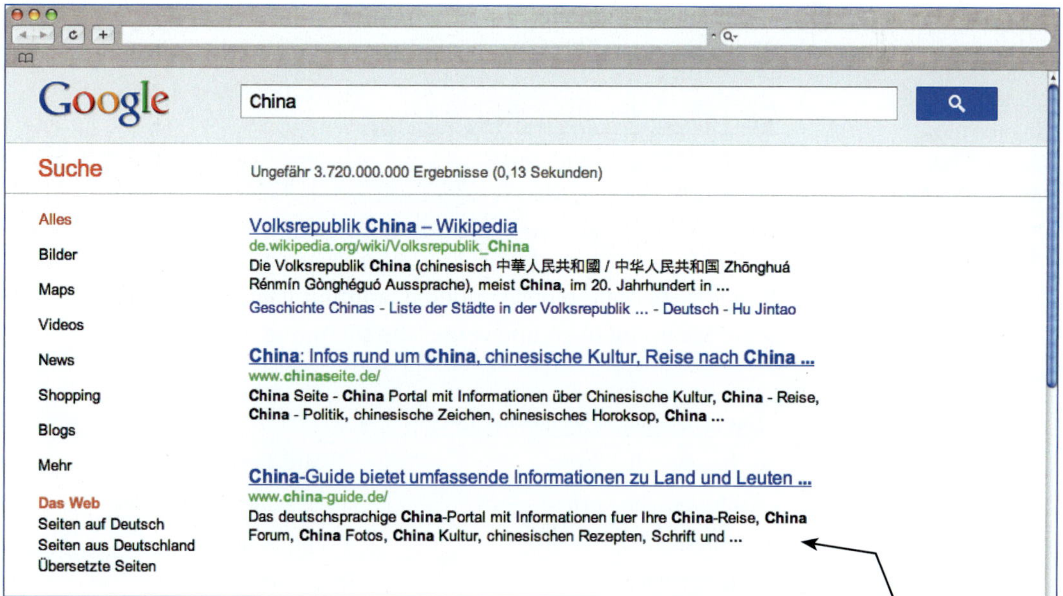

Kurzbeschreibung

TIPP
Seiten von Bundesbehörden oder großen Organisationen sind meist glaubwürdiger als die von privaten Anbietern.
→ S. 89

b Überlegt, von wem die Webseite angeboten wird, und beurteilt, ob das eine vertrauenswürdige Quelle ist.

c Klickt die Seite an und überprüft, ob sie Informationen zum gesuchten Thema enthält und wann die Seite das letzte Mal aktualisiert wurde.

d Notiert euch die Adressen derjenigen Seiten, die Tom für die Vorbereitung auf seine Präsentation nutzen könnte.

Informationen in der Bibliothek suchen

5 Informiert euch in eurer örtlichen Bibliothek oder der Schulbücherei, welche Bücher oder Zeitschriften ihr für die Vorbereitung des Vortrags nutzen könnt.

TIPP
Vergesst die genaue Quellenangabe nicht (Autor, Titel, Verlag, Ort, Jahr, Seite).
→ S. 88

6 Sammle Informationen zum Thema und notiere während der Recherche Stichpunkte und Hinweise auf einem Notizzettel.

Das Leben der Menschen in China
– *Hauptstadt: Peking*
– …

7 Tom hat ebenfalls eine Stichpunktsammlung angelegt. Sieh dir seine Stichpunkte an und vergleiche sie mit deiner Sammlung.

Das Leben der Menschen in China

– Hauptstadt: Peking	– 1,4 Mrd. Einwohner
– chinesische Küche	– chinesisches Neujahrsfest
– längster Fluss: Jangtse	– Akupunktur
– Reis, Nudeln	– Schattenboxen
– traditionelle chin. Medizin	– mehr als 1000 Dialekte
– die Flagge	– Familienleben
– Sprache	– Ess-Stäbchen aus Holz
– Pingpong, Kung-Fu	– der Mount Everest
– die Große Mauer	– Kalligrafie
– Symbolschrift, Schriftzeichen	– Erfindung des Schießpulvers
– bevölkerungsreichstes Land	– Mandarin
der Erde	– Ein-Kind-Familie
– Yin und Yang	– bedrohte Tierarten

Informationen ordnen

8 Tom ist überrascht, wie viele Informationen er innerhalb kürzester Zeit zusammengetragen hat. Nun will er die Informationen ordnen.

→ S. 39 Gewusst wie: Eine Mindmap anlegen

a Sieh dir seine Mindmap an.

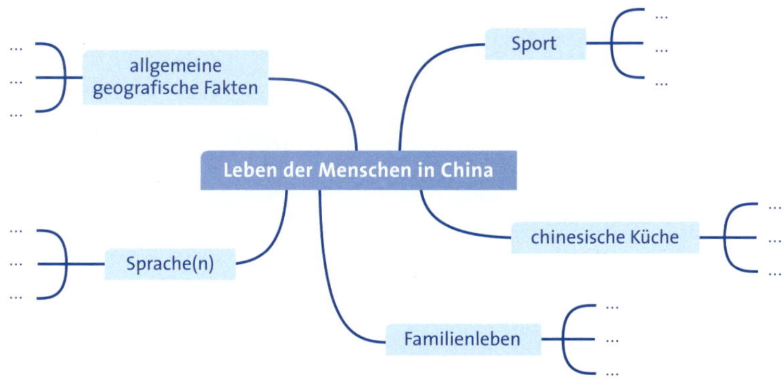

TIPP
Überlege auch, welche Notizen du nicht in die Mindmap aufnehmen willst.

b Übertrage die Mindmap in dein Heft und vervollständige sie. Nutze dazu deine Notizen aus Aufgabe 6 (S. 80).

! Eine **Präsentation** sollte einer **Gliederung** folgen:
- **Einleitung:** das Thema nennen, grundlegende Informationen vermitteln, das Interesse der Zuhörer wecken,
- **Hauptteil:** Informationen zum Thema geordnet vortragen, dabei unterschiedliche Medien zur Veranschaulichung nutzen,
- **Schluss:** Wesentliches noch einmal knapp zusammenfassen.

●●● **9** Mache einen Gliederungsvorschlag. Nutze die Mindmap aus Aufgabe 8 und den Merkkasten.

● **10**

a Nun muss Tom eine Gliederung entwerfen. Sieh dir noch einmal die Mindmap an und entscheide, welche Punkte für die Einleitung und welche für den Hauptteil geeignet wären.

Einleitung: allgemeine geografische Fakten
Hauptteil: 1. … 2. …

Schwerpunkte festlegen

b Tom wählt drei Punkte für den Hauptteil aus. Überlege, welche Punkte du auswählen würdest, und ordne sie.

c Entwirf eine Gliederung des Vortrags.

11 Tom bereitet nun die Karteikarten vor, die er bei der Präsentation nutzen will. Vervollständige sie.

Chinesische Küche
– eine der ältesten Küchen der Welt
– Stäbchen aus Holz, Bambus, Plastik
– …

Sport in China
– wichtiger Teil des Alltags
– …

Chinesische Sprache(n)
– mehr als tausend Dialekte
– Mandarin: …

!

Mithilfe von **Medien** (z.B. OH-Projektor, Tafel, Bilder, Poster, Beamer, CD-Spieler) kann man dem Zuhörer passende Fotos, Karikaturen, Diagramme, Landkarten, Hörbeispiele u.Ä. präsentieren. Wenn die Materialien sinnvoll ausgesucht wurden, wird der Vortrag dadurch verständlicher, anschaulicher und lebendiger.

12 Überlege, welche Informationen durch Medien anschaulicher und verständlicher vermittelt werden können.

a Notiere auf den Karteikarten die Medien, die zur Veranschaulichung sinnvoll sind.

Chinesische Küche
– eine der ältesten Küchen der Welt
– Stäbchen aus Holz, Bambus, Plastik
– …
-> Stäbchen zeigen

b Welche Medien wollen die Schüler einsetzen? Überlege, was sie folglich vor der Präsentation besorgen und überprüfen müssen.

Jan Ich zeige nur drei Fotos, die ich auf OH-Folien kopiert habe.
Samira Ich habe ein Poster gestaltet, das ich an der Tafel befestige.
Ben Ich werde eine Landkarte aus dem Geografieraum einsetzen.
Lisa Ich möchte einen kurzen Filmausschnitt auf DVD zeigen.
Raissa Ich möchte ein kurzes Musikstück von einer CD anspielen.

13 Wie würdest du beginnen? Gestalte eine eigene Einleitung für die Präsentation und stelle sie den anderen vor.

14 Tom hat die Einleitung seines Vortrags ausformuliert. Beurteile, ob die Einleitung gelungen ist.

Hier seht ihr die wohl berühmteste Sehenswürdigkeit des Landes, in das ich euch heute mitnehmen möchte. Wer von euch kennt sie? Ihr werdet heute etwas über das Leben der Menschen in China erfahren. Zuerst möchte ich das Land kurz vorstellen. China ist mit seinen 1,4 Milliarden Einwohnern das bevölkerungsreichste Land der Erde. Die Hauptstadt dieses asiatischen Staates ist Peking. ...

15 Überlege, wie der Schluss der Präsentation aussehen könnte. Formuliere den Schluss aus.

So kannst du einen Vortrag richtig präsentieren

1. Übe, aus deinen Stichpunkten klare und aussagekräftige Sätze zu formulieren. Achte besonders auf die Wortwahl und die Satzverknüpfung.
2. Übe den gesamten Vortrag mehrmals. Halte ihn z. B. vor deinen Freunden, Eltern oder Geschwistern.
3. Beim Halten des Vortrags solltest du
   - möglichst frei sprechen,
   - langsam, deutlich und betont sprechen,
   - das Publikum anschauen, auch wenn du etwas zeigst,
   - das Publikum direkt ansprechen.

16 Bereite für das Projekt »Leben der Menschen in einem asiatischen Land« eine Präsentation zu einem anderen Land vor.

Was habe ich gelernt?

17 Überprüfe, was du über das Präsentieren gelernt hast. Erstelle dazu eine Liste mit Bewertungskriterien für eine Präsentation.

– *Inhalt des Vortrags: ...*
– *Vortragsweise: ...*
– *Anschaulichkeit: ...*

Auskünfte einholen und geben

Auskünfte einholen

1 Manchmal benötigt man eine Auskunft.

a Trage zusammen, was man tun kann, um z. B. den richtigen Weg zum Bahnhof zu finden oder Auskünfte über das Kinoprogramm einzuholen.

> **!** **Auskünfte** kann man auf unterschiedliche Art und Weise **einholen.** Man kann sich z. B. mithilfe eines Stadtplans oder im Internet informieren. Manchmal ist es aber am einfachsten, jemanden anzusprechen oder anzurufen.
> Bei allen **Anfragen** und **Bitten** sollte man klar und deutlich formulieren, höflich sein und sich für die Auskünfte bedanken.
> Geeignete sprachliche Mittel sind z. B.:
> *Guten Tag, könnten Sie mir bitte sagen, ...?*
> *Entschuldigen Sie bitte, können Sie mir sagen, ...?*
> *Vielen Dank für Ihre Auskunft, auf Wiedersehen/auf Wiederhören.*

b Sammelt weitere Ausdrucksmöglichkeiten, wie man sich an jemanden wenden kann, um eine Auskunft einzuholen.

Auskünfte telefonisch einholen

2 Für den Sommer gibt es günstige Schülerferientickets. Eric möchte Genaueres wissen, die Internetseite ist aber noch nicht abrufbar. Deshalb ruft er beim Kundenservice des örtlichen Verkehrsunternehmens an.

a Vervollständigt das Telefongespräch. Nutzt die sprachlichen Mittel zum Einholen von Auskünften.

Frau S. Guten Tag, mein Name ist Schulze. Wie kann ich Ihnen helfen?

Eric Guten Tag, ich heiße Eric Zander. Ich möchte gern wissen, wie teuer das Schülerferienticket ist.

Frau S. Das Ticket kostet 27 Euro und gilt in Verbindung mit einem Schülerausweis während der gesamten Sommerferien für alle Busse, Straßenbahnen, S-Bahnen und Regionalbahnen in unserem Bundesland.

Eric ▬▬ ?

Frau S. Ja, ein Fahrrad darfst du mitnehmen.

Eric ___?

Frau S. Ja, das kann ich. Du erhältst Rabatt in einigen Museen, im Augustusburger Freizeitzentrum und im Spielzeugland Stockhausen.

Eric ___?

Frau S. In allen Verkaufsstellen, wo es Fahrkarten für den öffentlichen Nahverkehr gibt.

Eric Vielen Dank für Ihre Auskunft.

Frau S. Bitte sehr. Auf Wiederhören.

Eric Auf Wiederhören.

b Tragt zusammen, mit welchen sprachlichen Mitteln Frau Schulze auf die Fragen des Schülers reagiert.

! Vor einem **Telefonat** sollte man Zettel und Stift bereitlegen, um sich während des Gesprächs Notizen machen zu können (z.B. Telefonnummern, Namen, Adressen, Preise).
Man stellt sich am Telefon mit dem Namen vor und trägt sein Anliegen höflich, kurz und verständlich vor. Anschließend bedankt man sich für die Auskünfte und verabschiedet sich am Ende des Gesprächs. Hat man etwas nicht genau verstanden, fragt man höflich nach.

c Übt weitere Telefongespräche. Ihr könnt euch z.B. erkundigen,

- ob ihr in eurer Bibliothek kostenlos ins Internet dürft,
- wann ein öffentliches Training eures Lieblingsklubs stattfindet,
- ob ihr mit eurer Klasse im Kino einen Gruppenrabatt bekommt.

→ S.80 Aufgabe 5

3 Die Schülerinnen und Schüler der 7. Klasse sollen im Deutsch-Unterricht eine Präsentation zum Leben der Menschen in China erstellen. Ralf will in der örtlichen Bücherei fragen, welche Bücher und Zeitschriften er nutzen kann.

a Ralf macht sich Notizen. Prüfe, ob er etwas vergessen hat.

Thema: Das Leben der Menschen in China

Suchmöglichkeiten: Internet, Bücher?

Termin: Halten der Präsentation in zwei Wochen

Kosten: Kostenlos oder Benutzungsgebühr? Wie teuer?

b Spielt das Gespräch zwischen Ralf und der/dem Angestellten der Bücherei.

c Überlegt, was Ralf schon gut gemacht hat und was er noch verbessern kann.

Absagen formulieren

4 Leider erhält man auf Anfragen bisweilen auch Absagen.

a Überlege, wie diese Personen ihre Absage formulieren könnten.

1 Die Benutzung des Internets in der Bücherei ist nicht kostenlos.
2 Ein öffentliches Training ist diesen Monat nicht mehr vorgesehen (Aufg. 2 c).
3 Nicht alles Material zu China darf aus der Bücherei mit nach Hause genommen werden.

> **!** Wenn man eine Verabredung oder Vereinbarung nicht einhalten bzw. einer Bitte nicht entsprechen kann, sollte man sich höflich entschuldigen und absagen. **Absagen** kann man z. B. so ausdrücken:
> *Dieser Termin ist leider nicht möglich, …* *Ich bedaure, aber …*
> *Bedauerlicherweise ist/kann …* *Es tut mir/uns leid, dass …*

b Welche weiteren Situationen sind denkbar, in denen etwas abgesagt wird? Spielt diese Gespräche.

5 Euer Internetzugang funktioniert nicht und ihr wollt die Hotline anrufen, um Hilfe zu bekommen.

a Bereitet euch auf das Gespräch vor, indem ihr mögliche Fragen und Probleme notiert. Denkt auch an wichtige Daten, die ihr benötigen könntet.

b Formuliert den Beginn und den Abschluss eines solchen Anrufs und vergleicht eure Vorschläge.

Das Internet als Informationsmedium nutzen

1 Führt in der Klasse eine Umfrage zur Internetnutzung durch.

TIPP
Ihr könnt auch einen eigenen Fragebogen entwerfen.

a Beantwortet schriftlich die folgenden Fragen.

1 Wer nutzt in deiner Familie das Internet am häufigsten?
2 Wie viele Stunden pro Tag bist du online?
3 Wozu nutzt du das Internet? Wähle aus.

a) Onlinespiele
b) Senden und Empfangen von E-Mails
c) Informationssuche
d) Einkaufen (Onlineshopping)
e) Videos bzw. TV sehen
f) Freunde »treffen«
g) Musik hören
h) Communitys besuchen
i) Sonstiges

b Vergleicht die erhaltenen Daten und wertet sie gemeinsam aus.

→ **S.53** Informationen veranschaulichen

c Stellt die Ergebnisse in einer Tabelle oder Grafik dar.

d Führt die Umfrage auch in anderen Klassen oder in eurer Familie durch.

!

Zur Suche im Internet kann man verschiedene **Suchmaschinen** verwenden, z. B.:
http://www.google.de *http://www.yahoo.de*
http://www.altavista.de *http://www.fireball.de*
Man gibt einen oder mehrere Suchbegriffe in das Suchfeld ein. Die Trefferliste zeigt diejenigen Seiten an, die die Suchbegriffe enthalten. Um zu beurteilen, ob die Suchergebnisse die erwarteten Informationen enthalten, liest man die Kurzbeschreibungen.
Es werden auch **Web-Kataloge** geführt, in denen man suchen kann. Das sind Sammlungen von Internetadressen, die bereits nach bestimmten Themen oder Sachgebieten sortiert sind, z. B.:
http://www.seitenstark.de/ Kinder
http://www.umwelt-atlas.de/ Umweltfragen

2

a Gebt folgende Suchbegriffe in alle genannten Suchmaschinen ein. Vergleicht, wie viele Ergebnisse jeweils angezeigt werden.

1 Johann Wolfgang Goethe
2 Berlin
3 den Namen deiner Heimatstadt bzw. deines Heimatdorfs

b Was interessiert dich? Erstelle eine Liste eigener Suchbegriffe.

So kannst du im Internet nach Informationen suchen

1. Schreibe Fachbegriffe, Eigennamen und Schlüsselwörter zu deinem Thema auf, z. B.: *Johann Wolfgang Goethe Weimar Lebenslauf.*
2. Suchst du nach einer Übersicht mit interessanten Internetseiten, dann ergänze »Linkliste«, z. B.: *Johann Wolfgang Goethe Linkliste.*
3. Beschränke die Suchergebnisse auf die gesuchten Begriffe, indem du die Suchbegriffe mit einem Plus (ohne Leerzeichen) verbindest, z. B.: *Goethe+Weimar.*
4. Schließe Begriffe aus, indem du den Suchbegriff mit einem Minus verbindest, z. B.: *Goethe-Weimar.*
5. Sollen nur Seiten angezeigt werden, auf denen alle Suchwörter nacheinander auftauchen, setze sie in Anführungszeichen z. B.: *»die Geister, die ich rief«* (Goethe »Der Zauberlehrling«).

c Probiere die verschiedenen Suchmöglichkeiten mit deinen Suchbegriffen aus. Überlege, wann du welches Vorgehen wählen solltest.

3

a Recherchiere Informationen zu folgenden Fragen.

Wer ist Joanne K. Rowling? Suche Informationen über ihr Leben. Beschränke dich dabei auf ihre Kindheit. Was sagt sie über ihre Bücher? Suche mindestens drei Zitate.

b Präsentiere die Ergebnisse mit vollständigen Quellenangaben. Orientiere dich dabei am Merkkasten unten.

!

Eine **Quellenangabe** für Texte aus dem **Internet** sollte folgende Informationen enthalten:

- Autorin/Autor (wenn möglich)
- Titel und Untertitel des Beitrags
- »Online im Internet« sowie die Internetadresse
- Abrufdatum, z. B.:
  Misdorf, Hans: Johann Wolfgang von Goethe – Deutschlands größter Dichter. Online im Internet: http://derweg.org/mwberdeu/goethe.htm [28.01.10]

c Bewerte deine Suchergebnisse nach den Kriterien aus dem Merkkasten.

!

Die **Beurteilung der Suchergebnisse** sollte nach folgenden Punkten erfolgen:

- **Autor:** Ist ein Autor oder eine Autorengruppe angegeben oder erscheint die Seite anonym?
- **Herkunft:** Gibt es Kontaktdaten bzw. ein Impressum zu dieser Internetseite? Wurde die Seite von einer offiziellen Organisation erstellt oder privat? Ist es ein Diskussionsforum?
- **Aktualität:** Seit wann existiert diese Seite? Wann erfolgte die letzte Aktualisierung?
- **Inhalt:** Sind die angegebenen Fakten überprüfbar? Werden Quellen oder Verweise genannt, die die Richtigkeit bestätigen?

4 Wähle ein Buch oder einen Film aus. Suche verschiedene Internetseiten dazu. Bewerte sie nach den Kriterien aus dem Merkkasten.

5 Viele Internetseiten sind kostenpflichtig, einige seriöse Informationsquellen sind jedoch frei zugänglich. Stelle fest, um welche Angebote es sich bei den folgenden handelt.

1 http://www.wissen.de
2 http://www.internetbibliothek.de
3 http://de.wikipedia.org/wiki/Hauptseite

● **6** Wähle eine Schauspielerin/einen Schauspieler oder eine Musikgruppe aus. Suche Informationen dazu auf den in Aufgabe 5 angegebenen Internetseiten. Berichte von deiner Recherche.

●●● **7** Recherchiere die folgenden Informationen.

Welche Sicherheitsregeln wurden bei Wikipedia eingeführt, um Internet-Piraterie und bewusste Falschmeldungen zu verhindern?

→ S. 25 Meinungen austauschen – Diskutieren

Einen Leserbrief schreiben

1

a Lies den Artikel aus der Zeitschrift »Junger Naturschützer«.

Wir haben von einem unserer Leser erfahren, dass im Landkreis Görlitz ein Wolf gesehen wurde. Um nähere Informationen darüber zu erhalten, sprachen wir mit dem zuständigen Jäger, Horst Becker.

Einer unserer Leser informierte mich heute darüber, dass Wölfe in der Nähe gesehen worden sind. Können Sie diese Beobachtungen bestätigen?

Leider nicht, es kann sich auch um wildernde Hunde gehandelt haben. Trotzdem ist es nicht unmöglich. Ich werde die Meldung auf jeden Fall überprüfen.

Werden Sie den grauen Räuber abschießen, falls Sie ihn sehen?

Nein, denn die Wölfe stehen bei uns seit 1990 unter strengem Naturschutz. Der letzte Wolf wurde übrigens 1904 in der Lausitz erschossen. Wie es der Zufall will, kamen genau dort im Jahr 2001 erstmals wieder wilde Wolfswelpen zur Welt. Ich glaube nicht, dass sie für die Wanderer gefährlich sind.

Wie viele wilde Wölfe leben denn inzwischen wieder in Deutschland?

Heute leben in Sachsen, Brandenburg und Niedersachsen ungefähr 35 Tiere. In Mecklenburg befinden sich die Wölfe derzeit nur auf der Durchreise.

Was raten Sie denn nun unserem Leser? Soll er seinem Kater den Freilauf verbieten, bis der Wolf weitergewandert ist?

Nein, der Kater kann wie gewohnt seine Mäuse jagen. Auch für uns besteht keine Gefahr. Sie können ihren Lesern mitteilen, dass in den letzten 50 Jahren kein gesunder Wolf einen Menschen angegriffen hat.

Das werde ich gern tun. Ich bedanke mich für das Gespräch.

Ein Problem erkennen

b Formuliere die Frage, um die es in dem Artikel geht.

c Gib den Standpunkt des Jägers in einem Satz wieder.

d Stelle fest, wo der Jäger seine eigene Meinung wiedergibt und wo er Informationen über Wölfe vermittelt.

2 Timo hat den Artikel gelesen und möchte wissen, wie gefährlich Wölfe für den Menschen wirklich sind. Er sammelt weitere Informationen.

Informationen sammeln

a Lies, welche Informationen er gefunden hat.

- **Lebensraum:** Heide, Wälder, Sumpfgebiete (entfernt von Siedlungen)
- **Bestand in Europa:** 15 000 bis 18 000 Tiere (außer Russland)
- **Gewohnheiten:** Rudeltier, sehr sozial, verteidigt Revier
- **Nahrung:** v. a. schwache und kranke Tiere, Rehe, Wildschweine, Hirsche, Elche, auch kleinere Säugetiere, Reptilien, Früchte
- **Fortpflanzung:** nur ein Elternpaar pro Rudel (Alpha-Tiere), Paarungszeit September bis April, 62 Tage Tragezeit, 4–7 Welpen
- **Größe und Gewicht:** 50 bis 100 cm Schulterhöhe, 28 bis 38 kg
- **Alter:** 8 bis 13 Jahre (in freier Wildbahn)

Informationen bewerten

b Bewerte, welche Informationen für das Thema wichtig sind. Notiere sie als Stichpunkte in deinem Heft.

c Suche weitere Informationen in Nachschlagewerken oder im Internet.

3

Einen Leserbrief untersuchen

a Lies Timos Brief an die Zeitschrift.

Liebe Naturfreunde,

der Artikel über Wölfe vom 11. April hat mich neugierig gemacht. Ich habe mich also auch informiert, wie gefährlich der Wolf wirklich ist.
Ich denke, wir müssen uns keine Sorgen machen. Der Wolf ist zwar ein wildes, gefährliches Raubtier. Er reißt auch ab und zu Nutztiere, wie Schafe oder Ziegen, aber nur, wenn er sie bequem erwischen kann! Zäune und Hunde schrecken ihn ab. Außerdem jagt der Wolf nur schwache und kranke Tiere. Davon gibt es in unseren Wäldern genug und er wird satt. Uns Menschen geht er meist aus dem Weg. Laut eurem Artikel wurden seit 50 Jahren keine Angriffe auf Menschen mehr registriert.
Wir können also gut mit dem Wolf auskommen, wenn wir ihm seinen Lebensraum lassen und ihn von Haus- und Nutztieren fernhalten.

Timo, 13 Jahre, Mittweida

b Nenne die Meinung, die Timo vertritt.

c Suche heraus, welche Begründungen Timo anführt.

d Untersuche die Argumente (Begründungen und Beispiele), die angeführt werden.

> **TIPP**
> Prüfe, ob sie überzeugend sind.

e Hat Timo dich überzeugt? Begründe deine Meinung.

Einen Leserbrief planen und entwerfen

4 Schreibe selbst einen Leserbrief zum Thema »Wie gefährlich sind Wölfe?« an die Redaktion der Zeitschrift »Junger Naturschützer«.

a Überlege zuerst, für wen und warum Leserbriefe geschrieben werden und wie man sie gestalten sollte.

> **!** Ein **Leserbrief** enthält eine **schriftliche Stellungnahme** zu einem Artikel in einer Zeitung oder Zeitschrift. Ein Leserbrief besteht aus:
> - **Einleitung:** Hier wird gesagt, auf welchen Artikel man sich bezieht.
> - **Hauptteil:** Man formuliert kurz die eigene Meinung und nennt Begründungen dafür. Dabei bezieht man sich auch auf den Artikel.
> - **Schluss:** Der eigene Standpunkt wird kurz zusammengefasst.
>
> Um die Begründungen miteinander zu verbinden, nutzt man Wendungen, wie z. B.:
> *zum einen ..., zum anderen ...*
> *zudem, außerdem, darüber hinaus, des Weiteren, trotzdem*
> *Für/Gegen ... spricht außerdem die Tatsache, dass ...*
> *Eine große Rolle spielt für mich ...*
> *Ich möchte noch hinzufügen, dass ...*
> *Abschließend/Zusammenfassend möchte ich sagen, dass ...*

> **TIPP**
> Nutze die Ergebnisse der Aufgaben 2 und 3. Sammle ggf. weitere Informationen.

b Überlege, welche Meinung du vertreten willst. Formuliere sie kurz.

c Sammle die Begründungen, die du anführen möchtest, und ordne sie nach ihrer Überzeugungskraft. Stelle die überzeugendste Begründung an den Schluss.

Den Entwurf überarbeiten
→ S. 95

d Schreibe einen Entwurf deines Leserbriefs.

e Überarbeite deinen Entwurf und schreibe die Endfassung.

TIPP
Denke dir eine Zeitschrift aus und erfinde eine Adresse.

5

a Schreibe einen Leserbrief an die Redaktion. Lies zuerst folgenden Zeitungsartikel.

> **Banane statt Burger?**
> Was haltet ihr davon, Fast Food aus Schule und Schwimmbad zu verbannen? Ist das zu kleinlich, weil es sowieso schon so viele Verbote für Kinder gibt? Oder findet ihr, dass zu viele Kinder sich ungesund ernähren und eine solche Maßnahme ihnen helfen könnte, sich bewusster zu ernähren? Oder würde ein Verbot vielleicht erst recht dazu reizen, es zu überschreiten…? Wir sind gespannt auf eure Meinungen!

b Formuliere nun das Problem als Frage und bilde dir eine Meinung zu dieser Frage. Suche nach Begründungen und ordne diese nach ihrer Überzeugungskraft.

→ **S. 73** Offizielle Briefe schreiben

c Entwirf deinen Leserbrief, überarbeite ihn und schreibe die Endfassung.

So kannst du einen Leserbrief schreiben

1. Denke über die Schreibaufgabe nach (Für wen und warum werden Leserbriefe geschrieben?).
2. Formuliere das Problem, das in einem Artikel angesprochen wird, als Frage.
3. Schreibe deine Meinung zum Problem kurz auf.
4. Suche nach Begründungen und ordne sie nach ihrer Überzeugungskraft.
5. Schreibe einen Entwurf. Lass einen breiten Rand zum Überarbeiten.
6. Überarbeite den Entwurf und schreibe die Endfassung.

6 Suche in Zeitungen und Zeitschriften nach einem Artikel, zu dem du deine Meinung äußern möchtest. Schreibe einen Leserbrief.

Was habe ich gelernt?

7 Überprüfe, was du über das Schreiben von Leserbriefen gelernt hast. Beantworte dazu folgende Fragen.

1 Aus welchen Teilen besteht ein Leserbrief?
2 Wie ordnet man die Begründungen?

Texte verfassen

Um Texte inhaltlich und sprachlich angemessen zu gestalten, sind verschiedene **Arbeitsphasen** notwendig. Je nach Textsorte, Schreibsituation bzw. Schreibaufgabe kann man dazu verschiedene **Arbeitsschritte und Methoden** nutzen, wie z. B.:

TIPP
Überlege auch, welche Textsorte entstehen soll, z. B. Bericht, Beschreibung, Erzählung.

1. Thema/Schreibaufgabe durchdenken	
Worüber soll geschrieben werden?	→ Thema, Inhalt
Welche Funktion hat der Text, welchem Zweck dient er?	→ z. B.: informieren, anleiten, dokumentieren, unterhalten
Für wen soll geschrieben werden?	→ z. B.: Mitschüler, Fremde, für mich
2. Text planen: Ideen, Informationen sammeln, ordnen, gliedern	
ein Brainstorming durchführen	*China, chinesisches Essen, chinesische Oper, …*
einen Cluster erstellen	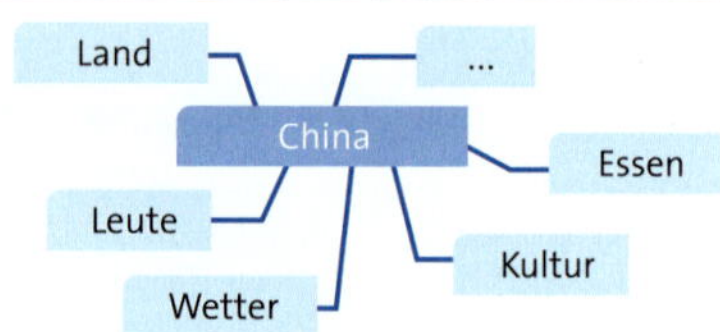
eine Mindmap gestalten	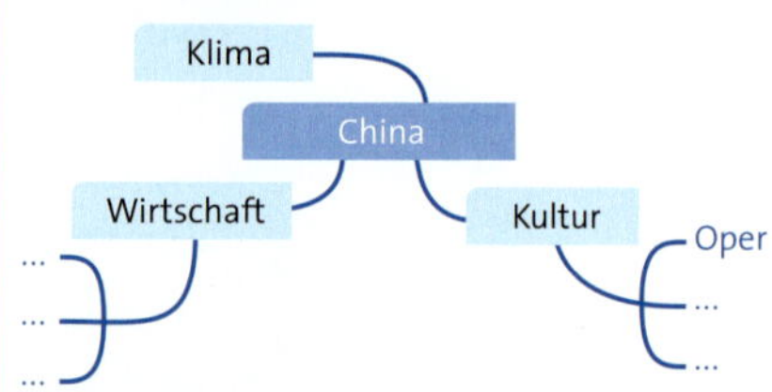
Ober- und Unterbegriffe suchen	*Heimische Pflanzen* • *Bäume: Laubbäume, Nadelbäume* • *Sträucher: …*
W-Fragen stellen	*Wer? Wann? Was? Wie? …*
eine spezielle Gliederung zugrunde legen	1. *Name, Datum, Ort* 2. *Untersuchungsziel* 3. *Geräte und Materialien …*

TIPP
Lass einen breiten Rand für spätere Überarbeitungen.

TIPP
Mach vor dem Überarbeiten eine längere Pause.

TIPP
Überlege, was ein fremder Leser fragen würde.

3. Text gestalten	
Einleitung, Schluss u.a. Textteile entwerfen	*Ein Foto, das mich besonders beeindruckt hat, ist von dem US-amerikanischen Fotografen Charles Ebbets (1905–1978) und hat den Titel …*
Textentwurf schreiben	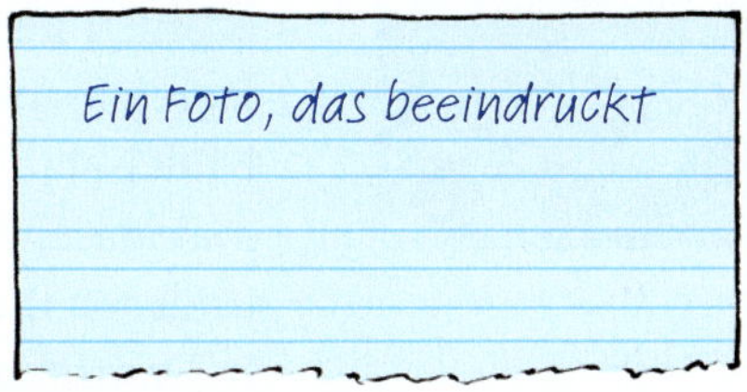
4. Den Textentwurf überarbeiten	
Schreibaufgabe überdenken	Worüber, für wen, warum sollte/wollte ich schreiben?
Inhalt überarbeiten	Ist alles Wesentliche in sinnvoller Reihenfolge dargestellt? Sind alle Aussagen richtig? Was müsste genauer dargestellt werden? Sind überflüssige Informationen enthalten?
Wortwahl überarbeiten	Wurden genaue Bezeichnungen verwendet (Verben, Adjektive, Fachbegriffe)? Lassen sich Vergleiche oder Synonyme nutzen? Passen die bestimmten/unbestimmten Artikel?
Satzbau, Satzverknüpfung überarbeiten	Schließen die Satzanfänge sinnvoll an vorher Gesagtes an? Sollten Satzglieder umgestellt oder passende Konjunktionen genutzt werden? Sollten einfache Sätze verbunden oder mehrfach zusammengesetzte Sätze aufgelöst werden? Lassen sich Sätze mithilfe von Nominalisierungen/Substantivierungen umformulieren?
Rechtschreibung, Zeichensetzung korrigieren	Welche Wörter bzw. Kommaregeln sollte ich nachschlagen?
5. Endfassung schreiben und ggf. gestalten	

Rafik Schami

Andere Sitten

In Damaskus fühlt sich jeder Gastgeber beleidigt, wenn seine Gäste etwas zu essen mitbringen. Und kein Araber käme auf die Idee, selber zu kochen oder zu backen, wenn er bei jemandem eingeladen ist. Die Deutschen sind anders. Wenn man sie einlädt, bringen sie stets etwas mit: Eingekochtes vielleicht oder Eingelegtes, manchmal auch selbstgebackenen Kuchen und in der Regel Nudelsalat. Warum Nudelsalat mit Erbsen und Würstchen und Majonäse? Auch nach zweiundzwanzig Jahren in Deutschland finde ich ihn noch schrecklich.

In Damaskus hungert ein Gast am Tag der Einladung, weil er weiß, dass ihm eine Prüfung bevorsteht. Er kann nicht bloß einfach behaupten, dass er das Essen gut findet, er muss es beweisen, das heißt eine Unmenge davon verdrücken. Das grenzt oft an Körperverletzung, denn keine Ausrede hilft. Gegen die Argumente schüchterner, satter oder auch magenkranker Gäste halten Araber immer entwaffnende, in Reime gefasste Erpressungen bereit.

Deutsche einzuladen, ist angenehm. Sie kommen pünktlich, essen wenig und fragen neugierig nach dem Rezept. Ein guter arabischer Koch kann aber gar nicht die Entstehung eines Gerichts, das er gezaubert hat, knapp und verständlich beschreiben. Er fängt bei seiner Großmutter an und endet bei lauter Gewürzen, die kein Mensch kennt, weil sie nur in seinem Dorf wachsen und ihr Name für keinen Botaniker ins Deutsche zu übersetzen ist. Die Kochzeit folgt Gewohnheiten aus dem Mittelalter, als man noch keine Armbanduhr hatte und die Stunden genüsslich vergeudete. Ein unscheinbarer Brei braucht nicht selten zwei Tage Vorbereitung, und das unbeeindruckt von aller modernen Hektik.

Deutsche Gäste kommen nicht nur pünktlich, sie sind auch präzise in ihren Angaben. Wenn sie sagen, sie kommen zu fünft, dann kommen sie zu fünft. Und sollten sie wirklich einmal einen sechsten Gast mitbringen wollen, telefonieren sie vorher stundenlang mit dem Gastgeber, entschuldigen sich dafür und loben dabei die zusätzliche Person als einen Engel der guten Laune und des gediegenen Geschmacks.

So großartig Araber als Gastgeber sind, als Gäste sind sie dagegen furchtbar. Sie sagen, sie kommen zu dritt um zwölf Uhr zum Mittagessen. Um sieben Uhr abends treffen sie ein. Und vor Begeisterung über die Einladung bringen sie Nachbarn, Cousins, Tanten und Schwiegersöhne mit. Aber das bleibt ihr Geheimnis, bis sie vor der Tür stehen. Sie wollen dem Gastgeber doch eine besondere Überraschung bereiten. Einmal zählten wir in Damaskus eine Prozession von 29 Menschen vor unserer Tür, als meine Mutter ihre Schwester eingeladen hatte, um mit ihr nach dem Essen in Ruhe zu reden.

Ein leichtfertiges arabisches Sprichwort sagt: Wer vierzig Tage mit Leuten zusammenlebt, wird einer von ihnen. Seit über zweiundzwanzig Jahren lebe ich inzwischen mit den Deutschen zusammen und ich erkenne Veränderungen an mir. Aber die Mitbringsel der Gäste? Wein kann ich inzwischen annehmen, aber Nudelsalat – niemals.

1 Stelle in einer Tabelle die Beschreibung der Deutschen und der Araber als Gast und als Gastgeber gegenüber.

2 Stellt euch vor, zu welchen Missverständnissen die im Text angesprochenen Sitten führen können. Spielt sie in einer Szene vor.

3 Recherchiert zu Essgewohnheiten und Tischsitten in anderen Ländern. Stellt sie vor.

Sprichwörter aus aller Welt

4 Lies die folgenden Sprichwörter und erläutere, welche Eigenheit des Landes sie widerspiegeln.

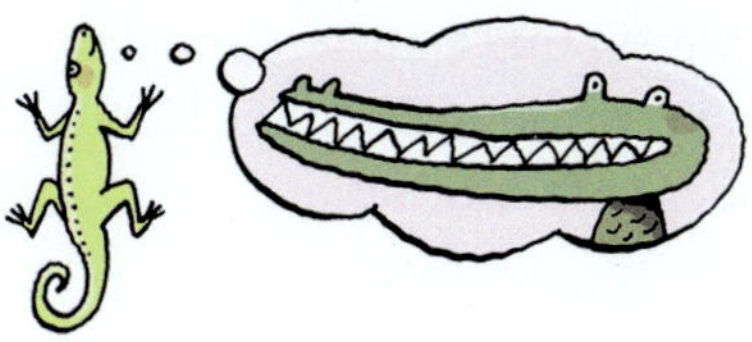

Je kleiner die Eidechse, umso größer ist ihre Hoffnung, ein Krokodil zu werden.
Aus Äthiopien

Wenn ein Schaf über dem Damm ist, folgen die anderen.
Aus den Niederlanden

Solange man den Bären nicht erlegt hat, sollte man sein Fell nicht verkaufen.
Aus Russland

5 Wählt ein Sprichwort aus und sucht dazu ein passendes deutsches Sprichwort.

Tischsitten in aller Welt

Die schlechte Nachricht zuerst: Überall auf der Welt müssen sich die Kinder vor dem Essen die Hände waschen! Doch Schmatzen und Schlürfen ist in China zum Beispiel erlaubt, damit sich der Geschmack des Essens im Mund besser entfalten kann. Aber bevor ihr jetzt auswandern wollt, in China essen auch schon die Allerkleinsten nicht mit Messer und Gabel, sondern mit Stäbchen. Und das braucht Übung.

In vielen arabischen und afrikanischen Ländern wird traditionell mit den Fingern der rechten Hand gegessen. Dazu hockt oder setzt man sich auf den Boden rund um Schüsseln mit Fleisch, Reis, Couscous oder Maisbrei und Fladenbrot. Das tunkt man dann in Gemüsesoße. In Afrika gilt es übrigens als höflich, dem anderen ab und zu ein leckeres Stück in den Mund zu stecken.
In Europa wird mit Messer und Gabel gegessen, in Italien lernen schon die Kinder, Spaghetti nur mit der Gabel zu drehen. Nur in Ausnahmen dürfen die Hände benutzt werden – bei Hamburgern, Garnelen oder Muscheln.
In den USA heißt es nicht »Iss mit Messer und Gabel«, denn dort ist es ganz normal, nur die Gabel zu verwenden. Die linke Hand liegt auch nicht auf dem Tisch, sondern auf dem Schoß.

1 Tragt Unterschiede in den Tischsitten verschiedener Länder und Kontinente zusammen.

2 Besorgt euch Stäbchen und probiert anhand der Anleitung einmal aus, damit zu essen.

Onelio Jorge Cardoso

Negrita

Diese Geschichte spielt in Kuba.

[...] Es gab einen Tag in der Woche, den Brunos Kinder immer sehnsüchtig erwarteten.

Dieser Tag war der Sonntag. Wer von den beiden Jungen als Erster aufwachte, weckte den anderen, und beide betrachteten froh die Lattenwand, durch deren Ritzen sich das Sonnenlicht in breiten Strömen ins Zimmer ergoss. Durch die Tür drangen die Geräusche aus der Küche und vermischten sich mit dem Gackern der Hühner und dem Krähen des Hahns. Zuweilen hörte man in der Ferne das Gekreische eines Schwarms Papageien, die in den Wäldern ihr Spektakel veranstalteten.

Das Wichtigste war jedoch das Sonnenlicht, die Helligkeit, mit der sich der frühe Sonntagmorgen ankündigte. Dies war der Moment, aus dem Bett zu springen, in Windeseile Hemd und Hose zu greifen und als Allererstes die unumgängliche Frage des Tages zu stellen:

»Papa, gehen wir heute zum Fluss?«

Bruno schien es zu gefallen, sich mit seiner Antwort ein wenig Zeit zu lassen:

»Heute, meint ihr?«

»Aber es ist doch Sonntag, Papa!«

Der Vater schwieg und verbarg sein Lächeln hinter einem ausgiebigen Schluck aus seiner Kaffeetasse, über deren Rand er die kleinen Gesichter betrachtete, die so gespannt an seinen Lippen hingen.

Auch die Mutter schwieg, doch ihr gingen vielerlei Gedanken durch den Kopf. Sie dachte daran, was all die anderen Tage für ihre Kinder bereithielten: Wasser aus dem Fluss hochholen; wenn auch noch nicht volle, so doch halb volle Blecheimer auf die Schulter laden und das kostbare Nass zum Kochen, Waschen und Baden den Hügel hinaufschleppen. Ab und zu auch einmal einen Eimer, damit die vier Blumenstöcke, die die Mutter an der Hüttenwand gepflanzt hatte, nicht endgültig vertrockneten.

Sie selbst hatte den ganzen Tag zu tun, um mit den Hausarbeiten fertig zu werden: mit einem Besen aus Palmenblättern den Hüttenboden aus fest gestampfter Erde kehren, die Maiskolben entkörnen, die Wäsche der Familie waschen, kochen und im Unkrautgestrüpp die Eier suchen, weil die Hennen ihre Nester mit Vorliebe im entferntesten Winkel versteckt bauten.

Bruno musste sich unterdessen auf den Weg machen, um zu verkaufen, was er konnte, oder um hier und da eine Gelegenheitsarbeit zu finden. Er kam zurück, wenn es Abend wurde, und bewirtschaftete den Gemüsegarten, den er auf einem kleinen Fleckchen des Geländes hatte anlegen können, auf dem vorher das riesige Marabúgestrüpp[1] gewesen war.

[1] *Marabú* Eine sich stark ausbreitende Pflanze

Was blieb den Kindern unter der Woche an Zeit zum Spielen? Manchmal spannten sie zwei leere Flaschen wie Ochsen vor eine kleine Karre, die Bruno ihnen aus Kürbisholz gebastelt hatte, oder sie tanzten den Karolinentanz. Dazu setzten sie sich die große Blüte des Karolinenbaums auf den Kopf und tanzten auf einem Schemel. Außerdem hatte Bruno ihnen aus Kürbis einen Kreisel gemacht, den sie schnurren lassen konnten.

Am besten war es jedoch immer, am Samstagabend schnell schlafen zu gehen und am nächsten Morgen so früh wie möglich aufzuwachen, denn sonntags ging es an den Fluss zum Schwimmen und Fischen.

Dazu hatte die Mutter ihnen ein Fischnetz geknüpft. Sie wusste zwar, dass Bruno dachte wie sie, aber sie mochte es nicht, wenn er die Kinder so zappeln ließ, und kam seinem letzten Schluck Kaffee zuvor:

»Natürlich geht ihr drei heute an den Fluss«, sagte sie.

Der Vater sprang auf und spornte die Kinder an.

»Na los, worauf wartet ihr noch? Ich laufe schon vor, mal sehen, wer als Erster unten ist.«

Damit schnappte er sich das Fischnetz und rannte den Hügel hinunter, wobei er so tat, als ließe er sich nicht von ihnen einholen.

1 Was erfährst du über die einzelnen Familienmitglieder? Notiere in einer Tabelle.

2 Wo seht ihr Unterschiede zwischen dem Alltag der kubanischen Familie und eurem Leben? Sammelt eure Ergebnisse.

[...]

Gerade an diesem Morgen nun sah der Vater am Ufer Pedro, den Viehhirten des Nachbarguts, herankommen. Er trug einen Sack auf dem Rücken.

»Na, willst du dich auch ein bisschen erfrischen?«, begrüßte ihn Bruno.

»Schön wär's«, erwiderte Pedro und starrte ins Wasser, um die tiefste Stelle ausfindig zu machen. Bruno sah ihm ins Gesicht und dann auf den Sack, den er mit sich trug. Er glaubte bemerkt zu haben, dass sich in dem Sack irgendwas Lebendiges bewegt hatte.
»Was hast du denn da?«, fragte er. »Hast du eine Baumratte gefangen?«
»Nein«, antwortete der Viehhirte, »ich muss etwas tun, was ich überhaupt nicht gerne tue.«
Bruno runzelte die Stirn und beobachtete ihn eine Weile schweigend. Da drang aus dem Inneren des Sacks ein protestierendes Knurren an sein Ohr. Er sah Pedro scharf an und sagte: »Es ist ein Hund, stimmt's?«

»Eine kleine Hündin«, berichtigte ihn der Viehhirte, »ein Geschöpf Gottes.«
Mit einem Schlag begriff Bruno, warum der Mann nach der tiefsten Stelle im Fluss gesucht hatte.
»Willst du sie ertränken, Pedro?«
Der Viehhirte setzte sich ans Ufer und nahm den Sack zwischen die Knie. Während er in seinen Hosentaschen nach einem Strick suchte, erzählte er mit bekümmerter Miene:
»Ja, ich muss es tun ... der Herr hat es mir befohlen ... die Mutter dieser Hündin hatte drei Junge, aber die beiden anderen sind Rüden. Das Weibchen will er nicht haben ... Ich hatte sie versteckt, weil ich sie retten wollte, aber gestern ist sie mir ausgerissen und direkt ins Wohnhaus gelaufen.
Dort ist sie herumgetollt, wie ein junger Hund es eben tut. Der Herr hat sie gesehen, und du kannst dir schon denken, was passiert ist. Ich habe keine andere Wahl.«
»Sie ertränken«, wiederholte Bruno, als sähe er sie bereits tot am Grunde des Flusses.
Der Viehhirte antwortete nicht und begann schon, den Sack zuzubinden, als Bruno ihm den Sack unversehens mit einem kräftigen Ruck entriss und ihn aufmachte. Die kleine Hündin kam mit

einem großen Satz heraus und warf sich direkt ins Wasser. Pedro sprang auf und stürzte ihr hinterher, bis er knietief im Wasser stand, doch Bruno hatte das Gleiche getan und hielt ihn am Arm zurück:

»Warte! Lass sie doch. Mal sehen, was passiert.«

Die beiden sahen ihr zu. Platschend und japsend schwamm sie von den Männern weg. Und tatsächlich geschah genau das, was Bruno erwartet hatte: Der ältere seiner beiden Jungen sah sie zuerst: »Guck mal, wie niedlich!« Er schwamm ihr entgegen, während die Hündin auf den jüngeren der beiden Brüder zusteuerte, der ihr die Arme entgegenstreckte und sich an ihn schmiegte. Das Kind jauchzte auf und hielt sie an sich gedrückt. Die kleine Hündin begann, ihm das Gesicht zu lecken, als würde sie ihn schon ihr ganzes Leben lang kennen.

»Donnerwetter, Pedro! Diese Hündin ist gescheiter als wir!«

»Stimmt«, sagte der Viehhirte und lächelte zum ersten Mal.

Der Junge kam mit der kleinen Hündin im Arm angewatet. Noch bis zum Bauchnabel im Wasser bat er:

»Du, schenk sie mir doch!«

Ehe Pedro ja sagen konnte, schnitt Bruno dem Kleinen das Wort ab:

»Was soll das heißen, ›schenk sie mir‹? Sag es, wie es sich gehört.«

Der Junge berichtigte sich sofort:

»Bitte, Señor, schenken Sie sie mir doch!«

Pedro bejahte nicht nur mit Worten, sondern auch gleichsam mit dem ganzen Körper; und so kam es, dass Negrita nicht im Fluss ertrinken musste, sondern von nun an bei Bruno und seiner Familie lebte.

An diesem Morgen dachte niemand mehr ans Fischen; denn die Kinder brachten Negrita im Netz als ihren Fang nach Hause. Negritas Schwänzchen lugte durch die Maschen und wedelte freudig bei all den Koseworten, die die Kinder für sie fanden.

[...]

3 Der Viehhirte befindet sich in einer schwierigen Situation. Beschreibe diese näher.

4 Spielt das Gespräch zwischen dem Viehhirten und seinem Herrn.

→ S. 8 Literarische Figuren I

Literarische Figuren in einem Jugendbuch untersuchen II

Eine literarische Figur beschreiben

1 Ihr wisst bereits, was eine Personenbeschreibung ist. Wiederholt, was man bei einer Personenbeschreibung beachten sollte.

! Manchmal ist es wichtig, eine **Person** zu **beschreiben,** damit andere sie erkennen oder sich gut vorstellen können, wie z. B. in **Steckbriefen** oder in **Beschreibungen literarischer Figuren.** Dabei werden die **äußeren Merkmale** von Personen bzw. Figuren (Gesamterscheinung, Einzelheiten, besondere Merkmale) genau und möglichst anschaulich benannt.

2

a Lies den folgenden Textauszug aus dem Buch »Wie eine Hecke voll Himbeeren«, in dem die 13-jährige Sylvia über ihre erste Liebe erzählt.

Pelle ist das Beste auf der Welt. Ist es nicht fantastisch, dass es ganz besondere Nasen gibt, die man überall wiedererkennen kann? Und besondere Ohren, die wie Blumen vom Kopf abstehen? Und Augen, die einen direkt von vorne oder rasch von der Seite und manchmal vom anderen Ende des Klassenzimmers ansehen können! Pelle hat blaue Augen, die, ohne um Erlaubnis zu fragen, überall herumschauen. Pelles Nase ist rund und dick, eine Spezialanfertigung, die ich auswendig kann. Pelle sieht immer gesund aus, er hat rote Backen wie ein kleines Kind. Und außerdem hat er den komischsten Mund der Welt – seine Lippen laufen nach oben spitz zu, und im Winter sind sie immer rau.

Eine Figurenbeschreibung untersuchen

b Tauscht euch darüber aus, wie diese Beschreibung auf euch wirkt und wie ihr euch Pelle vorstellt.

→ S. 158 Attribut (Beifügung)

c Untersucht, mit welchen sprachlichen Mitteln es gelingt, Pelle anschaulich zu beschreiben.

d Besprecht, woran man erkennt, dass es sich bei dieser Beschreibung um einen Auszug aus einem Jugendbuch handelt.

! In literarischen Texten werden die **handelnden Personen (literarische Figuren)** aus der Sicht eines Erzählers (Ich-Erzähler, Sie-Erzählerin / Er-Erzähler) oder einer anderen Figur beschrieben. Die Darstellungen sind meist besonders anschaulich, sodass der Leser sich die Figur gut vorstellen kann.

Einen Steckbrief verfassen

3 Ihr wollt im Klassenraum Steckbriefe literarischer Figuren aus beliebten Jugendbüchern aushängen.

a Wiederholt, was ein Steckbrief beinhalten sollte und wie man ihn gestalten kann.

b Verfasst einen Steckbrief von Pelle (S. 103, Aufgabe 2 a).

c Wählt eine weitere literarische Figur aus, deren Äußeres gut beschrieben ist, und gestaltet einen Steckbrief.

TIPP
Stellt z. B. eure Lieblingsfigur aus einem Buch vor oder nutzt die Lesestoffseiten.

4 In dem Buch »Eine wie Alaska« lernt der 16-jährige Miles die geheimnisvolle Alaska kennen.

a Lies den folgenden Textauszug.

Ich beschloss, noch ein wenig auf der Schaukel sitzen zu bleiben, teils, weil die Hitze allmählich nachließ […], teils, weil ich hoffte, dass Alaska vielleicht noch vorbeikam. […]
Und jetzt ist ein guter Zeitpunkt, davon zu reden, wie schön sie war. Wie sie neben mir in der Dunkelheit saß und nach Mädchenschweiß und Sonnenschein und Vanille roch in dieser von einem schmalen Mond erhellten Nacht, in der ich kaum mehr sah als ihre Silhouette […]. Doch selbst im Dunkeln konnte ich ihre Augen sehen – wie funkelnde Smaragde. Sie hatte die Art von Augen, die einen von vorneherein dazu verdammen, alles, was sie tat und sagte, gut zu finden.

b Beschreibe, welches Verhältnis der Erzähler zur beschriebenen Figur hat. Suche Textstellen, die das belegen.

c Untersuche die sprachlichen Besonderheiten des Textauszugs.

5 Manchmal erfährt man nichts oder nur sehr wenig über das Äußere einer Figur. Trotzdem entsteht beim Leser eine bestimmte Vorstellung von der handelnden Figur.

a Lies noch einmal den Textauszug über Alaska (S. 104, Aufgabe 4 a).

b Überlege, wie Alaska aussehen könnte, und fertige einen Steckbrief an.

Eine literarische Figur beschreiben

c Stelle dir vor, für eine Aufführung oder Verfilmung soll eine geeignete Schauspielerin und ein passendes Kostüm gefunden werden. Beschreibe möglichst genau, wie Alaska aussehen sollte.

Gesamterscheinung: …
Einzelheiten: …
besondere Merkmale: …

● **6**

a Lies folgenden Ausschnitt aus dem Jugendbuch »Das Herz des Piraten«.

Das Mädchen bewegte sich über den Strand, stieg durch das Seegras Schritt um Schritt: die Hosenbeine hochgestreift, die Waden nackt und dünn. Das krause Haar war rabenschwarz, meistens wenig gekämmt, und wer sie nur immer ärgern wollte, rief schnell mal hinter ihr her: He, du alter Besen, schwarzer Donnerschlag! Ihr Name war Jessi, Jessika, am Strand war sie ganz allein, und heimlich träumte sie davon, heute den großen Bernstein zu finden: gelb wie ein eingedickter Honig oder rötlich mehr und klar wie Glas, mitten darin eine Frühlingsfliege, hunderttausend Jahre alt. Solch einen Bernstein wollte Jessi finden, heute ganz bestimmt, denn der Tag nach den Stürmen war dafür am besten. Und sie malte sich auch schon aus, wie alle Leute kommen würden, um diesen Bernstein bei ihr zu sehn, den wunderbaren großen Stein, einmal nur und einmal wenigstens zu sehn.

b Wie wird das Äußere Jessis beschrieben? Notiere in Stichpunkten.

●●● **7** Erfinde selbst eine literarische Figur, die im Mittelpunkt einer Erzählung stehen könnte. Entwirf zuerst einen Steckbrief. Beschreibe danach ihr Äußeres so anschaulich, dass ein Leser sich die Figur gut vorstellen kann.

TIPP
Gib deiner Figur einen Namen.

Gedanken und Gefühle einer literarischen Figur wiedergeben

1 Lest den folgenden Text und tauscht euch über den geschichtlichen Hintergrund einer solchen Geschichte aus.

Die Ernte

Vor etwa 12 000 Jahren hatten die Menschen im Überschwemmungsgebiet zwischen Euphrat und Tigris gelernt, Kanäle zu bauen und das Land regelmäßig zu bewässern. Damit erzielten sie gute Ernten und konnten die Ernährung des Dorfes sichern. Schlimm war es, wenn ein Unwetter die Ernte vernichtete oder ein Blitz in einen Getreidespeicher einschlug.
Sena, ein elfjähriges Mädchen, lebte damals mit ihrer Familie in einem Bergdorf im heutigen Irak. Das ganze Jahr über war ihnen die Urmutter, die Fruchtbarkeitsgöttin, wohlgesinnt und hatte eine prächtige Ernte heranreifen lassen. Seit zwei Tagen waren alle Familienmitglieder auf den Feldern und schnitten mit Freude das Korn oder sammelten die Getreideähren ein. Die Sonne stand hoch am Himmel, die Arbeit war nicht schwer und Sena summte beim Sammeln ein Liedchen, mit dem sie der Urmutter dankte.
Ihr Vater dagegen machte ein besorgtes Gesicht. Er sah wieder und wieder zum Himmel, wo sich über den Bergen eine schwarze Wolkenwand zeigte. Er wusste, dass der Regen das Korn zerstören würde, und arbeitete immer schneller. Plötzlich zerbrach die Sichel. »Oh nein! Nicht jetzt!«, stieß der Vater hervor. Aufgeregt rief er Sena heran, zeigte auf die Sichel und den Himmel und sagte: »Lauf schnell ins Dorf und hole eine neue Sichel. Wir müssen es schaffen, das Getreide zu ernten, bevor das Unwetter beginnt. Lauf, Sena, lauf!«

Das Mädchen rannte so schnell es konnte. Sie wusste, was es bedeutet, im Winter kein Getreide zu haben. Ihr Gesicht war grau vor Angst, fast konnte sie den Hunger im Bauch wieder fühlen. Auf dem Rückweg hatte sie heftige Seitenstiche, aber sie wollte nicht aufgeben. Als sie beim Vater ankam, verdeckte die erste Wolke bereits die Sonne und Wind kam auf. Der Vater lächelte dankbar und machte sich gleich wieder an die Arbeit. Auch er hatte Angst vor dem Hunger. Sena kam kaum hinterher mit dem Einsammeln der Ähren. Jetzt sang sie auch nicht mehr, sondern flüsterte: »Urmutter, lass das Unwetter warten, bis wir fertig sind. Bitte, hilf uns, damit wir im Winter nicht hungern müssen!« Der Wind wurde zum Sturm, aber es war immer noch trocken. Blitze zuckten am Himmel und Donnergrollen setzte ein. Sena hatte furchtbare Angst vor dem Donnern, aber sie arbeitete weiter. Sie hatte jetzt nur noch einen Gedanken: »Wir müssen es schaffen!«

Als der Vater die letzten Ähren schnitt, fielen die ersten Tropfen. Mit den letzten vollen Körben rannten alle ins Dorf zum schützenden Haus. Kaum waren sie in Sicherheit, brach das Unwetter los. Donner und Blitz fielen zusammen, das Wasser stürzte zur Erde. Keine Getreidepflanze hätte das überstanden, aber sie hatten ja rechtzeitig alles ins Trockene gebracht. Sena tanzte und lachte vor Freude und überhörte sogar den Donner.

»Hab Dank für deine Güte, Urmutter!«, rief sie zum Himmel. Einen Teil der Ernte werden sie ihr opfern.

2 Im Text werden die Gedanken und Gefühle der Figuren genau dargestellt.

a Suche Textbeispiele und bezeichne die dargestellten Gefühle.

»sie schnitten mit Freude das Korn« (Z. 11–12)
-> Freude, Zufriedenheit
…

b Tauscht euch darüber aus, welche Wirkung die Erzählung durch die Wiedergabe der Gedanken und Gefühle hat.

c Der Text wird durch die Verwendung verschiedener sprachlicher Mittel anschaulich. Suche Beispiele dafür.

treffende Adjektive: schlimm, …
treffende Verben: …
Vergleiche: …
bildhafte Ausdrücke: …
Ausrufesätze: …

Gedanken und Gefühle literarischer Figuren darstellen

3 Wähle einen Text aus den Lesestoffen aus und erzähle die Handlung aus der Perspektive einer anderen Figur. Stelle dabei deren Gedanken und Gefühle anschaulich dar.

a Lies den Text gründlich und überlege, welches Grundgefühl und welche Gedanken und Gefühle die Figur im Verlauf der Handlung haben könnte. Notiere einige Stichpunkte dazu.

b Erzähle die Handlung mithilfe der Stichpunkte mündlich oder verfasse einen Entwurf für eine schriftliche Erzählung.

c Hört euch die Erzählungen an oder tauscht eure Textentwürfe aus und beurteilt, wie die anschauliche Darstellung der Gedanken und Gefühle gelungen ist. Unterbreitet gegebenenfalls Verbesserungsvorschläge und überarbeitet eure Erzählungen.

Eigene Gedanken und Gefühle darstellen

● **4** Hast du auch schon einmal erlebt, wie ein bedrohliches Gewitter aufzog? Erzähle davon. Beschreibe dabei das Geschehen und deine Gedanken und Gefühle möglichst anschaulich.

a Fertige zuerst einen Erzählplan oder eine Mindmap an.
Notiere Stichpunkte.

Zeit und Ort: letzten Sommer, am See ...
Personen: ...
Abfolge der Ereignisse: ...
Schluss: ...

TIPP
Überarbeite deine Erzählung mithilfe anderer.

b Verfasse deine Erzählung, überarbeite sie und stelle sie der Klasse vor.

●●● **5** Erzähle von einem Ereignis, das dich besonders beeindruckt hat. Beschreibe dabei das Geschehen und deine Gedanken und Gefühle möglichst anschaulich.

Was habe ich gelernt?

6 Untersuche, was du über die Gestaltung literarischer Figuren gelernt hast. Beantworte dazu folgende Fragen:

1 Was muss man beim Beschreiben literarischer Figuren beachten?
2 Wie kann man Gedanken und Gefühle einer Figur anschaulich darstellen?

Innere und äußere Handlung unterscheiden

!

Der Erzähler stellt die Figuren einer Geschichte in unterschiedlichen Situationen vor. Das hilft den Lesern, sich von ihnen ein Bild zu machen und ihre Verhaltensweisen zu verstehen. Dabei unterscheidet man die Darstellung der Außen- und der Innenwelt.
Das sichtbare Geschehen ist die **äußere Handlung**. Hier wird erzählt, wie Figuren handeln und sprechen.
Die **innere Handlung** dagegen umfasst die Gedanken und Gefühle der Figuren.

→ S. 11 Literarische Figuren

Beispiele aus dem Text »Niemand so stark wie wir«:

Wir scharten uns um den armen Kerl. Eli schnappte sich eine Flasche und rannte die Böschung hinauf, um von zu Hause Wasser zu holen; Karim rollte seine Trainingsjacke zusammen und schob sie Sprudel unter den Kopf, während ich mit einem Pappdeckel Luft fächelte.
Ich weiß nicht mehr, was die anderen Jungs taten, ich hörte nur ihre aufgeregten Stimmen, ihre Ratlosigkeit und ihre Fragen, was wir jetzt nur tun sollten.
Ein Rinnsal Blut kroch Sprudel beständig aus der Nase. Was konnte ihn aufhalten? Beine hoch? Eis auf den Nacken? Warum wurde er nicht wach und öffnete seine Augen?
Eli kam mit dem Wasser und kippte nach kurzem Zögern die ganze Flasche über Sprudels Gesicht. Das half ein wenig. Sprudel begann sich zu rühren und blinzelte.
»Noch auf der Erde?«, fragte ich leise.
Er nickte.

1 Suche für die äußere und die innere Handlung je ein weiteres Beispiel im Text.

2 Überlegt, warum das Untersuchen der äußeren und inneren Handlung uns hilft, eine Figur kennen zu lernen.

→ S. 47–49 Lesestoffseiten

Ein Lesetagebuch führen

1 Kathi legt mit ihrer Klasse ein Lesetagebuch zum Jugendbuch »Die wilden Hühner« von Cornelia Funke an. Das Deckblatt gestaltet sie zuerst.

> Kathi Weinmann, Kl. 7a
>
> Die Wilden Hühner auf Klassenfahrt
>
> Lesetagebuch
>
> 25. Mai bis ______

a Welche Angaben macht Kathi auf dem Deckblatt? Beschreibe jeweils deren Zweck.

b Was könnte Kathi verbessern? Sammelt Vorschläge für die Gestaltung eines Deckblatts, stellt sie der Klasse vor und begründet eure Meinung.

c Tragt Ideen zum Inhalt eines Lesetagebuchs und zur Gestaltung einzelner Seiten zusammen. Besprecht sie in der Klasse.

2

Einen Lesetagebuch-Eintrag untersuchen

a Lies Kathis Eintrag vom 27. Mai.

> 27. Mai, S. 47–48
>
> 1. Was passiert?
>
> Die Wilden Hühner fahren mit dem Zug los.
>
> 2. Welche Figuren kommen vor?

Sprotte	______
Frieda	______
Fred	Chef der Pygmäen
Torte	______
Steve	______
Willi	______
Melanie	»Schöne Melanie«, S. 47, Z. 24, 25
Trude	macht Diät, S. 48, Z. 49, 50

b Kathi will beim Lesen Wichtiges festhalten. Notiere, zu welchen Punkten sie etwas aufschreibt.

c Schreibe Kathis Eintrag ab und ergänze ihn. Lies den Textausschnitt auf den Seiten 47–49 nach.

3

a Betrachte Kathis Zeichnung. Beschreibe die dargestellte Situation.

b Suche die Textstelle, die Kathi zu dieser Zeichnung angeregt hat. Den Ausschnitt aus dem Jugendbuch findest du auf den Seiten 47–49.

Eine Zeichnung gestalten

c Wähle eine Situation aus der Geschichte aus und zeichne sie. Notiere dazu einen Satz aus der Geschichte und die Seitenzahl mit Zeilenangabe. Begründe deine Auswahl.

Die Handlung im Lesetagebuch festhalten

4 Kathi möchte die Handlung des Textausschnitts von Seite 47–49 schriftlich festhalten. Dazu erstellt sie in ihrem Lesetagebuch eine Tabelle.

Seite	Zeile	Handlung	lustig	spannend
47	1–12	Frieda und Sprotte betreten das Zugabteil.		
47	13–19	Fred, Torte und Steve laufen vorbei; gehen ins nächste Abteil.	+++	
47	20–23	Frieda und Sprotte richten sich neben den Pygmäen ein und warten auf die anderen Mädchen.		

47–48	24–42	Melanie und Trude betreten das Abteil und verstauen ihre Sachen.	++	
48	43–45	Der Zug fährt los.		
...	...	...	...	...

a Welche Angaben sammelt sie in der Tabelle? Beurteile ihre Auswahl.

b Ergänze ihre Angaben und erweitere die Tabelle. Den Textausschnitt findest du auf den Seiten 47–49.

So kannst du ein Lesetagebuch anlegen

1. Gestalte ein Deckblatt mit folgenden Angaben:
   Titel, Autor/in, Datum Beginn und Ende der Lektüre, dein Name, deine Klasse.
   Male etwas zum Buch (oder klebe ein Foto/Bild) auf das Deckblatt.
2. Notiere, wann du liest und welche Seiten du liest.
3. Schreibe Textstellen auf, die dir gefallen. Notiere auch, warum du sie magst.
4. Zeichne Figuren oder Geschehnisse des Buches in dein Lesetagebuch. Notiere die dazugehörige(n) Seitenzahl(en).
5. Klebe Fotos, Bilder oder Texte ein, die zum Thema des Jugendbuches passen.

5 Nenne zusammenfassend die Bestandteile, welche Kathis Lesetagebuch enthält.

6 Ergänze Kathis Lesetagebuch. Besorge dir das Buch von Cornelia Funke und gestalte eigene Tagebucheinträge.

Ein Lesetagebuch anlegen

7 Lege ein eigenes Lesetagebuch zu einem Buch deiner Wahl an. Entwirf bzw. beginne ein Deckblatt und ein Inhaltsverzeichnis.

Was habe ich gelernt?

8 Überprüfe, was du über das Führen eines Lesetagebuchs gelernt hast. Stelle in einem Cluster dar, was in ein Lesetagebuch gehört. Begründe deine Auswahl.

Eine Buchempfehlung verfassen

Eine Buchempfehlung untersuchen

1

a Kathi ist begeistert von dem Jugendbuch »Die Wilden Hühner auf Klassenfahrt« und will es in einem Artikel für die Schülerzeitung weiterempfehlen. Lies ihren Entwurf.

> *Ein tolles Buch!*
> *Ich kann allen das Buch von Cornelia Funke empfehlen.*
> *Es ist sehr lustig und spannend.*
> *Ich habe gar nicht gemerkt, wie die Zeit verging beim Lesen. Besonders gut fand ich, dass die Mädchen gegen die Jungen gekämpft haben.*
> *Ich kann es nur weiterempfehlen!*

b Was kann Kathi verbessern? Sammelt Vorschläge für die Gestaltung einer Buchempfehlung.

c Stellt eure Vorschläge der Klasse vor und begründet eure Meinungen.

TIPP
Sieh dir dazu Kathis Tagebuchseiten noch einmal an (S. 110–112).

2 Überlege, inwiefern Kathis Lesetagebuch beim Schreiben der Buchempfehlung nützlich sein kann. Notiere einige Stichpunkte dazu.

Eine Buchempfehlung überarbeiten

3 Überarbeite Kathis Buchempfehlung.

a Recherchiere die fehlenden Informationen.

b Schreibe eine überarbeitete Fassung in dein Heft.

c Stellt euch die Überarbeitungen gegenseitig vor.

d Macht Vorschläge zur Verbesserung eurer Texte.

Eine Buchempfehlung verfassen

4 Verfasse eine Buchempfehlung zu einem Buch deiner Wahl.
Das Schreiben fällt dir leichter, wenn du ein Buch wählst, das dir besonders gut gefallen hat. Nutze den folgenden Kasten zur Arbeitstechnik.

Eine Buchempfehlung sollte folgendermaßen gestaltet sein:
- Alle wichtigen **Angaben zum Buch** müssen enthalten sein: Autor/in, Titel, evtl. Erscheinungsjahr, damit das Buch gekauft oder ausgeliehen werden kann.
- Der **Inhalt des Buches** sollte in Kürze zusammengefasst werden.
- Es werden **Gründe** für die Empfehlung genannt (Was ist toll an diesem Buch?).
- Die Empfehlung wird durch anschauliche **Beispiele** aus dem Text illustriert.
- Ein zusammenfassender Schlusssatz sollte die Buchempfehlung abschließen.

5 Recherchiere eine Buchempfehlung im Internet zu einem Buch deiner Wahl. Nutze z. B. die Suchmaschine http://www.blinde-kuh.de (Stichwort: Buchempfehlung).

● **a** Stelle die Buchempfehlung der Klasse vor.

●●● **b** Stelle die Buchempfehlung der Klasse vor. Ergänze deine eigene Einschätzung des Buches.

Was habe ich gelernt?

6 Überprüfe, was du über das Verfassen einer Buchempfehlung gelernt hast. Erläutere deiner Lernpartnerin / deinem Lernpartner, worauf dabei besonders zu achten ist.

Mona will David kennen lernen, aber sie will ihn nicht treffen, sie will ihm Briefe schreiben. Und der wortkarge David soll zurückschreiben. Nur zögerlich lässt er sich darauf ein ...

Anja Tuckermann, Andreas Steinhöfel

David Tage. Mona Nächte

Berlin, den 21.07.98

Hallo, Mona,

wie fang ich jetzt bloß an? Du hast mich ganz schön überrumpelt. Als du gesagt hast, du würdest mir schreiben, da dachte ich: Das macht die nie. Die erzählt nur so rum. Und was soll das überhaupt, sich zu schreiben, schließlich, wozu gibt's Telefon? Briefeschreiben finde ich altmodisch.
Warum hast du mir nicht einfach deine Telefonnummer gegeben? Früher musste ich immer meiner Patentante schreiben. Die wohnt irgendwo in Süddeutschland, ich hab sie nie besucht in ihren Schwäbischen Alpen. Zu jedem Geburtstag und zu jedem Weihnachten hat sie mir ein Buch geschickt. Was okay war, weil meine Eltern nie Geld für Bücher ausgeben wollten – tun sie heute noch nicht. Ich lese gern. Aber bei den Dankschreiben an meine Patentante hab ich mir regelmäßig die Finger abgebrochen. Ich kann nicht so gut von mir erzählen. Ich bin kein guter Briefeschreiber. Sich zu treffen wäre doch viel netter, findest du nicht? Ich würde dich wirklich gern wiedersehen, Mona. In dieser blauweiß karierten Bluse zum Beispiel. Die könnte von mir aus irgendwelche Flecken haben oder auch Mickymäuse drauf, völlig egal. Hättest du vielleicht mal Lust auf ein Eis oder so was? Soll ich wirklich bei dir klingeln? Würdest du aus den Wolken fallen?
Ich weiß nicht. Ich dachte halt: Die siehst du nie wieder, schade. Und jetzt schreibst du mir was von meinen Augen. Das bringt mich durcheinander. Das würde jeden durcheinanderbringen, oder? O Mann, was für ein Gekritzel, und dabei ist das schon der siebte Anlauf, also schick ich diesen Brief einfach mal los, sonst wird ja nie was draus. Der nächste wird besser. Versprochen! Aber denk noch mal über das Telefon nach, ja? Am Telefon bin ich wirklich besser.

Dein David

PS: Das mit dem alten Mann tut mir leid. Ich frag mich, was wohl aus seinem Dackel geworden ist ...

1 Suche aus dem Brief heraus, was du über Mona erfährst.

2 Tragt zusammen, was David über das Schreiben von Briefen denkt.

3 Schreibe einen Antwortbrief von Mona an David.

Daniel, sein jüngerer Bruder Lukas und ihre Freundin Anna leben auf einem Schlossgut abseits vom Dorf. Gemeinsam verbringen sie ihre Freizeit. Einmal wollen sie im Wassergraben Rotfedern fangen. Doch das hat Folgen.

1 Legt fest, wer sich beim Lesen auf welche der drei Figuren konzentriert.

Jutta Richter

Hechtsommer

Das Rotfedernfangen war aber dann doch nicht so einfach gewesen, wie ich geglaubt hatte. Die Sache mit dem Eimer klappte nicht.
Wir hatten den Eimer an Giselas grüne Wäscheleine gebunden und ihn knapp unter die Wasseroberfläche gesenkt, dann warfen wir Brotstückchen ins Wasser. Wenn das Wasser brodelte, weil die Rotfedern gierig nach dem Brot schnappten, zogen wir den Eimer hoch. Aber wir waren jedes Mal zu langsam. Die Rotfedern spritzten auseinander und der Eimer blieb leer.
»Das ist doch Angeln für Arme«, maulte Daniel.
»In hundert Jahren fängst du so keine Rotfeder! So was können sich doch nur Weiber ausdenken!« [...]
»Hast du etwa eine bessere Idee?«
»Hab ich!«, sagte Daniel. Er wühlte in seiner Hosentasche und legte eine Rolle Nylonschnur auf die Mauer. Aus der anderen Tasche zog er einen kleinen Angelhaken mit einer scharfen Spitze. Er fing an, die durchsichtige Schnur in die Öse des Hakens zu fädeln, dann wickelte er das Ende fünfmal um die Schnur und zog den Faden fest.
»Woher hast du den Haken?«, fragte ich.
»Getauscht!«, antwortete Daniel und klebte ein Weißbrotkügelchen um den Haken.
»Aber das ist Angeln und das dürfen wir nicht!«, sagte Lukas.
Daniel ließ die Schnur ins Wasser gleiten.
»Und wenn uns einer erwischt?«, fragte Lukas.

Ich legte den Arm um ihn und wir guckten ins Wasser. Die kleinsten Rotfedern schwammen sofort näher und fingen an, am Brot zu knabbern. Plötzlich schoss eine große dazwischen und schluckte gierig den ganzen Klumpen. Daniel gab etwas Leine, bevor er mit einem scharfen Ruck anzog. Die Schnur spannte sich und wir sahen, wie die Rotfeder versuchte abzutauchen. Sie schlug mit dem Schwanz, sie zog und zerrte, aber sie saß am Haken fest. Ein Fisch an der Leine, dachte ich. Wie 'n Hund. [...]
Und Daniel zog. Die Rotfeder zappelte wie wild, krümmte sich und schlug mit dem Schwanz. Lukas packte sie, aber sie flutschte ihm durch die Finger und hing dann in der Luft, bis er wieder zupackte und diesmal festhielt.

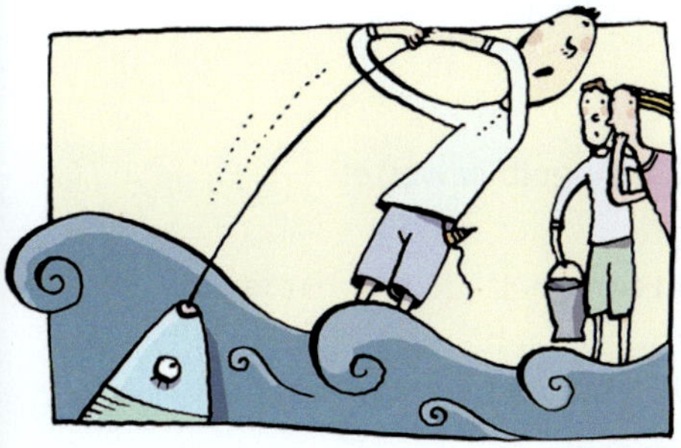

»Und jetzt?«, fragte ich.
»Jetzt muss man den Haken lösen«, sagte Daniel.
»Dann tu das, aber mach schnell!«
»Ich pack die nicht an«, sagte Daniel.
»Feigling!«
Lukas sperrte mit Daumen und Zeigefinger das Fischmaul auf. Der Haken hatte sich vorn festgebohrt. Lukas fasste den Haken an und schob ihn ein wenig tiefer. Wir hörten ein leises Knacken, als er sich löste. Die Rotfeder zappelte nicht mehr. Sie sah ziemlich tot aus.
»Die ist hin«, sagte ich. »Wirf sie wieder rein!«
Eine Sekunde lang lag die Rotfeder reglos im Wasser, dann schlug sie plötzlich mit dem Schwanz und tauchte ab ins Schwarze. Lukas' Hand war ganz schleimig und roch nach Fisch. Er wischte sie an seiner Hose ab.
»Wenn die Stress kriegen, schleimen die immer«, sagte Daniel.
Das ist der Angstschweiß der Fische, dachte ich. [...] Wenn sie sich glitschig machen, rutschen sie sogar dem Fischreiher aus dem Schnabel. Aber irgendwie war es auch eklig und eigentlich hatte ich keine große Lust weiterzuangeln.
»Wir sollten was anderes machen«, schlug ich vor. »Wie wär's mit Pfeilwerfen?«
»Du spinnst ja wohl«, sagte Lukas. »Jetzt haben wir endlich den Bogen raus mit dem Angeln und du hast keine Lust mehr.«
»Aber ich find das nicht gut«, sagte ich. »Der Haken tut dem Fisch bestimmt weh. Eigentlich ist das Tierquälerei!«
»Quatsch«, sagte Daniel. »Du hast doch gesehen, wie lebendig der war. Der weiß doch schon gar nicht mehr, dass er angebissen hat. Fische haben kein Gedächtnis.«

Und keine Stimme, dachte ich. Fische können nicht mal schreien. Daniel versuchte, die Nylonschnur wieder aufzuwickeln. Aber das ging nicht, weil sie sich verheddert hatte. Er fluchte leise. Dann nahm er sein Opinelmesser[1] und schnitt das verheddertе Stück einfach raus.

[1] Klappmesser mit Holzgriff

2 Untersuche, wer die Geschichte erzählt.

3 Erzählt den Ablauf der Ereignisse aus der Sicht eurer Figur nach.

→ S. 109 Gewusst wie: Innere und äußere Handlung

4 Nennt Beispiele für innere und äußere Handlungen im Text.

5

a Erläutere, wie die Ich-Erzählerin das Angeln bewertet.

b Stelle deine Meinung zum Angeln dar.

6 Lies nun, wie die Geschichte weitergeht.
Zwar hat die Rotfeder überlebt, dennoch hat das Angeln Schaden angerichtet.

Solange ich denken kann, lebte das Pfauenpärchen im Schlosshof. Den Hahn nannten wir Paulchen, und wenn ich im Winter das Fenster öffnete, konnte ich ihn sogar vom Dach rufen. Dann stieß er sich ab und flog schwerfällig über den Wassergraben, weil er wusste, dass ich Maiskörner streuen würde. Die Henne war scheu und kam immer etwas später. Sie fraß uns auch nicht aus der Hand. [...]

Lukas hatte es zuerst gesehen. Er wartete vor der Tür auf mich, als ich aus der Schule kam.

»Die Henne ist krank«, sagte er. »Die Henne humpelt und hat einen ganz schwarzen Fuß. Komm mit, du musst dir das angucken!«

Wir liefen zur Südwiese, wo die Pfauen tagsüber nach Würmern suchten. Ich hatte eine Hand voll Maiskörner mitgenommen. Und wir riefen Paulchen und Paulchen kam und hinter ihm zögernd und misstrauisch die Pfauenhenne. Als sie nah genug war, sah ich, was geschehen war:

Die dünne durchsichtige Angelschnur hatte sich fest um ihr Bein gewickelt. Der Fuß war schwarz angelaufen und die Zehen hingen schlaff und leblos herab. Sie hatte das kranke Bein angezogen und hüpfte auf dem andern Fuß. Lukas hielt meine Hand ganz fest.

»Das ist unsere Angelschnur«, flüsterte er. »Wir müssen was machen!«

Drei Nachmittage lang hatten wir versucht, die Henne zu fangen. Mit Netzen und Decken und Brotstückchen und Maiskörnern. Aber die Henne war schneller als wir gewesen. Sie flatterte immer wieder laut schreiend über den Wassergraben. Und am dritten Nachmittag erwischte uns der Verwalter.

Er stand plötzlich vor uns wie aus dem Boden gewachsen. Mit seinen schweren Jagdstiefeln und der grünen Kniebundhose, die Hände in die Hüften gestemmt, blickte er zornfischäugig auf uns herab und brüllte dann los. [...] Wie wir es wagen könnten, die Pfauen des Grafen zu jagen!

Er hatte gar nicht gemerkt, dass die Henne ein krankes Bein hatte. Und wir trauten uns nicht, es ihm zu sagen, weil dann das mit dem Angeln rausgekommen wäre und weil wir Angst vor ihm hatten. Als er weg war, schmiss Daniel sich auf die Wiese und weinte. Ich hatte ihn noch nie so weinen sehen. Seine Schultern zuckten und er schluchzte laut ins Gras.

»Das ist meine Angelschnur! Ich bin schuld! Ich bin schuld, wenn sie stirbt!«

»Aber nein«, sagte ich. »Das war ein Unfall! Du kannst nichts dafür!«

7 Vergleicht die Eigenschaften und das Verhalten eurer beim Lesen beobachteten Figuren.

8 Überlege, was die drei Freunde tun können, um die Pfauenhenne zu retten. Schreibe die Geschichte aus der Sicht einer der Figuren weiter. Verwende die Ich-Form.

Balladen kennen lernen

1

a Lies das folgende Gedicht von Friedrich Schiller (1759–1805).

Friedrich Schiller

Der Handschuh

Vor seinem Löwengarten,
Das Kampfspiel zu erwarten,
Saß König Franz,
Und um ihn die Großen der Krone,
Und rings auf hohem Balkone
Die Damen in schönem Kranz.

Und wie er winkt mit dem Finger,
Auf tut sich der weite Zwinger,
Und hinein mit bedächtigem Schritt
Ein Löwe tritt,
Und sieht sich stumm
Rings um,
Mit langem Gähnen,
Und schüttelt die Mähnen,
Und streckt die Glieder,
Und legt sich nieder.

Und der König winkt wieder,
Da öffnet sich behänd
Ein zweites Tor,
Daraus rennt
Mit wildem Sprunge
Ein Tiger hervor.
Wie der den Löwen erschaut,
Brüllt er laut,
Schlägt mit dem Schweif
Einen furchtbaren Reif
Und recket die Zunge,
Und im Kreise scheu
Umgeht er den Leu
Grimmig schnurrend;
Drauf streckt er sich murrend
Zur Seite nieder.

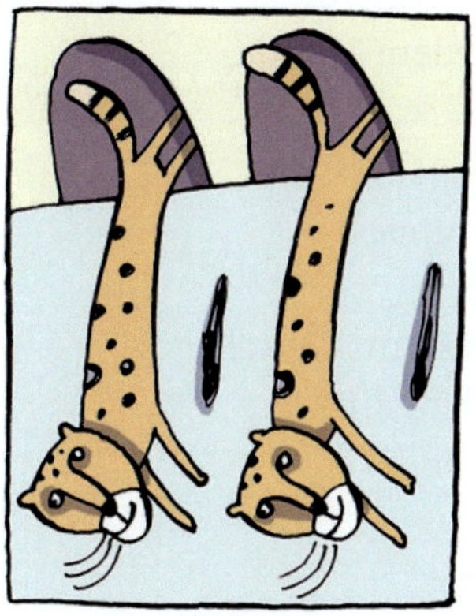

Und der König winkt wieder,
Da speit das doppelt geöffnete Haus
Zwei Leoparden auf einmal aus,
Die stürzen mit mutiger Kampfbegier
Auf das Tigertier,
Das packt sie mit seinen grimmigen Tatzen,
Und der Leu mit Gebrüll
Richtet sich auf, da wird's still,
Und herum im Kreis,
Von Mordsucht heiß,
Lagern die gräulichen Katzen.

Da fällt von des Altans[1] Rand
Ein Handschuh von schöner Hand
Zwischen den Tiger und den Leun
Mitten hinein.

[1] *ital.* Balkon

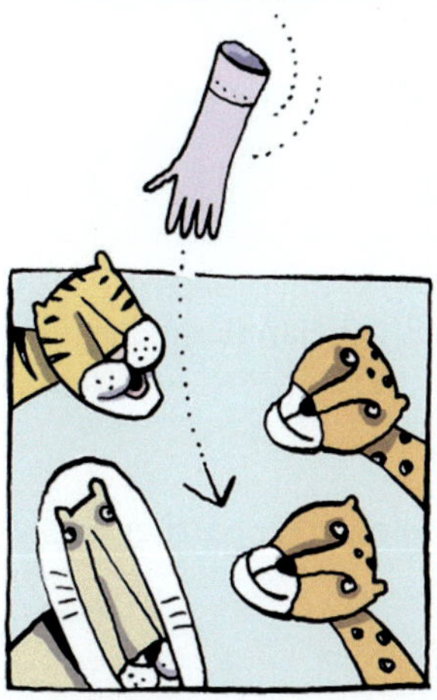

Und zu Ritter Delorges spottenderweis
Wendet sich Fräulein Kunigund:
»Herr Ritter, ist Eure Lieb so heiß,
Wie Ihr mir's schwört zu jeder Stund,
Ei, so hebt mir den Handschuh auf.«

Und der Ritter in schnellem Lauf
Steigt hinab in den furchtbarn Zwinger
Mit festem Schritte,
Und aus der Ungeheuer Mitte
Nimmt er den Handschuh mit keckem Finger.

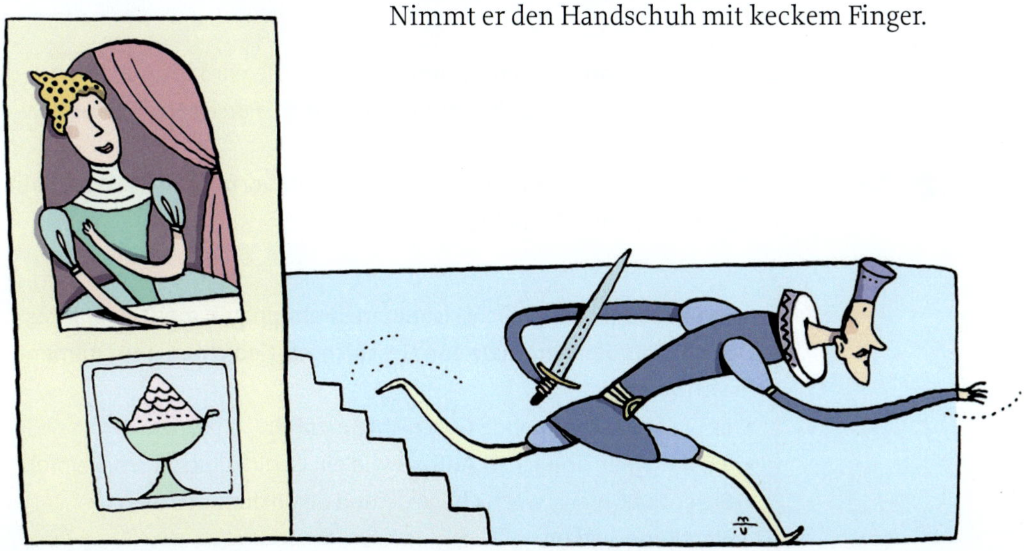

Und mit Erstaunen und mit Grauen
Sehen's die Ritter und Edelfrauen,
Und gelassen bringt er den Handschuh zurück,
Da schallt ihm sein Lob aus jedem Munde,
Aber mit zärtlichem Liebesblick –
Er verheißt ihm sein nahes Glück –
Empfängt ihn Fräulein Kunigunde.

Und er wirft ihr den Handschuh ins Gesicht:
»Den Dank, Dame, begehr ich nicht!«
Und verlässt sie zur selben Stunde.

b Male oder skizziere eine Szene aus der Handlung, die dich besonders bewegt.

c Erzähle die Ballade für deine Lernpartnerin / deinen Lernpartner nach. Notiere vorher Stichpunkte. Wechselt euch ab.

– Kampfspiel bei König Franz
– Hofdamen auf dem Balkon ...

d Betrachte die handelnden Figuren genauer. Wie wird ihr Auftreten beschrieben? In welcher Beziehung stehen die Personen zueinander?

→ S. 66 Berichten

e Verfasse einen Bericht über den »Handschuh-Vorfall«. Achte dabei auf die Merkmale eines Berichts.

!

Eine **Ballade** (Erzählgedicht) ist ein mehrstrophiges, meist gereimtes Gedicht, das die **Merkmale** von Geschichten, Gedichten und Dramen in sich vereint:

- Es wird eine spannende Geschichte erzählt.
- Sie hat einen ähnlichen Aufbau wie ein Gedicht (Strophen, Reime).
- Sie enthält meist wörtliche Rede und einen dramatischen Handlungsverlauf.

Eine Ballade untersuchen

2 Weise nach, dass »Der Handschuh« eine Ballade ist.

a Bestimme den Spannungshöhepunkt der erzählten Geschichte. Begründe deine Meinung.

b Untersuche, wodurch Spannung erzeugt wird. Belege deine Meinung mit passenden Textstellen.

c Untersuche den Text anhand deiner Kenntnisse über Gedichte. Übertrage die Tabelle in dein Heft und vervollständige sie.

	»Der Handschuh«
Dichter Thema Stimmung Strophen Verse Reimschema sprachliche Bilder sprachliche Besonderheiten	Friedrich Schiller ...

d Suche aus dem Text Sätze heraus, die wörtliche Rede enthalten. Überlege, was durch ihre Verwendung bewirkt wird.

Zu einer Ballade schreiben

3 Wähle eine der folgenden Aufgaben aus und bearbeite sie.

1 Fasse die Ereignisse in einem Tagebucheintrag aus der Sicht von Ritter Delorges zusammen.
2 Schreibe die Ballade weiter. Welche Szenen könnten sich nach dem Kampfspiel abspielen?
3 Die Hofdamen treffen sich später im Speisesaal der Burg. Formuliere Dialoge, in denen sie sich über das Geschehene austauschen.

→ S.169 Zeichensetzung bei der direkten (wörtlichen) Rede

Eine Ballade vortragen

4 Bereitet die Ballade »Der Handschuh« für einen Lesevortrag mit verteilten Rollen vor. Bringt die Stimmung des Textes durch Tonfall und Sprechtempo zum Ausdruck.

Vor seinem Löwengarten, /
Das Kampfspiel zu erwarten, /
Saß König Franz, //

TIPP
Nutzt dabei euer Wissen über Gedichtvorträge.

Eine Ballade nacherzählen

1

a Lies die folgende Ballade von Theodor Fontane (1819–1898).

Die Brück am Tay

(28. Dezember 1879)

When shall we three meet again?
Macbeth

»Wann treffen wir drei wieder zusamm?«
»Um die siebente Stund, am Brückendamm.«
»Am Mittelpfeiler.«
»Ich lösche die Flamm.«
»Ich mit.«
»Ich komme von Norden her.«
»Und ich von Süden.«
»Und ich vom Meer.«
»Hei, das gibt einen Ringelreihn,
Und die Brücke muss in den Grund hinein.«
»Und der Zug, der in die Brücke tritt
Um die siebente Stund?«
»Ei, der muss mit.«
»Muss mit.«
»Tand, Tand,
Ist das Gebilde von Menschenhand!«

Auf der Norderseite, das Brückenhaus –
Alle Fenster sehen nach Süden aus,
Und die Brücknersleut ohne Rast und Ruh
Und in Bangen sehen nach Süden zu,
Sehen und warten, ob nicht ein Licht
Übers Wasser hin »Ich komme« spricht,
»Ich komme, trotz Nacht und Sturmesflug,
Ich, der Edinburger Zug.«

Und der Brückner jetzt: »Ich seh einen Schein
Am anderen Ufer. Das muss er sein.
Nun, Mutter, weg mit dem bangen Traum,
Unser Johnie kommt und will seinen Baum,

Und was noch am Baume von Lichtern ist,
Zünd alles an wie zum Heiligen Christ,
Der will heuer zweimal mit uns sein –
Und in elf Minuten ist er herein.«

Und es war der Zug. Am Süderturm
Keucht er vorbei jetzt gegen den Sturm,
Und Johnie spricht: »Die Brücke noch!
Aber was tut es, wir zwingen es doch.
Ein fester Kessel, ein doppelter Dampf,
Die bleiben Sieger in solchem Kampf.
Und wie's auch rast und ringt und rennt,
Wir kriegen es unter: das Element.

Und unser Stolz ist unsre Brück;
Ich lache, denk ich an früher zurück,
An all den Jammer und all die Not
Mit dem elend alten Schifferboot;
Wie manche liebe Christfestnacht
Hab ich im Fährhaus zugebracht
Und sah unsrer Fenster lichten Schein
Und zählte und konnte nicht drüben sein.«

Auf der Norderseite, das Brückenhaus –
Alle Fenster sehen nach Süden aus,
Und die Brücknersleut ohne Rast und Ruh
Und in Bangen sehen nach Süden zu;
Denn wütender wurde der Winde Spiel,
Und jetzt, als ob Feuer vom Himmel fiel',
Erglüht es in niederschießender Pracht
Überm Wasser unten ... Und wieder ist Nacht.

»Wann treffen wir drei wieder zusamm?«
»Um Mitternacht, am Bergeskamm.«
»Auf dem hohen Moor, am Erlenstamm.«
»Ich komme.«
»Ich mit.«
»Ich nenn euch die Zahl.«
»Und ich die Namen.«
»Und ich die Qual.«
»Hei!
Wie Splitter brach das Gebälk entzwei.«
»Tand, Tand,
Ist das Gebilde von Menschenhand.«

b Gib deine Gedanken zum Balladengeschehen wieder.

c Die Ballade wird auch als Erzählgedicht bezeichnet. Untersuche den Text mithilfe des Merkkastens und nenne auftretende Erzählmerkmale.

! Eine **Erzählung** ist eine unterhaltsame und anschauliche Darstellung von Ereignissen oder Erlebnissen. Die Zuhörer oder Leser können sich die handelnden Personen, deren Gedanken und Gefühle, die Umstände des Geschehens sowie den Handlungsverlauf gut vorstellen und das Geschehen nacherleben.
In Erzählungen können sowohl wirkliche Geschehnisse als auch ausgedachte, fantastische Geschichten dargestellt werden.

d Vergleiche den Inhalt der Ballade mit dem Inhalt der folgenden Zeitungsmeldung.

Das Zugunglück auf der Tay-Brücke

England. Während eines furchtbaren Windsturms brach am 29. (Dezember 1879) nachts die große Eisenbahnbrücke über dem Taystrom in Schottland zusammen, im Moment, als der Zug darüberfuhr. 90 Personen, nach anderen[1] 300, kamen dabei ums Leben, der verunglückte Zug hatte nämlich sieben Wagen, die alle fast voll waren, und er stürzte über 100 Fuß hoch ins Wasser hinunter. Alle 13 Brückenspannungen sind samt den Säulen, worauf sie standen, verschwunden. Die Öffnung der Brücke ist eine halbe englische Meile lang. Der Bau der Brücke hat seinerzeit 350 000 Pfund Sterling gekostet, und sie wurde im Frühjahr 1878 auf ihre Festigkeit hin geprüft. Bis jetzt waren alle Versuche zur Auffindung der Leichen oder des Trains[2] vergeblich. (Zürcherische Freitagszeitung vom 2. Januar 1880)

[1] andere Quellen

[2] *engl.* Zug

2 Erzähle die Ballade nach.

a Wiederhole zunächst, wie man dabei vorgeht.

– den Text genau lesen
– ihn in Abschnitte einteilen …

Eine Nacherzählung planen

b Wähle eine Erzählperspektive und fertige einen Stichpunktzettel an. Lass genügend Platz für Ergänzungen.

Ich-Erzähler oder Sie-/Er-Erzähler?

Erzähler: …	*Handlungsverlauf: …*
Ort/Zeit: …	*Gedanken, Gefühle: …*
handelnde Personen: …	

c Vergleicht eure Stichpunkte und ergänzt sie, wenn nötig.

Eine mündliche Nacherzählung gestalten

d Erzähle die Ballade mündlich nach.

Eine schriftliche Nacherzählung gestalten

3 Verfasse jetzt mithilfe deines Stichpunktzettels eine schriftliche Nacherzählung.

a Schreibe zuerst einen Entwurf. Lass Platz für die Überarbeitung.

b Überprüfe deinen Entwurf mithilfe folgender Checkliste und überarbeite ihn anschließend.

Überarbeiten:

Wird die Schreibaufgabe beachtet?	☑
Weckt die Einleitung Interesse?	☑
Sind die Personen und deren Gedanken und Gefühle anschaulich beschrieben?	☐
Wird die Erzählperspektive beachtet?	☐
Rundet der Schluss die Geschichte ab?	☐
Werden abwechslungsreiche Satzanfänge verwendet?	☐
Werden überflüssige Wortwiederholungen vermieden?	☐
Sind Rechtschreibung und Zeichensetzung korrekt?	☐

Eine Inhaltsangabe schreiben

1 Auch heute noch werden Balladen geschrieben, z. B. von Liedermachern wie Reinhard Mey (geb. 1942).

a Lies den folgenden Textauszug.

Nanga Parbat

1 Da steigen zwei hoch in die steinerne Wand,
überm Abgrund gehen sie den steilen Pfad,
verlassen den sicheren Unterstand
auf schimmerndem Eis, auf dem schroffen Grat.
Aufeinander von Kindheit an eingeschwor'n steigen
sie sicher und ohne ein Zögern bergan
in der eisigen, dünnen Luft, sie schweigen –
wie oft haben sie das gemeinsam getan!
Dem Gipfel entgegen ohne ein Seil,
zwischen beiden gespannt ist ein Lebensband:
Am Berg ist der eine des anderen Teil.
Zwei Brüder, der eine des and'ren Hand. […]

2 Da war das verabredete Lichtsignal,
das ankündigt, dass das Wetter umschlägt!
Gleißend, feuerrot schießt es auf aus dem Tal –
alles Für, alles Wider ist längst abgewägt.
Also müssen sie heut noch den Gipfel erreichen
durch beißende Kälte, durch bitterste Qual.
Jetzt warten, das hieße die Fahne streichen,
absteigen und scheitern, bleibt da eine Wahl?
Mit keuchendem Atem, die Glieder wie Blei,
höhenkrank, wie im Wahn: Nur noch ein Gletscherfeld,
noch ein Eisüberhang, ein letzter Grat und die zwei
fall'n sich stumm in den Arm auf dem Dach der Welt!

3 Zu Tode erschöpft, den Gipfel bezwungen!
Stille, Zeitlupe, Rückblende: Zwei kleine Jungen
zieh'n die Handschuhe aus, geben sich die Hand
wie als Kinder, wie nach ihrer ersten Wand.
Ein Handschuh fällt auf das ewige Eis,
sie türmen Steine darauf: Der bleibt hier als Beweis!
So krönt ein Steinmann ihr Lebenswerk
auf dem Nanga Parbat, dem Nackten Berg! […]

4 Jetzt gilt nur, sich irgendwie abwärtszutasten,
der einzige Ausweg ist der Weg voraus.
In der feindlichen Höhe nicht ausruh'n, nicht rasten,
nur noch irgendwie aus der Todeszone heraus!
Oder einfach nur in die Dunkelheit fallen
und liegen bleiben, sich einfach nicht rühr'n.
Der Atem sinkt nieder in Eiskristallen,
in Wimpern und Brau'n, nur die Kälte nicht spür'n!

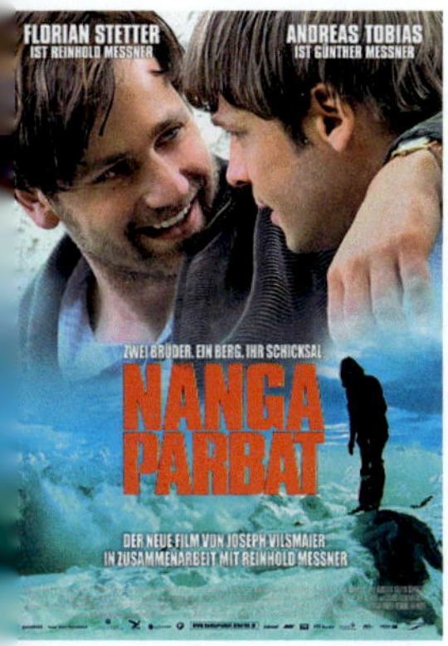

5 Da steigen zwei auf in die steinerne Wand.
Und einer kehrt heim, hat die Füße erfror'n,
vom Schnee blind die Augen, das Gesicht ist verbrannt,
hat in der Lawine den Bruder verlor'n.
Zwei haben den Gipfel der Gipfel erklommen,
den höchsten Triumph und die höchste Qual.
Nur einer alleine ist wiedergekommen,
verzweifelt, gebrochen im tiefsten Tal.
Da kommt einer heim aus der steinernen Wand,
ein Schatten nur von jenem anderen Teil,
der im Dunkel im ewigen Eis verschwand,
und wird er je gesund, wird er doch nie mehr heil.

Reinhold Messner gewidmet

b Sprecht über den Inhalt der Ballade und klärt unbekannte Wörter und Wendungen.

2

Den Inhalt einer Strophe zusammenfassen

a Mike soll den Inhalt der Ballade strophenweise zusammenfassen. Lies seine Stichpunkte zur ersten Strophe.

1. Strophe
– Zwei Bergsteiger erklimmen sehr steile Felswand.
– Seit ihrer Kindheit machen sie gefährliche Touren.
– Die Brüder sind aufeinander angewiesen.

b Schreibe Mikes Stichpunkte ab und ergänze die Zeilenangaben.

3

a Peggy zeichnet zur 2. Strophe eine Skizze, um den Inhalt zu erfassen.

2. Strophe

b Formuliere Peggys Skizze in Stichpunkte um und ergänze die Zeilenangaben.

4 Zeichne zu den Strophen 3 bis 5 entsprechende Skizzen. Notiere dann Stichpunkte zum Inhalt der Strophen.

5 Notiere zu den Strophen 3 bis 5 Stichpunkte mit Zeilenangaben in dein Heft.

6

a Lies den folgenden Merkkasten.

> **!** Die **Einleitung der Inhaltsangabe** gibt ähnlich einer Überschrift einen ersten Überblick zum Text. In die Einleitung gehören: Verfasser/in, Textsorte und Titel der Geschichte.
> Die Einleitung gibt Auskunft über Hauptpersonen, den Ort der Handlung, evtl. die Zeit und über **das Geschehen im Allgemeinen**. Es gehören keine Einzelheiten in die Einleitung.

Eine Einleitung verfassen

b Verfasse eine Einleitung für die Inhaltsangabe zu »Nanga Parbat« von Reinhard Mey.

c Stellt euch eure Einleitungen gegenseitig vor und besprecht, was ihr verbessern könnt.

7

Achtung, Fehler!

a Mike fasst die ersten beiden Strophen zusammen. Lies seine Inhaltsangabe.

Zwei Brüder erklimmen eine sehr steile Felswand. Seit ihrer Kindheit machen sie zusammen gefährliche Klettertouren. Sie sind aufeinander angewiesen.

Das Lichtsignal aus dem Tal zeigte ihnen an, dass das Wetter umschlägt. Sie entscheiden sich dafür, weiterzugehen. »Wir können es schaffen!«, sagen sie. Absteigen wollten sie nicht, das wäre für sie wie Scheitern. Sie erreichen mit keuchendem Atem und Gliedern wie Blei den Gipfel.

b Untersuche Mikes Inhaltsangabe. Was ist ihm gut gelungen? Was muss er verbessern? Der Merkkasten hilft dir.

! Um die **Reihenfolge der Ereignisse** verständlich zu formulieren, sollte man in der **Inhaltsangabe** verschiedene Konjunktionen benutzen (z.B. *früher, später, bald, danach, als, darauf, nachdem, weil, dann, während, obwohl*). Nach Möglichkeit sollte als **Zeitform** das **Präsens** verwendet werden, jedoch auf jeden Fall durchgehend die gleiche Zeitform. In die Inhaltsangabe gehört **keine wörtliche Rede**. Gedanken und Gefühle werden sachlich zusammengefasst.

Eine Inhaltsangabe überarbeiten

c Überarbeite Mikes Inhaltsangabe zu den Strophen 1 und 2 und schreibe sie in dein Heft.

● **8** Fasse den Inhalt der Strophen 3 und 4 in einem Text zusammen. Nutze die Informationen des Merkkastens.

●●● **9** Formuliere den Hauptteil einer Inhaltsangabe zur Ballade »Nanga Parbat«. Nutze dazu die Ergebnisse der Aufgaben 2 bis 7.

10 Bereitet eine kleine Präsentation zur Ballade »Nanga Parbat« vor. Verteilt folgende Themen und sammelt die Informationen.

→ **S.78** Präsentieren

A Vertonung der Ballade
B Film zur Ballade
C Die wahre Geschichte hinter der Ballade

Was habe ich gelernt?

11 Überprüfe, was du über Balladen gelernt hast. Beantworte dazu folgende Fragen:

1 Welche Merkmale hat eine Ballade?
2 Was musst du beim Nacherzählen einer Ballade beachten?
3 Wie schreibt man eine Inhaltsangabe zu einer Ballade?

1 Lies die folgende Ballade. Schreibe die Balladenmerkmale auf. Weise nach, dass es sich hier um eine Ballade handelt.

Johann Wolfgang von Goethe

Der Zauberlehrling

Hat der alte Hexenmeister
Sich doch einmal wegbegeben!
Und nun sollen seine Geister
Auch nach meinem Willen leben.
Seine Wort' und Werke
Merkt' ich und den Brauch,
Und mit Geistesstärke
Tu ich Wunder auch.

Walle! walle!
Manche Strecke,
Dass zum Zwecke
Wasser fließe
Und mit reichem, vollem Schwalle
Zu dem Bade sich ergieße.

Und nun komm, du alter Besen!
Nimm die schlechten Lumpenhüllen!
Bist schon lange Knecht gewesen;
Nun erfülle meinen Willen!
Auf zwei Beinen stehe,
Oben sei ein Kopf,
Eile nun und gehe
Mit dem Wassertopf!

Walle! walle!
Manche Strecke,
Dass zum Zwecke
Wasser fließe
Und mit reichem, vollem Schwalle
Zu dem Bade sich ergieße.

Seht, er läuft zum Ufer nieder;
Wahrlich! ist schon an dem Flusse,
Und mit Blitzesschnelle wieder
Ist er hier mit raschem Gusse.
Schon zum zweiten Male!
Wie das Becken schwillt!
Wie sich jede Schale
Voll mit Wasser füllt!

Stehe! Stehe!
Denn wir haben
Deiner Gaben
Voll gemessen! –
Ach, ich merk es! Wehe! wehe!
Hab ich doch das Wort vergessen!

Ach, das Wort, worauf am Ende
Er das wird, was er gewesen.
Ach, er läuft und bringt behände!
Wärst du doch der alte Besen!
Immer neue Güsse
Bringt er schnell herein,
Ach! und hundert Flüsse
Stürzen auf mich ein.

Nein, nicht länger
Kann ich's lassen;
Will ihn fassen.
Das ist Tücke.
Ach! nun wird mir immer bänger!
Welche Miene! welche Blicke!

O, du Ausgeburt der Hölle!
Soll das ganze Haus ersaufen?
Seh ich über jede Schwelle
Doch schon Wasserströme laufen.
Ein verruchter Besen,
Der nicht hören will!
Stock, der du gewesen,
Steh doch wieder still!

Willst's am Ende
Gar nicht lassen?
Will dich fassen,
Will dich halten
Und das alte Holz behände
Mit dem scharfen Beile spalten.

Seht, da kommt er schleppend wieder!
Wie ich mich nun auf dich werfe,
Gleich, o Kobold, liegst du nieder;
Krachend trifft die glatte Schärfe!
Wahrlich, brav getroffen!
Seht, er ist entzwei!
Und nun kann ich hoffen,
Und ich atme frei!

Wehe! wehe!
Beide Teile
Stehn in Eile
Schon als Knechte
Völlig fertig in die Höhe!
Helft mir, ach! ihr hohen Mächte!

Und sie laufen! Nass und nässer
Wird's im Saal und auf den Stufen.
Welch entsetzliches Gewässer!
Herr und Meister! hör mich rufen! –
Ach, da kommt der Meister!
Herr, die Not ist groß!
Die ich rief, die Geister,
Werd ich nun nicht los.

»In die Ecke,
Besen! Besen!
Seid's gewesen!
Denn als Geister
Ruft euch nur zu seinem Zwecke
Erst hervor der alte Meister.«

2 Teile die Ballade in Abschnitte ein und markiere den Höhepunkt der Handlung.

3 Sucht aus der Ballade heraus, wodurch Spannung erzeugt wird. Achtet dabei auf die wechselnden Gefühle des Zauberlehrlings.

4 Auch diese Ballade lässt sich illustrieren. Zeichnet zu den Handlungsschritten der Aufgabe 2 passende Bilder und tragt die Ballade anschließend ausdrucksstark dazu vor.

Gereimte Geschichten mit dramatischer Handlung

Die Ballade ist ursprünglich ein Tanzlied. Das steckt auch schon im Namen, denn *ballare* heißt auf Lateinisch *tanzen*. Waren es im Mittelalter zunächst heitere Lieder, die im Volk entstanden und in verschiedenen Fassungen gesungen wurden, so hatten die späteren Bänkellieder oft einen ernsten und tragischen Inhalt.
Ende des 18. Jahrhunderts haben sich auch viele Dichter für die Ballade interessiert. Johann Wolfgang von Goethe und Friedrich Schiller haben sich sogar über ein Jahr lang immer wieder neue Balladen zugeschickt und sich darüber ausgetauscht. Das war 1797, im so genannten Balladenjahr.
Balladen beziehen sich oft auf überlieferte Geschehnisse, auf geschichtliche oder auch aktuelle Ereignisse. Man bezeichnet Balladen auch als Erzählgedichte, da sie meist gereimt und in Strophenform geschrieben sind. Darüber hinaus beinhaltet ihre spannende Handlung auch dramatische Elemente: Etwas Aufregendes passiert, das Geschehen spitzt sich zu, am Ende gibt es eine Lösung, die gut oder tragisch sein kann. In vielen Balladen gibt es auch Dialoge und Monologe. Deshalb kann man Balladen nicht nur vortragen, sondern auch vorspielen.

1. Fasse in einer Mindmap zusammen, welche Merkmale die Ballade aufweist.

2. Informiert euch im Lexikon oder im Internet, welche Balladen von Goethe und Schiller im Balladenjahr 1797 entstanden sind.

3. Gestaltet ein Plakat zur Ballade. Verwendet eure Ergebnisse aus den Aufgaben 1 und 2.

Zeitgenössische Zeichnung von Goethe und Schiller

1 Lies die folgende Ballade. Schlage unbekannte Wörter im Wörterbuch nach. Notiere die Erklärungen und erstelle ein "Wörterbuch" zur Ballade.

Annette von Droste-Hülshoff

Der Knabe im Moor

O schaurig ist's, übers Moor zu gehn,
Wenn es wimmelt vom Heiderauche,
Sich wie Phantome die Dünste drehn
Und die Ranke häkelt am Strauche,
Unter jedem Tritte ein Quellchen springt,
Wenn aus der Spalte es zischt und singt,
O schaurig ist's, übers Moor zu gehn,
Wenn das Röhricht knistert im Hauche!

Fest hält die Fibel das zitternde Kind
Und rennt, als ob man es jage;
Hohl über die Fläche sauset der Wind –
Was raschelt drüben am Hage?
Das ist der gespenstische Gräberknecht,
Der dem Meister die besten Torfe verzecht;
Hu, hu, es bricht wie ein irres Rind!
Hinducket das Knäblein zage.

Vom Ufer starret Gestumpf hervor,
Unheimlich nicket die Föhre,
Der Knabe rennt, gespannt das Ohr,
Durch Riesenhalme wie Speere;
Und wie es rieselt und knistert darin!
Das ist die unselige Spinnerin,
Das ist die gebannte Spinnlenor',
Die den Haspel dreht im Geröhre!

Voran, voran, nur immer im Lauf,
Voran, als woll' es ihn holen;
Vor seinem Fuße brodelt es auf,
Es pfeift ihm unter den Sohlen

Wie eine gespenstische Melodei;
Das ist der Geigenmann ungetreu,
Das ist der diebische Fiedler Knauf,
Der den Hochzeitheller gestohlen!

Da birst das Moor, ein Seufzer geht
hervor aus der klaffenden Höhle;
Weh, weh, da ruft die verdammte Margret:
»Ho, ho, meine arme Seele!«
Der Knabe springt wie ein wundes Reh,
Wär' nicht Schutzengel in seiner Näh',
Seine bleichenden Knöchelchen fände spät
Ein Gräber im Moorgeschwele.

Da mählich gründet der Boden sich,
Und drüben, neben der Weide,
Die Lampe flimmert so heimatlich,
Der Knabe steht an der Scheide.
Tief atmet er auf, zum Moor zurück
Noch immer wirft er den scheuen Blick:
Ja, im Geröhre war's fürchterlich,
O schaurig war's in der Heide!

2 Beschreibe den Weg des Jungen durch das Moor. Gehe dabei auf die Naturerscheinungen und ihre Wahrnehmung durch den Jungen ein.

3 Arbeitet heraus, durch welche sprachlichen Mittel die Stimmungen und Gefühle des Jungen deutlich werden.

4 Erarbeitet gemeinsam einen Balladenvortrag. Versucht dabei, die Laute und Geräusche, die der Junge wahrnimmt, mit Instrumenten nachzuahmen.

Bertolt Brecht

Der Schneider von Ulm

(Ulm 1592)

Bischof, ich kann fliegen
Sagte der Schneider zum Bischof.
Paß auf, wie ich's mach!
Und er stieg mit so 'nen Dingen
Die aussahn wie Schwingen
Auf das große, große Kirchendach.

Der Bischof ging weiter.
Das sind lauter so Lügen
Der Mensch ist kein Vogel
Es wird nie ein Mensch fliegen
Sagte der Bischof vom Schneider.

Der Schneider ist verschieden
Sagten die Leute dem Bischof.
Es war eine Hatz.
Seine Flügel sind zerspellet[1]
Und er liegt zerschellet
Auf dem harten, harten Kirchenplatz.

Die Glocken sollen läuten
Es waren nichts als Lügen
Der Mensch ist kein Vogel
Es wird nie ein Mensch fliegen
Sagte der Bischof den Leuten. R

[1] *veraltet für* völlig spalten

1 Erzähle die Geschichte vom Schneider nach.

2 Schreibe zu der Ballade eine Zeitungsmeldung.

3 Hat es den Schneider wirklich gegeben? Sammelt Informationen dazu und stellt sie vor.

→ S. 87 Das Internet nutzen

1 Auch in diesem Lied wird eine Geschichte erzählt. Entscheide, ob dieser Text eine Ballade ist, und begründe deine Meinung.

Burkhard Lasch

Jugendliebe

Er sprach von Liebe.
Dabei waren sie noch nicht mal 15 Jahr.
Schwor große Worte
Und er küsste sie und streichelte ihr Haar.

Sie sprach von Träumen.
Und wie gerne würde sie ihm alles glauben.
Malte mit ihm Bilder
Von dem Leben, das sie sich dann beide bauten.

Refrain: Jugendliebe bringt
den Tag, wo man beginnt,
Alles um sich her ganz anders anzusehn.
Ha-ha, Lachen trägt die Zeit,
Die unvergessen bleibt,
Denn sie ist traumhaft schön!

Er traf sie wieder.
Viele Jahre sind seit damals schon vergangen.
Sieht in ihre Augen
Und er denkt zurück, wie hat es angefangen.

Refrain: Jugendliebe …

2 Schreibt die ersten beiden Strophen so um, dass sie Dialoge enthalten.

3 Stellt Vermutungen darüber an, warum die Jugendliebe endete. Ergänzt Strophen.

4 Das Lied hat Ute Freudenberg gesungen. Besorgt euch eine Aufnahme und hört sie euch an.

Wortarten und Wortformen

Veränderbare (flektierbare) Wortarten

1

a Lies, wie Maike W. ihren Theaterberuf beschreibt.

Ich bin Ankleiderin an einem Theater. Mein Beruf löst immer großes Erstaunen aus. Warum braucht man das, fragen mich die Leute. Ein Rokoko-Kleid, eine Korsage oder einen Wolfspelz können Schauspieler aber unmöglich allein anziehen. Vor jeder Vorstellung lege ich die Kostüme meiner Schauspieler schon in ihrer Garderobe bereit. In den kurzen Pausen zwischen den Auftritten helfe ich ihnen beim schnellen Um- und Ankleiden. Ich schnüre Korsagen, Stiefel usw. und reiche Perücken und wichtige Requisiten wie Taschen, Hüte oder Schmuck. Für die Pflege und Lagerung der Bühnengarderobe bin ich ebenfalls verantwortlich. Für die nächste Vorstellung wasche und bügle ich die Kostüme bzw. repariere sie.

b Maike W. spricht über sich selbst. Belege das an Textbeispielen.

c Frau W. benennt Tätigkeiten, Gegenstände und Orte, die typisch sind für ihren Beruf. Wähle je zwei Beispiele aus und prüfe, wie sich die Wörter jeweils verändern lassen (Zahl, Fall, Person, Zeit).

2 Wörter kannst du einteilen nach ihrer Bedeutung, ihrer Aufgabe in Satz und Text oder nach ihrer Veränderbarkeit.

a Übertrage die Tabelle in dein Heft. Suche jeweils drei Beispiele aus dem Text der Aufgabe 1 a heraus und trage sie ein.

veränderbare Wörter	nicht veränderbare Wörter
ich – mich, mir …	an …

●●● b Ordne jeder Wortart (Verb, Nomen/Substantiv, Adjektiv, Pronomen) drei Beispiele aus dem Text (Aufgabe 1 a) zu.

Nomen/Substantive

1

a Lies den folgenden Text aufmerksam. Begründe an Beispielen, was ihn orthografisch von einem typisch deutschen Text unterscheidet.

Achtung, Fehler!

Aus dem einmaleins einer maskenbildnerin

Ein bisschen rouge hier, ein wenig puder dort – und fertig ist die maske? Eine solche vorstellung von meinem beruf kannst du dir gleich abschminken. Ich muss einen mann optisch wie eine frau oder wie eine historische persönlichkeit aussehen lassen. Mit etwas latex und viel farbe täusche ich unterschiedliche verletzungen vor. Die perücken fertige ich auch selbst an. Das habe ich in meiner friseurausbildung gelernt.

TIPP
Der Text enthält 15 Nomen.

b Schreibe den Text in dein Heft. Achte auf die richtige Großschreibung der Nomen/Substantive. Der Merkkasten unten gibt dir Auskunft über diese Wortart.

c Markiere die Begleiter (Artikel, Possessivpronomen) und die Adjektive, die die Substantive/Nomen näher bestimmen.

Aus dem Einmaleins ...

!

Nomen/Substantive bezeichnen Lebewesen, Gegenstände, Gefühle, Gedanken, Vorgänge, Orte, z. B.:
Arno, Musikerin, Kostüm, Freude, Erlebnis, Bühne.
Nomen sind **veränderbar** (flektierbar). Sie sind **deklinierbar,** das heißt, sie ändern ihren **Fall** (Kasus: Nominativ, Genitiv, Dativ, Akkusativ). Außerdem können sie ihre **Zahl** ändern (Numerus: Singular, Plural), z. B.:

Der Sänger	*lernt*	*seinen Text.*
Nominativ Singular (Wer?)		Akkusativ Singular (Was?)
Der Regisseur	*sucht*	*Schauspielerinnen.*
Nominativ Singular (Wer?)		Akkusativ Plural (Wen?)

Nomen können als Begleiter **Artikel** haben, das heißt, sie sind **artikelfähig,** z. B.:
ein Kostüm, das Kostüm.
Nomen lassen sich durch **Attribute** genauer charakterisieren, z. B.:
ihre Kostüme – ihre witzigen Kostüme – Kostüme, die maßgeschneidert wurden.

→ S. 158 Attribut (Beifügung)

TIPP
Nutze die Weglassprobe.
→ S. 159

2

a Ermittle die Attribute, die die unterstrichenen Nomen näher charakterisieren.

1 Maskenbildner brauchen eine abgeschlossene Friseurausbildung.
2 Mit dem Kostümbildner sind intensive Absprachen zu treffen.
3 Im sogenannten Glatzenraum stellen Maskenbildner Theaterglatzen her.
4 Wegen der Naheinstellungen verlangen Film- und Fernsehaufnahmen wesentlich feinere Schminktechniken.
5 Dieser vielseitige Beruf erfordert geteilte Arbeitszeiten, die den Dienst am Vormittag und zur Abendvorstellung einschließen.

b Tauscht euch darüber aus, wie der Text ohne Attribute wirkt und welche Attribute man keinesfalls weglassen sollte.

Achtung, Fehler!

3 Schreibe die Wortgruppen in der richtigen Groß- und Kleinschreibung in dein Heft.

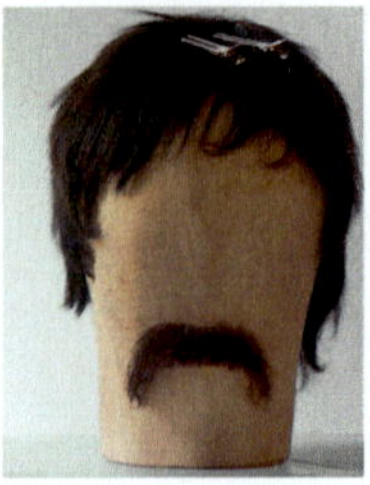

falsche bärte – perücken, die ich selbst angefertigt habe – verletzungen, die wie echt aussehen – abgeschlossene ausbildung – blonde haarfarbe – abwechslungsreicher beruf – hochwertige schminke

4 Diktiert euch gegenseitig die folgenden Sätze.
Geht beim Partnerdiktat so vor:
- Lest jeden Satz zweimal vor.
- Erst nach dem zweiten Vorlesen darf geschrieben werden.
- Achtet beim Zuhören auf die Nomensignale, wie Artikel oder Attribute.

Achtung, Fehler!

1 Für jede maske grundiere ich das gesicht.
2 Um ein junges gesicht auf alt zu trimmen, verwende ich keine rosige, sondern eine gräuliche creme.
3 Natürliche gesichtsfalten vertiefe ich durch dunkle schminke.
4 Mit einer feinen bürste trage ich graue farbe auf haare und augenbrauen auf.
5 Zum schluss bestäube ich das make-up mit transparentem puder.
6 Damit fixiere ich die maske.
7 Der junge schauspieler wirkt gleich um einige jahrzehnte gealtert.

Pronomen

1

a Setze folgende Wörter ein, die für den Textsinn wichtig sind.

ich – du – sie – ihr – ihre – mir – euch – der – diesen – meine

Das Jugendmagazin YES befragt zwei junge Reporter:

YES Was war für ___ das Schönste an den Berliner Filmfestspielen?

Nora Dass ___ alle Filme der Generation 14 plus umsonst sehen durfte.

Orhan ___ hat gefallen, dass ___ Kritiken veröffentlicht wurden.

YES Welche Filmkritiken hast ___ denn geschrieben?

Orhan Zum Beispiel über ___ Film, ___ die Geschichte von Aisha erzählt. ___ trainiert Kung-Fu mit jungen Männern, was ___ Vater und ___ Brüder gar nicht toll finden.

b Bestimme so genau wie möglich, zu welcher Wortart die eingesetzten Wörter gehören. Nutze die Informationen im Merkkasten.

!

Pronomen sind Stellvertreter oder Begleiter von Nomen/Substantiven und werden wie diese **dekliniert.**

Personalpronomen *ich, du, er, sie, es; wir, ihr, sie*	stehen stellvertretend für Personen und Sachen
Possessivpronomen z. B.: *mein, dein, ihr*	zeigen den Besitz oder die Zugehörigkeit an
Demonstrativpronomen z. B.: *dieses, jenes, das*	weisen auf ein vorher genanntes Nomen hin
Relativpronomen z. B.: *der, die, das*	leiten Nebensätze ein, die ein Nomen im Hauptsatz genauer erklären, z. B.: *Der Film, den du mir empfohlen hast, war toll.*

2 Pronomen stehen im gleichen Fall wie die Nomen, die sie vertreten oder begleiten. Bestimmt den Fall der eingesetzten Pronomen in Aufgabe 1a.

TIPP
Nutzt Frage- oder Ersatzprobe.

3

a Die unterstrichenen Wörter im folgenden Text sind auch Pronomen. Entscheide mithilfe des Merkkastens unten, welche Aufgabe sie im Text erfüllen und um was für Pronomen es sich handelt.

Aus einem Interview mit den beiden Leitern der Sektion Kinder- und Jugendfilme der Berliner Filmfestspiele

<u>Wer</u> sucht die Filme für das Berliner Filmfestival im Februar jedes Jahres aus?
Wir gehören zum Auswahlgremium, das aus 4–5 Erwachsenen besteht. Wir schauen <u>uns</u> von Oktober bis Dezember bis zu 1000 Filme aus aller Welt an. Irgendwann entscheiden wir <u>uns</u> für einen Film, von dem wir meinen, dass ihn <u>sich</u> viele Kinder oder Jugendliche ansehen müssen.
Woher wisst ihr, <u>welche</u> Filme Kindern und Jugendlichen gefallen?
Jedes Jahr besuchen 50 000 junge Leute die Berlinale-Vorstellungen. Die sagen in den Publikumsgesprächen mit den Regisseuren und Schauspielern ganz deutlich, <u>welchen</u> Film sie mögen und <u>was</u> sie wollen. Das schreiben sie auch in die Fragebogen, die in den Berlinale-Kinos ausliegen. Diese Fragebogen schauen wir <u>uns</u> nach der Berlinale noch einmal genau an.

b Suche weitere bekannte Pronomen im Text und bestimme sie.

!

Interrogativpronomen (Fragepronomen), z. B.: *Wer? Was? Wem? Wen? Wessen?* *Was für ein(e)?* *Welche(-r, -s)?*	• erfragen Personen oder Sachen, z. B.: *Wer ist das? Wessen Karte ist das?* • fragen nach der Eigenschaft, z. B.: *Was für ein Film ist das?* • fragen nach der Auswahl aus einer Menge, z. B.: *Welchen Film von den fünf meinst du?*
Reflexivpronomen (rückbezügliches Fürwort) *(ich) mir, mich, (du) dir, dich, (er, sie, es) sich; (wir) uns, (ihr) euch, (sie) sich*	• stimmen mit Formen der Personalpronomen überein (Ausnahme: *sich*) • treten zusammen mit Verben auf • weisen auf den Handlungsträger (sich selbst) zurück, z. B.: *ich erhole mich, er konzentriert sich*

4 Ergänze die fehlenden Interrogativ- bzw. Reflexivpronomen.

Beruf Filmvorführerin

Andrea, du bist Filmvorführerin im Ufa-Palast, einem Kino-Komplex mit sieben Sälen. Warum hast du ___ für diesen Beruf entschieden?

Für Technik habe ich ___ schon immer interessiert. Und mit meinen Eltern bin ich schon von klein auf ins Kino gegangen.

___ machst du als Filmvorführerin? Sitzt du mit Popcorn im Sessel und guckst ___ dabei die neuesten Filme an?

Also, ___ das glaubt, der irrt ___ total. Der Job ist unheimlich anstrengend. Ich haste von einem Vorführraum zum nächsten und beeile ___ mit dem Einlegen und Wechseln der Filmrollen, weil fast gleichzeitig in mehreren Kinosälen Filme gezeigt werden. Ich kümmere ___ um die Lautstärke, die Schärfe des Bildes oder die Untertitel, die manchmal auf einer Leinwand nicht mehr zu sehen sind.

___ Filmstars hast du schon live erlebt?

Von Brad Pitt habe ich ___ ein Autogramm geben lassen.

5 Was für ein(e)? Welche(-r, -s)? Ergänzt das richtige Fragewort.

1 **A** Ich werde meinem Bruder diese CD schenken.
B ___ CD ist das?

2 **A** ___ Filme laufen denn gerade?
B Keine Ahnung, hier ist das Kinoprogramm.

3 **A** Morgen treten die »Devils« und die »Angels« im Schulklub auf.
B ___ Bands sind das?

4 **A** ___ DVD willst du dir ausleihen?
B Mal sehen, vielleicht einen Krimi.

6 Übertrage die folgende Tabelle in dein Heft und ordne die Verben zu. Bilde dazu in Gedanken mit jedem Verb einen Satz.

freuen – schminken – kämmen – verkleiden – konzentrieren – verbeugen – erfreuen – entschuldigen – bewerben – erschrecken – verstecken

sich selbst (reflexiv)	**sich selbst oder jemand anderen (teilreflexiv)**
sich freuen …	sich schminken – sie/ihn schminken …

Verben

1 Arnold Langer betreibt die Firma »Kryolan« in Berlin.

a Lies das Interview mit ihm.

Ihre Firma gilt als weltgrößter Hersteller von Kunstblut. Wie kam es dazu?
Ein Regisseur hatte zehn Liter Blut pro Vorstellung bei uns bestellt. Es sollte sämig sein und dekorativ herunterlaufen. Wir probierten verschiedene Rezepturen aus, bis wir die gewünschten Eigenschaften erzeugt hatten.
Ihr Produkt-Katalog umfasst derzeit nahezu 14 000 Artikel. Welche?
Wir fertigen Make-up, Creme und Kunststoffe für Glatzen, Nasen und Narben für Theater- und Filmproduktionen in aller Welt, auch für Hollywood. Wir produzieren Tarnfarben für die Bundeswehr und Schminken für Fußballfans.
Welche Ihrer Fifa-Fanschminken hat sich bisher am besten verkauft?
Die für Deutschland und für Brasilien. Zur nächsten Fußball-WM wird es wieder eine große Nachfrage nach Fan-Schminke geben.

b Notiere für jede einfache und jede zusammengesetzte Zeitform aus dem folgenden Merkkasten ein Beispiel aus dem Interview.

! Verben bilden **Zeitformen** (Tempusformen). Man unterscheidet einfache und zusammengesetzte Zeitformen.

einfache Zeitform finite Verbform	**zusammengesetzte Zeitform** mindestens zwei Verbformen: finite + infinite Verbform (Infinitiv , Partizip II)
Präsens *Sie lebt in der Stadt.* *Sie geht morgen ins Kino.*	**Perfekt** *Sie ist gerade ins Kino gegangen.* *Sie hat sich mit Freunden verabredet.*
Präteritum *Sie ging ins Kino.* *Sie sah sich den Film an.*	**Plusquamperfekt** *Sie hatte schon die erste Folge gesehen.* *Sie war im Filmclub gewesen.*
	Futur *Sie wird sich auch die zweite Folge ansehen.*

TIPP
Finite Verbformen stimmen mit dem Subjekt in Person und Zahl überein.

c Hebe die finiten Verbformen besonders hervor. Markiere die beiden infiniten Verbformen, also Infinitiv bzw. Partizip II, unterschiedlich.

2 Ergänze die Verben in Klammern im Plusquamperfekt und schreibe die Sätze in dein Heft. Überlege jeweils, welche Handlung bereits stattgefunden hatte und welche darauf folgte.

1 Die ersten Rezepte der Firma »Kryolan« stammten von Arnold Langer, der als Jugendlicher eine Ausbildung als Chemiker ___ ___ (erhalten).
2 Der Name der Firma, die Langer 1945 mit seinem Studienfreund Krause ___ ___ (gründen), entstand aus den Anfangsbuchstaben der beiden Geschäftspartner.
3 Mit flüssiger Seife ___ die Firma ___ (beginnen). Erst später stellte sie die Produktion auf Profi-Schminken um.
4 In den 60er-Jahren spezialisierte sich »Kryolan« auf die Herstellung von Kunstblut, weil die Nachfrage nach Film- und Theaterblut enorm ___ ___ (steigen).
5 Als dem Hollywood-Regisseur Steven Spielberg bei Dreharbeiten zu »Schindlers Liste« in Polen plötzlich das Filmblut ___ ___ (ausgehen), lieferte »Kryolan« umgehend die benötigten 20 Liter.

!

Zeitformen (Tempusformen) der Verben können ausdrücken,
1. wann ein Vorgang bzw. eine Handlung abläuft:
   - **vergangen:** *Sie sah den Film. Sie hat/hatte ihn gesehen.*
   - **gegenwärtig:** *Sie sieht ihn.*
   - **zukünftig:** *Sie wird ins Kino gehen. Sie geht (morgen) ins Kino.*
2. ob ein Vorgang abgeschlossen ist, andauert oder immer gültig ist:
   - **abgeschlossen:** *Die Karten habe/hatte ich geholt.*
   - **andauernd:** *Der Film läuft bis Montag. Er ist zum Kino gegangen.*
   - **immer gültig:** *X spielt die Hauptrolle.*
3. ob die Aussage sicher ist oder nur vermutet wird:
   - **sicher:** *Der Film hat um 17 Uhr begonnen.*
   - **vermutet:** *Die zweite Folge werde ich vielleicht morgen sehen.*

TIPP
Zwei Aussagen lassen sich nicht belegen.

3 Suche aus den Sätzen in Aufgabe 1a (S. 146) je ein Beispiel für die im Merkkasten genannten Ausdrucksmöglichkeiten.

1. – vergangen: Wie kam es dazu? …
– gegenwärtig: …

4

a Diese Sätze wurden mündlich vorgetragen. Bestimme die Zeitform.

1 Mit der Firma hat sich Arnold Langer einen Traum erfüllt.
2 Als junger Laborant ist er 1941 bei den Aufnahmen zum ersten deutschen Farbfilm dabei gewesen.
3 Täglich ist er zu den Studios in Babelsberg gefahren, um den richtigen Farbton der Schminke für die Schauspieler zu treffen.
4 Farbiges Make-up hat in schwarz-weißen Filmen einen anderen Effekt erzielt als in Farbfilmen.
5 Langer hat Gefallen an dieser Arbeit gefunden.
6 Drei Monate nach Kriegsende hat er mit seinem Studienfreund Krause die Firma »Kryolan« gegründet.
7 Zunächst hat das Duo Hautcreme und flüssige Seife hergestellt.
8 Kurz darauf haben sie die ersten Schminken für Theater produziert.

b Schreibe die Sätze für einen schriftlichen Bericht über die Firma im Präteritum auf.

5 In den folgenden Sätzen sagen nur die Verbformen etwas über die Zeit aus.

a Entscheidet, ob sie die Handlungen und Vorgänge
- als vergangen, gegenwärtig oder zukünftig oder
- als abgeschlossen, andauernd oder immer gültig beschreiben.

1 Blut fließt, es rinnt, es tropft, und Winfried H. schaut reglos zu.
2 Herr H. arbeitet für das Berliner Unternehmen »Kryolan«, den weltweit größten Hersteller von Kunstblut, Narbenmaterial, Glatzen und Profischminke.
3 Die Firma hatte Arnold Langer gemeinsam mit seinem Studienfreund Krause gegründet. Ihre Anfangsbuchstaben Kr und Lan stecken im Firmennamen.
4 Zu den ersten Produkten der beiden Chemiker gehörte Flüssigseife. Die Fläschchen dafür brachten die Kunden selbst mit.
5 Mit ihren Kunstblut-Sorten hat die Firma den Weltmarkt erobert.
6 »Kryolan« wird sich auf die Wünsche des asiatischen Marktes einstellen.

b Prüft, ob die Handlung bzw. der Vorgang in den Sätzen der Aufgabe a als sicher oder als vermutet dargestellt wird.

6

a Vergleiche die Textfassungen A und B miteinander. Untersuche, in welcher Fassung die Akteure der Handlung genannt werden.

A Zu den Filmfestspielen in Berlin verleiht eine Jury den »Goldenen Bären«. Den »Oscar« vergibt die US-amerikanische »Academy of Motion Picture Arts und Sciences« seit 1929 für den besten Film, die beste Hauptrolle und andere Kategorien. In Cannes zeichnen die Jurymitglieder den Sieger des Filmfestivals mit der »Goldenen Palme« aus.

B Zu den Filmfestspielen in Berlin wird der »Goldene Bär« verliehen. Der »Oscar« wird seit 1929 von der US-amerikanischen »Academy of Motion Picture Arts und Sciences« für den besten Film, die beste Hauptrolle und andere Kategorien vergeben. In Cannes wird der Sieger des Filmfestivals mit der »Goldenen Palme« ausgezeichnet.

b Schreibe aus beiden Texten die Verbformen heraus. Entscheide, ob es sich um Aktiv- oder Passivformen handelt.

Text A: verleiht, ...
Text B: ...

c In einem Satz aus Text B wird trotz Passivform der Akteur genannt. Auf welche Weise geschieht das?

!

Aktivformen verwendet man, um die Akteure der Handlung ausdrücklich zu nennen. **Passivformen** verwendet man, wenn die Handlung betont werden soll. Die Handelnden können unbekannt oder unwichtig sein. Sollen sie trotzdem genannt werden, schließt man sie mit *von* an, z. B:
Der Regisseur wird von der Jury ausgezeichnet.
Die Passivformen bestehen mindestens aus zwei Verbformen: einer Konjugationsform des Hilfsverbs ***werden*** + **Partizip II** eines anderen Verbs:

Präsens:	*Der Regisseur*	*wird*	*ausgezeichnet.*	
Präteritum:	*Der Regisseur*	*wurde*	*ausgezeichnet.*	
Perfekt:	*Der Regisseur*	*ist*	*ausgezeichnet*	*worden.*
Plusquamperfekt:	*Der Regisseur*	*war*	*ausgezeichnet*	*worden.*
Futur:	*Der Regisseur*	*wird*	*ausgezeichnet*	*werden.*

7 In welchen Sätzen der folgenden Darstellung würdest du die Passivform bevorzugen? Schreibe die betreffenden Sätze um.

1 1950 hat eine Persönlichkeit das erste Berliner Filmfestival eröffnet.
2 Dieses Jahr haben die Veranstalter 270 000 Tickets verkauft.
3 Damit hat man 30 000 Karten mehr verkauft als im Vorjahr.
4 Die Kinos haben 383 Berlinale-Filme gezeigt.
5 Die Jury-Mitglieder haben in allen Kategorien den »Goldenen Bären« als Siegertrophäe der Berlinale verliehen.
6 Wieder hatte der Festival-Chef Stars, wie Kate Winslet, nach Berlin eingeladen.
7 Enthusiastisch haben die Berliner und ihre Gäste die Stars gefeiert.
8 Stars und Regisseure schätzen am Berliner Filmfestival den Kontakt zum Publikum.

8

a Bestimme, um welche Zeitform (Tempusform) im Aktiv es sich in den folgenden Sätzen jeweils handelt. Notiere sie untereinander in deinem Heft.

1 Prominente haben gestern das Jugendfilmfest eröffnet.
2 Im Sommer zeigt man Filme im Hof.
3 Eine Jury wählte zehn Filme aus.
4 Jemand hat die Hauptdarstellerin eingeladen.
5 Die Menge hatte die Stars bejubelt.

1. haben eröffnet (Perfekt)
2. …

TIPP
Formuliere im Kopf die Sätze entsprechend um.

b Forme Aktivformen aus Aufgabe a in Passivformen in derselben Zeitform um und schreibe die Wortgruppen in dein Heft.

1. haben eröffnet (Perfekt) –
ist eröffnet worden (Perfekt)
2. …

Adjektive

TIPP
Adjektive stimmen in der Form mit dem Nomen/Substantiv überein.

1

a Schreibe die unterstrichenen Adjektive mit dem Nomen/Substantiv heraus, auf das sie sich beziehen. Bestimme Fall, Zahl und Geschlecht des Adjektivs.

1 Linn R. spielt im gleichnamigen Film die rote Zora.
2 Die 14-Jährige mit der leuchtend roten Mähne geht in die Maske.
3 Dort tupft ihr die Maskenbildnerin vorsichtig mit einem dünnen Pinsel noch dunkelbraune Sommersprossen ins Gesicht.
4 Linns saubere Fingernägel müssen richtig schmutzig sein.
5 Deshalb pinselt ihr die Maskenbildnerin reichlich schwarzen Dreck unter die Nägel.

gleichnamig – im gleichnamigen Film (Dativ, Singular, ...)

b Untersuche die vier blau unterlegten Wörter genauer. Auch sie sind Adjektive. Finde heraus, worauf sie sich jeweils beziehen.

!

Adjektive bezeichnen Eigenschaften und Merkmale von Lebewesen, Gegenständen, Vorgängen usw. Sie können im Satz verschiedene Funktionen haben, z. B.:
Jan ist ein langsamer Esser. (bestimmt ein Nomen näher, Attribut)
Jan ist ein wirklich langsamer Esser. (bestimmt ein Adjektiv näher, Attribut)
Jan isst langsam. (bestimmt ein Verb näher, Adverbialbestimmung)
Wenn Adjektive ein Nomen näher bestimmen, werden sie wie dieses **dekliniert,** d. h., sie passen sich in Fall (Kasus), Zahl (Numerus) und Geschlecht (Genus) dem Nomen/Substantiv an.

2 Ergänzt die folgenden Adjektive an der passenden Stelle. Nennt, was ihr näher charakterisiert habt.

rot – mucksmäuschenstill – blitzschnell – reich gedeckt – gesamt – reichlich – landestypisch – hart

1 Als Zora muss sich Linn unterm Tisch verstecken.
2 Gleich wird sie die Tafel plündern.
3 Die Filmcrew wird am Drehort mit Essen versorgt.
4 Mit dem Leben der Helden hat die Filmarbeit wenig zu tun.

Nicht veränderbare (nicht flektierbare) Wortarten

1

a Lies den Text. Entscheide, was alle unterstrichenen Wörter gemeinsam haben. Prüfe dazu, ob sich die markierten Wörter ändern, wenn du die Nomen/Substantive in den Plural oder die Verben ins Präteritum setzt.

Eine Souffleuse flüstert den Schauspielern auf der Bühne leise und unauffällig den Text vor, wenn sie ihn vergessen haben. Deshalb liest sie das Skript Zeile für Zeile sehr sorgfältig mit. Oft entscheiden Sekundenbruchteile, ob sie tatsächlich eingreifen muss, ob einer einen »Hänger« hat oder vielleicht nur eine Kunstpause setzt. Meistens genügen die ersten Worte, um den Künstler wieder auf die richtige Fährte zu führen. Manche Schauspieler verabreden mit der Souffleuse während der Proben sogar Codes, die einen Hänger signalisieren. Im Sprechtheater sitzt die Souffleuse fast immer in der ersten Reihe, aber manchmal auch in der Kulisse.

b Bestimme die Wortart der unterstrichenen Wörter. Nutze dazu den folgenden Merkkasten.

auf (Präposition)
und (Konjunktion)
...

!

Nicht veränderbare (nicht flektierbare) Wortarten	
Adverbien, z. B.: *hier, dort, heute, morgen, sehr, oft, deshalb, gern, so, netterweise*	• geben an, wann, wo, wie und warum etwas geschieht • ersetzen oft Wortgruppen oder Teilsätze
Konjunktionen, z. B.: *als, wenn, dass, weil, und, oder, aber*	• verbinden Wörter, Wortgruppen und Teilsätze miteinander
Präpositionen, z. B.: *aus, bei, mit, nach* (Dativ) *durch, für, gegen* (Akkusativ) *an, auf, hinter, neben* (Dativ: Wo?, Akkusativ: Wohin?)	• drücken Beziehungen zwischen Wörtern und Wortgruppen aus • stehen meist vor einem Nomen oder Pronomen und fordern einen bestimmten Fall

2 Entscheide, ob das Adverb die Aussage verstärkt oder abschwächt.

1 Also ich fand den Film sehr langweilig.
2 Aber das Ende fand ich recht spannend.
3 Die Kostüme haben mir sehr gut gefallen.
4 Aber die Dialoge, die waren ziemlich blöd.
5 XY hat ganz gut gespielt, fand ich.

TIPP
Manchmal passen auch mehrere Adverbien.

3 Ersetze die unterstrichenen Wortgruppen durch ein passendes Adverb.

immer – dann – oben – vorn – hinten – manchmal – dort – dorthin

Berufsbild Tontechniker/-in

1 Der Tontechniker ist für die technische Bedienung aller tontechnischen Anlagen auf der Bühne und im Zuschauerraum verantwortlich.
2 Er muss bei jeder Theatervorstellung anwesend sein.
3 Seinen Arbeitsplatz hat er hinter den Zuschauerplätzen.
4 Hinter der letzten Zuschauerreihe bedient er die Tontechnik.
5 Bei manchen Aufführungen sitzen die Tontechniker auch inmitten der Zuschauer am Mischpult.
6 Wer als Tontechniker/-in arbeiten möchte, sollte sich direkt an ein Theater wenden.

TIPP
Nutze die Frageprobe oder die Ersatzprobe.

4 Setze die Wortgruppen in der richtigen Form ein. Bestimme den Fall, den die Präposition jeweils fordert.

ein Bühnenbild – ein Stück aus dem Mittelalter – der Bühnenbildner – seine Kosten – die akustischen Eigenschaften der Materialien – eine gewisse Portion Gelassenheit

Eine Theaterschreinerin / Ein Theaterschreiner muss …
1 alle Holzkonstruktionen für ____ anfertigen
2 Treppen, Portale und Brücken detailgetreu zu ____ bauen
3 in allen Fragen mit ____ zusammenarbeiten
4 jeden Entwurf auf ____ überprüfen
5 sich in ____ auskennen
6 dem Termindruck im Theaterbetrieb mit ____ begegnen

1. alle Holzkonstruktionen für ein Bühnenbild anfertigen (für + Akkusativ)
2. …

5

a Suche alle Konjunktionen und begründe, ob sie Wörter, Wortgruppen oder Teilsätze miteinander verbinden.

Berufsbild Beleuchter/-in

1 Theaterbeleuchter sind für die Bedienung und Wartung aller lichttechnischen Anlagen auf der Bühne und im Zuschauerraum zuständig.
2 Sie müssen sowohl Leitungen legen als auch akustische oder visuelle Signale übermitteln und sie sollen die Vorstellungen des Regisseurs oder Bühnenbildners technisch umsetzen.
3 Dafür benötigt man elektrotechnische Fachkenntnisse, aber auch Teamgeist und Kreativität.
4 Beleuchter ist kein Ausbildungsberuf, jedoch ist eine Ausbildung zur Fachkraft für Veranstaltungstechnik sinnvoll.

b Bestimme jeweils, ob es sich um eine aufzählende oder eine entgegenstellende Konjunktion handelt. Nutze den Merkkasten.

!

Konjunktionen sind Bindewörter und nicht veränderbar.
Sie verbinden Wörter, Wortgruppen und Sätze miteinander.
Nach ihrer **Bedeutung** unterscheidet man
- **aufzählende Konjunktionen,** z. B.: *und, oder, sowohl ... als auch, weder ... noch,*
- **entgegenstellende Konjunktionen,** z. B.: *aber, doch, jedoch.*

6

→ S. 161 Der zusammengesetzte Satz

a Lies die folgenden zusammengesetzten Sätze und entscheide, wo der eine Teilsatz aufhört und der nächste anfängt. Ergänze das Komma.

Achtung, Fehler!

Berufsbild Bühnenhandwerker/-in

1 Wenn die Vorstellung beginnt muss die Bühne spielbereit sein.
2 Der Bühnenhandwerker ist verantwortlich dafür dass die Kulissen, Möbel und anderen Requisiten am richtigen Platz stehen.
3 Bühnenhandwerker sollten Teamgeist mitbringen, zuverlässig und körperlich belastbar sein denn während der Aufführung muss der Kulissenumbau schnell, reibungslos und exakt erfolgen.
4 Zu den Aufgaben des Maschinisten gehört dass er die Maschinen, die die Drehbühne, die Podien und den eisernen Vorhang bewegt, richtig bedient, wartet und instand setzt.

b Suche die Konjunktionen und bestimme mithilfe des folgenden Merkkastens, welche einen Hauptsatz oder einen Nebensatz einleiten.

!

Nach der **Funktion** unterscheidet man zwei Gruppen von Konjunktionen:

- **nebenordnende Konjunktionen** (verbinden gleichrangige Wörter, Wortgruppen und Teilsätze, z. B. Hauptsätze, miteinander), z. B.: *aber, und, sondern, denn.*
  Er steht vor dem Haus und wartet. Er wartet, aber sie meldet sich nicht. Er ruft an und sie schreibt eine SMS.
- **unterordnende Konjunktionen** (leiten einen Nebensatz ein), z. B.: *als, weil, dass, wenn, falls, ehe, bevor, nachdem, sodass.*
  Er hofft, dass er den Preis gewinnt.
  Als er den Preis gewann, war er 17.

7

a Wähle je eine passende Konjunktion aus und verbinde damit die Satzpaare zu einem zusammengesetzten Satz. Schreibe ihn in dein Heft und achte dabei auf die Kommasetzung.

TIPP
Achte auf die inhaltliche Beziehung zwischen den Sätzen.

wenn – dass – weil – denn – und

Berufsbild Theaterschuhmacher/-in

1 Man kann dann nicht gut singen, spielen oder tanzen.
Der Schuh drückt.
2 Es gehört zu den Aufgaben eines Theaterschuhmachers.
Jeder Schauspieler, Sänger oder Tänzer erhält passgenaue Schuhe.
3 Theaterschuhmacher müssen sich mit historischer und moderner Schuhmode auskennen. Die Stücke fordern detailgetreue Schuhe.
4 Der Schuhmacher muss in kürzester Zeit Schuhe neu anfertigen oder vorhandene umändern. Umbesetzungen stehen an.
5 Er muss die Schuhe am Abend in die Garderoben stellen.
Er ist für die Pflege des Schuhfundus verantwortlich.

b Entscheide, ob du zwei Hauptsätze miteinander verbunden hast oder Hauptsatz und Nebensatz. Markiere die nebenordnenden und die unterordnenden Konjunktionen verschiedenfarbig.

TIPP
Im Nebensatz steht die finite Verbform an letzter Stelle.

Satzbau und Zeichensetzung

Der einfache Satz: Satzglieder

1 Die österreichische Schriftstellerin Christine Nöstlinger erzählt in ihrem Buch »Das Austauschkind« über Ewald Mittermeier.

a Bilde aus den folgenden Satzteilen Aussagesätze.

1 ist – mein Name – Ewald Mittermeier
2 bin – zu Beginn der Geschichte – ich – dreizehn Jahre alt
3 schreibe – über die letzten sechs Wochen – ich – einen Erlebnisbericht
4 waren – für mich und meine Familie – sehr ereignisreich und aufregend – sie
5 ist – bisher – bei uns zu Hause – nichts Aufregendes – passiert
6 findet – meine Schwester – es – stinklangweilig – bei uns zu Hause
7 bin – nicht geübt – im Berichten von aufregenden Ereignissen – deshalb – ich
8 beginne – die Geschichte – ich – drei Wochen vor meinem dreizehnten Geburtstag

1. Mein Name ist ...

b Lies die Sätze laut vor. Prüfe, in welchen Sätzen du Satzglieder umstellen musst, damit der Text flüssiger wird.

c Wähle zwei Sätze aus und schreibe sie in mehreren Varianten auf. Verwende dazu die Umstellprobe.

1. Mein Name ist Ewald Mittermeier.
Ewald Mittermeier ...

! Mithilfe der **Umstellprobe** kann man die **Satzglieder** ermitteln. Zu einem Satzglied gehören jeweils die Wörter, die sich nur zusammenhängend umstellen lassen, z. B.:
Ewald Mittermeier | lebt | mit seiner Familie | in Wien.
Mit seiner Familie | lebt | Ewald Mittermeier | in Wien.
In Wien | lebt | Ewald Mittermeier | mit seiner Familie.

2 Bestimme in den folgenden Sätzen alle Satzglieder und Satzgliedteile. Nutze dazu die Fragen im Merkkasten.

1 Ich saß in der großen Pause an meinem Tisch.
2 Herbert Pivonka kam vom Klo in die Klasse zurück und sagte:
3 »Deine Mutter redet draußen im Gang mit dem Englischlehrer.«
4 Den Inhalt des Gesprächs ahnte ich.
5 Am Ende des Schuljahres erwartete ich viele gute und sehr gute Noten.
6 Nur in Englisch stand ich zwischen »gut« und »befriedigend«.
7 Nun wollte meine Mutter den Englischlehrer zu einem »Gut« überreden.

!

Satzglieder

Bezeichnung	Frage
Subjekt	Wer? Was?
Prädikat	Was wird ausgesagt?
Objekt • Genitivobjekt • Dativobjekt • Akkusativobjekt • Präpositionalobjekt	 Wessen? Wem? Was? Wen? Mit wem? Worüber? …
Adverbialbestimmungen • Lokalbestimmung • Temporalbestimmung • Modalbestimmung • Kausalbestimmung	 Wo? Woher? Wohin? Wann? Wie lange? … Wie? … Warum? …
Attribut (Satzgliedteil)	Was für ein(e)? Welche(-r, -s)?

TIPP
Ihr könnt auch ein Poster für den Klassenraum gestalten.

3 Übertrage die Übersicht aus dem Merkkasten in dein Heft. Ergänze zu jedem Satzglied jeweils zwei Beispiele. Ihr könnt Beispiele aus den Aufgaben 1 und 2 verwenden.

Attribut (Beifügung)

→ S.141 Nomen/Substantive

1

a Schreibe aus den folgenden Sätzen alle Nomen/Substantive mit den dazugehörigen Attributen heraus. Unterstreiche die Attribute.

1 Der dreizehnjährige Ewald ist eine Hauptfigur des Buches.
2 In Englisch droht ihm eine schlechtere Note als in den anderen Fächern.
3 Deshalb spricht seine ehrgeizige Mutter mit dem Englischlehrer.
4 Eine gute Note für Ewald ist ihr wichtiger als ein schwarzer Mantel aus Nerz, obwohl so ein Mantel ein unerfüllter Wunsch von ihr ist.
5 Aber das Zeugnis ihres Sohnes sollte kein hässliches Befriedigend verunzieren.
6 Doch der Lehrer wollte sich in seiner sauer verdienten Pause nicht stören lassen.
7 Beim gemeinsamen Mittagessen erzählte die Mutter von dem Gespräch mit dem Lehrer.

1. der dreizehnjährige Ewald, eine Hauptfigur des Buches

b Weise mithilfe der Umstellprobe nach, dass die Attribute keine selbstständigen Satzglieder sind.

1. Eine Hauptfigur des Buches | ist | der dreizehnjährige Ewald.

!

Attribute (Beifügungen) bestimmen Nomen/Substantive näher.
Sie können vor oder hinter dem Nomen stehen, z.B.:

die ehrgeizige Mutter	Was für eine Mutter?
das Gespräch mit dem Lehrer	Welches Gespräch?

Attribute sind keine selbstständigen Satzglieder. Sie können nur mit dem dazugehörigen Nomen umgestellt werden. Deshalb werden sie **Satzgliedteil** genannt.

2

a Wähle die passenden Attribute aus und setze sie in die Lücken ein.

vorwurfsvollem – seine – auf das Mittagessen – verbitterter – ihrer – blassgrünen – allen – der Schule – in Oxford – seine mäßigen – diesen grünen – vom Mittagessen – seine überfürsorgliche – mit den Spagetti – spitzenmäßiges – in England

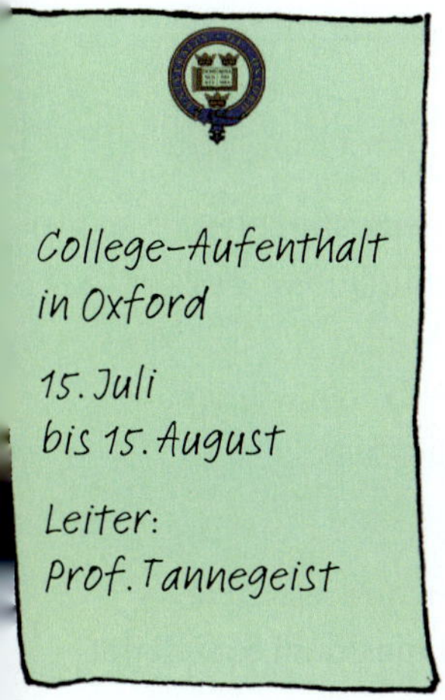

1 Die Mutter sprach in _____ Ton mit ihm.
2 Ewald schob den Teller _____ weit von sich.
3 Der Appetit _____ war ihm vergangen.
4 Mama holte aus _____ Handtasche einen _____ Zettel.
5 Ewald kannte _____ Zettel.
6 Man hatte den Wisch in _____ Klassen _____ verteilt.
7 Es ging um einen Aufenthalt _____.
8 Bei einem Besuch _____ sollten _____ Englischkenntnisse auf ein _____ Niveau gebracht werden.
9 Mit _____ Miene räumte Ewald das Geschirr _____ in die Spülmaschine.
10 Dass _____ Mutter nie auf die Idee kam, zuerst mit ihm über _____ Wünsche zu sprechen!

b Schreibe die Sätze ab. Unterstreiche die Attribute einmal und die näher bestimmten Nomen doppelt.

1. Die Mutter sprach in vorwurfsvollem Ton mit ihm. 2. …

c Lies die Sätze noch einmal. Prüfe, welche Attribute für das Verständnis unbedingt notwendig sind. Welche könnte man auch weglassen?

! Mit der **Weglassprobe** kann man ermitteln, ob Attribute in einem Satz weggelassen werden können, ohne dass der Sinn verloren geht, z. B.: *Ich legte den ~~verhassten~~ (?) grünen (?) Wisch auf den Schrank ~~in der Küche~~ (?) und spürte, wie mein ~~brodelnd heißes~~ (?) Blut vom Kopf in den Bauch rann.*

3 Wendet die Weglassprobe für die Sätze der Aufgabe 1a (S. 158) an. Sprecht darüber, welche Attribute für das Verständnis unbedingt notwendig sind und welche man eventuell weglassen könnte.

4 Schreibe folgende Wortgruppen ab und unterstreiche die Attribute.

Ewalds ältere Schwester – einige sprachinteressierte Schüler – Ferien mit Schulstress – seiner unerbittlichen Mutter – ein Gespräch voller Vorwürfe

5 Überlege, welche Nomen durch vor- oder nachgestellte Attribute näher bestimmt werden könnten, um den Text ausdrucksvoller zu gestalten. Schreibe die durch Attribute ergänzten Sätze in dein Heft. Unterstreiche die Attribute einmal und die Nomen doppelt.

1 Spagetti waren eigentlich Ewalds Lieblingsessen.
2 Aber heute hatte er ein Problem mit der Mutter.
3 Manchmal hatte sie eine Art, die Widerspruch herausforderte.
4 Die Englischkenntnisse sollten bei einem Sprachurlaub verbessert werden.
5 Es gab sicher Kinder, die gern in ein Sprachlager fahren würden.
6 Aber Ewald hatte keine Lust und sah nur die Nachteile.

!

Attribute können auch in Form von Nebensätzen auftreten. Sie werden meist mit einem Relativpronomen (+ Präposition) eingeleitet und heißen deshalb **Relativsätze,** z. B.:

Ewald, der in Wien lebt, hat Probleme in Englisch.

Deshalb will ihn seine Mutter, auf die er wütend ist, nach England ins Sprachlager schicken.

Der Nebensatz wird durch **Komma(s)** vom übrigen Satz abgetrennt.

→ S. 163 Satzgefüge

6 Schreibe die folgenden Sätze ab (1–5). Wähle jeweils den passenden Nebensatz aus und füge ihn hinter dem unterstrichenen Nomen ein. Setze die notwendigen Kommas.

die ihn für gutmütig und träge hält – das in den Ferien stattfindet – der mit dieser Einschätzung nicht einverstanden ist – der Ewald nur ein bisschen kennt – die gern in ein Sprachlager fahren möchten

1 Ewalds Schwester sagt, dass er sich öfter wehren soll.
2 Aber Ewald spürt eine gewaltige Wut im Bauch.
3 Es gibt sicher haufenweise Schüler.
4 Aber jeder Mensch weiß, dass er darauf keine Lust hat.
5 Er sieht in so einem Lager nur Nachteile.

Der zusammengesetzte Satz

Satzreihe (Satzverbindung)

1 Beweise, dass es sich bei folgenden zusammengesetzten Sätzen um eine Satzreihe (Satzverbindung) handelt.

a Lies die Sätze und überlege zuerst, wie du bei deiner Beweisführung vorgehen kannst. Löse danach die Aufgabe selbstständig oder nimm die Aufgaben b bis e zu Hilfe.

1 Ewald möchte nicht nach Oxford fahren, er hat in den Ferien etwas anderes vor.
2 Manche Schüler seiner Klasse haben sich schon für Oxford angemeldet(,) und sie freuen sich auf diesen Aufenthalt.
3 Einige sollen nicht mitfahren, doch sie wollen ihre Eltern noch überreden.
4 Zwei waren todtraurig, denn sie dürfen nicht mitfahren.
5 Ewald hat keine Lust auf ein englisches College, deshalb ist er wütend auf seine Mutter.
6 Am liebsten möchte er in den Ferien gar nichts mit Schule zu tun haben, aber nun soll er auch in den Ferien noch lernen.

b Untersuche die Sätze. Stelle zuerst fest, aus wie vielen Teilsätzen die zusammengesetzten Sätze jeweils bestehen. Bestimme dazu die Subjekte und Prädikate.

c Prüfe, ob die Teilsätze auch allein stehen könnten.

→ S.146 Verben

d Ermittle, wo sich in den Teilsätzen die finite (gebeugte) Verbform befindet. Schreibe sie mit dem dazugehörigen Subjekt heraus und unterstreiche sie zweimal.

1. Ewald möchte nicht …, er hat in … vor.
2. …

e Fasse deine Untersuchungsergebnisse aus den Aufgaben c und d zusammen.

●●● f Untersuche jetzt die Kommasetzung in den Sätzen von Aufgabe a und formuliere eine Kommasetzungsregel.

!

Wenn man zwei Hauptsätze miteinander verbindet, entsteht eine **Satzreihe** (Satzverbindung). Die Hauptsätze können unverbunden nebeneinanderstehen oder miteinander verbunden werden, z. B.:
Ewald ist Österreicher, er lebt in Wien.
Ewald ist Österreicher und er lebt in Wien.
Verbundene Hauptsätze werden meist durch Komma voneinander getrennt. Nur bei der Verwendung der Konjunktionen *und* oder *oder* ist die Verwendung des Kommas freigestellt, z. B.:
Viele Schüler haben sich schon für die Reise angemeldet(,) und einige kämpfen noch um die Erlaubnis ihrer Eltern.

2

a Suche in den Sätzen der Aufgabe 1 a (S. 161) Beispiele für verbundene und unverbundene Hauptsätze.

b Begründe, warum das Komma in Satz 2 der Aufgabe 1 a (S. 161) in Klammern steht.

!

Hauptsätze kann man durch folgende sprachliche Mittel verbinden:
- **nebenordnende Konjunktionen,** wie *und, oder, aber, denn, doch,*
- **Adverbien,** wie *dann, danach, deshalb, darum,* z. B.:
  Ewald wollte nicht mit ins Sprachlager fahren, denn er liebt solche Unternehmungen nicht besonders.
  Ewald liebt solche Unternehmungen nicht besonders, deshalb wollte er nicht mit ins Sprachlager fahren.

→ **S. 152** Nicht veränderbare (nicht flektierbare) Wortarten

3 Verbinde die einfachen Sätze jeweils zu einer Satzreihe. Orientiere dich im Merkkasten, welche Möglichkeiten du dafür hast.

1 Meine Mutter will mich unbedingt nach Oxford schicken. Ich werde es zu verhindern wissen.
2 Ein Oxford-Aufenthalt soll meinen Wortschatz und meine Aussprache verbessern. Im nächsten Schuljahr würde ich dann spielend eine Eins oder Zwei erreichen.
3 Indirekt warf mir meine Mutter Undankbarkeit vor. Andere Kinder wären froh über so eine Möglichkeit.
4 Mein Vater hält Freunde für das Wichtigste im Leben. Auch er redete mir zu, diese Reise zu machen.

Satzgefüge

Achtung, Fehler!

1

a Schreibe die folgenden Satzgefüge ab. Setze die fehlenden Kommas zwischen Haupt- und Nebensätzen. Unterstreiche die Nebensätze.

Ewalds Überlegungen:

1 Ich mag überhaupt nichts wo ein Haufen Schüler unter Obhut von ein paar Lehrern rund um die Uhr leben muss.

2 Skikurse und Schullandwochen haben wenigstens das Gute dass während ihrer qualvollen Dauer der Unterricht entfällt.

3 Aber ein Oxford-Aufenthalt bei dem es mieses Essen gibt findet in der Freizeit statt.

4 Ich weiß noch nicht einmal ob über mir im Doppelstockbett ein Schnarcher schläft.

5 Wenn du auch nur hundert Schritt hinter dem Rudel hergehst wirst du gleich angezählt.

6 Ich nehme das nicht freiwillig auf mich weil ich in den Ferien etwas Besseres vorhabe.

1. Ich mag überhaupt nichts, wo ein Haufen Schüler unter Obhut von ein paar Lehrern rund um die Uhr leben muss.
2. …

b Rahme in jedem Nebensatz das Einleitewort ein und unterstreiche die finite Verbform doppelt.

1. Ich mag überhaupt nichts, wo ein Haufen Schüler unter Obhut von ein paar Lehrern rund um die Uhr leben muss.
2. …

!

Wenn zwei Teilsätze so miteinander verbunden werden, dass der eine dem anderen untergeordnet ist, entsteht ein **Satzgefüge.** Es besteht aus Hauptsatz und untergeordnetem Nebensatz. Man kann den **Nebensatz** an folgenden Merkmalen erkennen:

- die finite Verbform steht an letzter Stelle,
- er beginnt mit einem Einleitewort.

Ewald möchte nicht zum Sprachkurs, weil er in den Ferien etwas Besseres vorhat.

Achtung, Fehler!

2

a Schreibe die folgenden Satzgefüge ab. Setze die fehlenden Kommas.

1 Ewalds Mutter wollte unbedingt dass er an dem Sprachlager teilnimmt.
2 Auch sein Vater befürwortete die Reise weil Ewald neue Freunde finden sollte.
3 Als Ewald von dem Gespräch seiner Mutter mit dem Englischlehrer erfuhr war er sehr wütend.
4 Seine Mitschüler die gern auf diese Reise gehen wollten konnte er nicht so richtig verstehen.
5 Andere Kinder wären sehr dankbar wenn ihnen ihre Eltern so eine Fahrt ermöglichten.
6 Ewalds Eltern konnten nicht verstehen warum ihr Sohn diese Chance nicht nutzen wollte.

b Suche die Nebensätze. Unterstreiche die Einleitewörter einmal und die finiten Verbformen zweimal.

1. Ewalds Mutter wollte unbedingt, dass er an dem Sprachlager teilnimmt.
2. ...

3

TIPP
Achte auf die inhaltliche Beziehung zwischen den Sätzen.

a Verwandle jeweils einen der beiden Sätze in einen Nebensatz. Wähle ein passendes Einleitewort aus und verbinde ihn mit dem Hauptsatz.

sodass – weil – obwohl – als – indem

1 Meine Eltern wollten mich nach Oxford schicken. Ich protestierte heftig dagegen.
2 Meine Schwester Sibylle kam mir zu Hilfe. Sie ist ein enorm kluges Mädchen.
3 Sie hat ein grandioses Kurzzeitgedächtnis. Sie kann sich in kürzester Zeit den fadesten Lernstoff merken.
4 Ich wehrte mich verzweifelt und erfolglos gegen die Englandtour. Sibylle versprach mir sofort Hilfe.
5 Sie wollte meinen Eltern das Sommercamp in England vermiesen. Sie sprach von Saufereien und heftigem Liebesleben.

1. Obwohl ich heftig dagegen ...

TIPP
Beachte, dass der NS voran-, nachgestellt oder eingeschoben sein kann.

b Schreibe die entstandenen Satzgefüge auf. Setze die Kommas, unterstreiche die Nebensätze und rahme die Einleitewörter ein.

1. Obwohl ich heftig dagegen protestierte, wollten mich ...

c Bilde Satzreihen (Satzverbindungen) und schreibe sie auf.

!

Nebensätze kann man nach ihrem **Einleitewort** unterscheiden:
- **Konjunktionalsatz:** durch eine unterordnende Konjunktion eingeleitet, z. B.: *weil, dass, sodass, als, da, nachdem, bevor, seit, wenn, obwohl,*
- **Relativsatz:** durch ein Relativpronomen eingeleitet, z. B.: *der, die, das, welcher, welche, welches,*
- **Fragewortsatz:** durch ein Fragewort eingeleitet, z. B.: *wo, wie, was, warum.*

4 Bilde Satzgefüge, indem du die beiden Sätze mithilfe der in Klammer stehenden Einleitewörter verbindest. Schreibe sie auf und achte auf die Kommasetzung.

1 Papa hatte mich aufklären wollen. Wir waren vor einem Jahr einmal allein zu Hause. (als)
2 Beim Anblick seines Gesichtes habe ich gedacht. Es muss etwas Furchtbares geschehen sein. (dass)
3 Papa erklärte, ich sei nun in einem Alter. Man müsse über die »geschlechtlichen Vorgänge der Menschen« Bescheid wissen. (in dem)
4 Ich behauptete, wir hätten das in der Schule sowieso schon besprochen. Papa brauchte mich nicht aufzuklären. (sodass)
5 Großzügig schenkte mir Papa einen nagelneuen Silber-Hunderter[1]. Ich hatte der Peinlichkeit mit meiner Lüge ein Ende gesetzt. (nachdem)
6 Ich dachte noch lange darüber nach. Aufklärungsgespräche sind für Erwachsene so unangenehm. (warum)

[1] alte österreichische Schilling-Münze

1. Papa hatte mich aufklären wollen, als wir ...

5

a Ermittle die Nebensätze und schreibe sie untereinander auf. Unterstreiche die Einleitewörter.

1 Am nächsten Morgen teilte mir meine Mutter mit, dass sie mich doch nicht nach Oxford schicken wolle.
2 Nachdem sie mit Papa darüber gesprochen habe, hätten sie gemeinsam diesen Entschluss gefasst.
3 Sibylle, die über ihren Kaffeetassenrand schielte, fragte nach dem Grund.
4 Ich solle nicht mitfahren, weil ich dafür noch zu jung sei.
5 Sibylle fragte, warum ich gestern nicht zu jung gewesen sei.
6 Mein Vater, dem die Diskussion allmählich zu bunt wurde, beendete das Gespräch.
7 Bevor Sibylle das Haus verließ, schimpfte sie auf unsere »verkorksten« Eltern.

1. dass sie mich doch nicht nach Oxford schicken wolle

b Bestimme die Art des Nebensatzes und schreibe sie dahinter.

1. dass sie mich doch nicht nach Oxford schicken wolle (Konjunktionalsatz)

6 Schreibe die folgenden Sätze ab und setze die Kommas. Begründe deine Entscheidungen.

TIPP
Es sind Satzreihen und Satzgefüge enthalten.

Achtung, Fehler!

Ewald erzählt über die Vorbereitungen für Toms Aufenthalt:
1 Meine Mutter bereitete alles für den Tom vor und sie kaufte sogar einen Kaffeetopf mit dem Namen TOM.
2 Den hatte sie extra beschriften lassen weil wir nämlich alle einen Kaffeetopf mit unserem Namen haben.
3 Mein Zimmer räumte meine Mutter komplett um sodass Platz für ein zweites Bett entstand.
4 Bevor sie den alten Küchentisch vor das Fenster stellte malte sie ihn blau an.
5 Mein Vater fragte mich jeden Tag ob ich »meinem neuen Freund Tom« schon eine Antwort auf seinen lieben Brief geschrieben hätte.
6 Ich fand einen Antwortbrief zwar unnötig weil aber mein Vater mich gar so sehr löcherte tat ich ihm den Gefallen.
7 Der Brief den ich nach London schickte war unheimlich blöd denn mein Vater hatte ihn mir diktiert.

Mehrfach zusammengesetzte Sätze

1 An einem der letzten Schultage bekommt Ewald folgenden Zettel.

Nehmt ihr ihn nun? Oder nicht? Meine Mama muss das bald wissen! Sie hat gestern hundertmal bei euch angerufen, aber es war immer besetzt!
Lene

a Hier erfährst du Näheres über diese geheimnisvolle Botschaft. Schreibe die Sätze ab (eventuell am Computer).

1 Das Einzige, was mir an dieser Botschaft nicht rätselhaft war, war unser besetztes Telefon, denn meine Schwester hatte Streit mit ihrer Freundin Irene.
2 In der nächsten Pause ging ich mit dem Zettel, dessen Sinn ich sehr rätselhaft fand, zu Lene, die mich fragend ansah.
3 Als die Schulglocke die Pause ausbimmelte, wusste ich, dass dieser »Engländer« ein dreizehnjähriger Junge aus London ist, der sechs Ferienwochen bei Lenes Familie verbringen sollte.
4 Bei diesem Jungen, der schwarzhaarig und sehr nett sein sollte, hatte Lenes Bruder im vergangenen Sommer sechs Wochen verbracht, doch Lenes Familie konnte ihn in diesem Jahr nicht aufnehmen, weil der Opa sehr krank geworden war.
5 Deshalb hatte Lenes Mama mit meiner Mama gesprochen, ob wir das Austauschkind nehmen könnten, aber wir sollten uns schnell entscheiden.

b Unterstreiche die Hauptsätze mit einer Linie und die Nebensätze mit einer Wellenlinie. Zeichne das Satzbild dazu.

1. Das Einzige, was mir …, war unser … Telefon, denn … .
HS (Teil 1), NS, 1. HS (Teil 2), 2. HS.

! Sind drei oder mehr Haupt- und Nebensätze miteinander verbunden, spricht man von **mehrfach zusammengesetzten Sätzen.** Die Teilsätze werden in der Regel durch **Komma** voneinander getrennt, z. B.:
Als Ewald etwas von einem geheimnisvollen »Engländer« erfährt, weiß er noch nicht, dass es sich um ein Austauschkind aus London handelt.

Zeichensetzung

Kommasetzung bei Aufzählungen

1 Schreibe die folgenden Sätze ab, unterstreiche die Aufzählungen und setze die notwendigen Kommas.

Achtung, Fehler!

1 Weil Lenes Opa sehr krank geworden war große Schmerzen hatte und laut stöhnte, konnte Tom aus London nicht in ihre Familie aufgenommen werden.
2 Sollte Ewald das Austauschkind freudig begrüßen völlig ignorieren oder gänzlich ablehnen?
3 Manchmal setzte Sibylle sich sowohl morgens als auch beim Abendessen die Kopfhörer auf, weil sie in Ruhe gelassen werden wollte.
4 Nach einem regelrechten Kampf um die Kopfhörer zwischen Mama und Sibylle heulte die Schwester nicht nur sondern drohte damit, als Kindermädchen ins Ausland zu gehen.
5 Mama wollte also den englischen Kerl aus London aufnehmen Ewald wollte seine Ruhe haben und Sibylle hatte im Moment ganz andere Sorgen.

!

Wörter, Wortgruppen und Teilsätze können aufgezählt werden.
Die Glieder einer **Aufzählung** werden in der Regel durch **Komma** voneinander getrennt.
Vor **aufzählenden Konjunktionen,** wie *und, oder, sowie* oder *sowohl … als auch,* entfällt das Komma, z. B.:
Sebastian gefiel sowohl Sibylle als auch ihrer Freundin Irene sehr gut.
Werden Teilsätze aufgezählt, so ist es freigestellt, ob man vor *und* oder *oder* ein Komma setzt, z. B.:
Ewald hatte kein Interesse an einem Austauschkind, Sibylle dachte im Moment gar nicht darüber nach(,) und Papa wollte für Ewald unbedingt einen neuen Freund organisieren.
Vor **entgegenstellenden Konjunktionen,** wie *aber, doch, jedoch* oder *nicht nur …, sondern (auch) …,* muss ein Komma gesetzt werden, z. B.:
Ewald wollte seine Ferien ganz in Ruhe verbringen, aber nicht mit einem Austauschkind.

2 Begründe deine Entscheidungen für die Kommasetzung in Aufgabe 1 mithilfe des Merkkastens.

Zeichensetzung bei der direkten (wörtlichen) Rede

1 Im folgenden Text ist direkte Rede enthalten. Lies den Text vor und verdeutliche den Unterschied zwischen der wörtlichen Rede und den anderen Textteilen.

1 Ewalds Wunsch, in den Ferien ganz allein zu sein, weckte den Protest seiner Eltern.
2 Der Vater rief: »Jetzt spinnt er wirklich komplett! Allein im Schrebergarten!«
3 Auch Mama war entsetzt. »Nie im Leben«, versicherte sie, »werde ich dir das gestatten!«
4 »Du bist zum Alleinleben noch viel zu jung«, fügte Papa hinzu, und er schloss seine Rede so ab: »Bevor du zum Schrebergartenzwerg wirst, nehme ich lieber noch sieben fremde Austauschkinder ins Haus! Wenn du so verschroben bist, dann muss man dich eben an andere Kinder gewöhnen! Basta!«
5 Einen gewissen Trost spendete Lenes Bruder Peter, der Freund des englischen Tom. »Der Tom ist ein klasse Bursche. Still und zurückgezogen, fast ein Bücherwurm. Aber wenn du ihn dann näher kennst«, sagte Peter zu Ewald, »dann magst du ihn sehr.«

!

Direkte (wörtliche) **Rede** kennzeichnet man am Anfang und am Ende durch **Anführungszeichen.**
Oft steht vor, zwischen oder nach der direkten Rede ein **Begleitsatz,** der die Sprecherin / den Sprecher nennt oder die Art und Weise beschreibt, wie etwas gesagt wird, z. B.:
Sibylle fand Toms Foto süß und sagte bedauernd: »Ein Jammer, dass der Kerl gerade erst dreizehn ist!«
»Ein paar Jahre älter«, seufzte sie, »und er wäre was für mich.«
»Das wäre dann ein ansprechender Sommer!«, schwärmte sie.
Wenn der Begleitsatz vor der direkten Rede steht, folgt ihm ein Doppelpunkt. Steht der Begleitsatz nach der direkten Rede oder ist er eingeschoben, wird er durch **Kommas** abgetrennt.
Ausrufe- und Fragezeichen, die zur direkten Rede gehören, stehen innerhalb der Anführungszeichen.

2 Erkläre die Zeichensetzung in den Sätzen der Aufgabe 1 mithilfe des Merkkastens.

3 Nachdem Tom der Familie einen Brief mit einem Foto geschickt hat, unterhalten sich Ewald und Sibylle.

a Schreibe das Gespräch ab und kennzeichne die direkte Rede.

Achtung, Fehler!

1. Ewald hielt seiner Schwester vor du bist doch auch gerade erst 15 Jahre alt.
2. Aber Waldilein sagte sie zu Ewald wir Frauen sind viel früher entwickelt. Sogar gleichaltrige Jungen erscheinen uns wie Kindergartenbabys.
3. In unserem Bekanntenkreis gibt es ein paar Ehepaare, wo die Frau zwei, drei Jahre älter ist als der Mann, und die leben sehr gut zusammen entgegnete Ewald seiner Schwester.
4. Für mich kommt nur ein Mann von 18, 19 aufwärts in Betracht behauptete Sibylle.
5. Warte erst mal ab kicherte Ewald ob dich überhaupt einer will.

b Lies das Gespräch vor und verdeutliche beim Lesen durch deine Stimme die wörtliche Rede.

c Überlege, wie das Gespräch weitergehen könnte. Schreibe eine Fortsetzung in dein Heft.

4

TIPP Gestalte das Gespräch anschaulich, z. B. besonders spannend oder lustig.

a Erfinde ein Gespräch zwischen dir und deinen Eltern, in dem du sie überzeugen möchtest, in den Ferien allein zu Hause bleiben zu dürfen. Verwende möglichst viel wörtliche Rede. Schreibe das Gespräch in dein Heft.

Ich hatte mich vorbereitet, extra Frühstück gemacht und begrüßte meine Eltern freundlich: »Guten Morgen!" …

b Kontrolliere die Zeichensetzung bei wörtlicher Rede mithilfe des Merkkastens (S. 169).

c Überprüfe, ob du Begleitsätze abwechslungsreich verwendet hast (Stellung des Begleitsatzes, Verben). Überarbeite deinen Text, wenn nötig.

Kommasetzung bei Datumsangabe

1 Die Eltern der Austauschkinder erhielten eine Einladung.

a Lies die Einladung und überlege, wie sich die Wortwiederholungen vermeiden lassen.

Wir laden Sie für Mittwoch zu einer Besprechung über den Aufenthalt unserer Austauschkinder ein.
Mittwoch ist der 25. Juni.
Am Donnerstag kommen unsere Gäste 19:45 Uhr auf dem Bahnhof an.
Donnerstag ist der 3. Juli.

b Informiere dich im Merkkasten über die Kommasetzung und verbinde die Sätze aus der Einladung sinnvoll. Schreibe sie in dein Heft.

!

Steht eine **Datumsangabe nach einem Wochentag,** so setzt man vor dem Datum ein **Komma.** Nach der Datumsangabe kann man ein Komma setzen, muss aber nicht, z. B.:
Die Kinder trafen sich am Donnerstag, dem 3. Juli(,) in der Schule.
Die nachgestellte Datumsangabe steht in der Regel im gleichen Fall wie der Wochentag, auf den sie sich bezieht, z. B.:
Die »Austauschkinder« sollten vom Donnerstag, dem 3. Juli(,) bis Mittwoch, den 15. August(,) bei uns zu Gast sein.
Dabei gilt die folgende Regel:
ab, am, von/vom, zum → Dativ
bis → Akkusativ

TIPP
Beachte, dass nur vor Datumsangaben nach einem Wochentag ein Komma gesetzt werden muss.

2 Setze die Kommas in den folgenden Sätzen.

1 Bis Sonntag den 6. Juli bleiben unsere Kinder in den Gastfamilien.
2 Am Montag dem 7. Juli machen wir einen Ausflug ins Gebirge.
3 Die Stadt und unsere Schule wollen wir ihnen am 8. Juli zeigen.
4 Vom Mittwoch dem 9. Juli bis Freitag den 11. Juli werden wir in unser Schullandheim fahren.
5 Bis zum Dienstag dem 15. Juli können die Familien etwas planen.
6 Ab Mittwoch den 16. Juli findet täglich ein Sprachkurs statt.

1. Bis Sonntag, den 6. Juli(,) bleiben …

Textgestaltung durch Satzverknüpfung

1

a Lies den Text über die Ankunft des lange erwarteten Austauschkinds.

1 Die Familie und Peter waren noch pünktlich auf dem Flughafen angekommen, um Tom in Empfang zu nehmen. **2** Sie sahen nun zu, wie Leute auf ihr Gepäck warteten. **3** Dann wurde die Maschine aus London endlich gemeldet. **4** Ein paar Minuten später kamen viele Kinder und Jugendliche in den Raum mit dem Kofferkarussell. **5** Peter schaute sich die Jungen und Mädchen an, er konnte aber den schwarzhaarigen Tom nicht entdecken. **6** Dann kniff er plötzlich die Augen zusammen und murmelte: »Mich trifft der Schlag!« **7** Auf dem Band kamen jetzt eine feuerrote Reisetasche und ein froschgrüner Koffer herangerollt. **8** Ein korpulenter, rotblonder, sommersprossiger Junge stürzte auf das Fließband zu, packte das bunte Gepäck und watschelte dem Ausgang zu. **9** Peter stöhnte fassungslos: »Um Himmels willen, das ist Jasper, der Teufel!«

b Überprüfe, wie die unterstrichenen Wörter jeweils den Zusammenhang zum vorangegangenen Satz/Text herstellen.

!

Um die Sätze eines Textes inhaltlich miteinander zu verbinden, häufige Wortwiederholungen zu vermeiden und den Text flüssiger und verständlicher zu gestalten, werden **sprachliche Verknüpfungsmittel** verwendet, z. B.:

- **Pronomen,** wie *sie, diese, das,*
- **Adverbien,** wie *dort, dann, danach, deshalb,*
- **bedeutungsähnliche Wörter** (aus einem Wortfeld), wie *Gepäck* für *Koffer und Reisetasche.*

Außerdem kann man den Textfluss durch das **Umstellen von Satzgliedern** verbessern.

Die Verknüpfungsmittel stehen oft an der ersten Satzgliedstelle (vor der finiten Verbform), im **Vorfeld** des Satzes, z. B.:

Die Familie und Peter	*wollten*	*Tom*	*abholen.*	
Deshalb	*fuhren*	*sie*	*pünktlich*	*zum Flughafen.*
Vorfeld	finite Verbform			

TIPP In Satz 5 gibt es zwei Hauptsätze.

2

a Schreibe die Sätze 3 bis 5 und 8 der Aufgabe 1a (S.172) untereinander in dein Heft.

b Ermittle mithilfe der Umstellprobe die Satzglieder. Grenze sie durch einen senkrechten Strich voneinander ab. Bestimme, welche sprachlichen Verknüpfungsmittel verwendet wurden.

3. Dann | wurde | die Maschine ... (Adverb im Vorfeld)

3 Ewald erzählt, wie es mit dem Austauschkind weiterging.

a Überprüfe, ob die Sätze gut miteinander verknüpft sind und ob sich der Text flüssig lesen lässt. Begründe deine Meinung.

1 Der nette Tom hatte sich ein Bein gebrochen. **2** Tom konnte nicht zu uns kommen. **3** Der korpulente Jasper stand mit seinen Gepäckstücken wie ein Fels in dem Gewühl von Gasteltern und Austauschkindern. **4** Ich war irgendwie von Jasper fasziniert. **5** Jasper zog ein Foto aus der Hosentasche. **6** Jasper betrachtete kurz das Foto. **7** Jasper schaute sich in der Halle um. **8** Jasper entdeckte uns. **9** Dicht vor uns blieb Jasper stehen, ließ seine Gepäckstücke fallen und verglich die Personen auf dem Foto mit den Personen, die vor ihm standen. **10** Jasper sah uns unheimlich griesgrämig an und sagte: »I am Jasper.« **11** Der erste Tag mit dem untergeschobenen Austauschkind Jasper war angebrochen. **12** In mir kam ein ungutes Gefühl auf.

b Verändere den Text so, dass Wiederholungen vermieden werden und die inhaltliche Verknüpfung der Sätze verbessert wird. Verwende dazu Pronomen und Wörter, wie *deshalb, dann, nun, schließlich, aber.* Schreibe den verbesserten Text in dein Heft.

c Gestalte den Text interessanter und spannender, indem du Satzglieder umstellst. Probiere verschiedene Varianten aus.

4 Wenn ihr nun wissen wollt, wie die Geschichte mit Jasper weitergeht, dann besorgt euch das Buch von Christine Nöstlinger »Das Austauschkind« in der Bibliothek.

Wortschatzerweiterung

Wortbildung

1 Lest die Antworten, die Jungschauspielerin Lucie Hollmann gibt. Welche Fragen könnten gestellt worden sein? Formuliert sie.

– Das Fahrrad? Fürs Radfahren ist mir nie zu kalt. Und Sweatshirt und Wollmütze sind jetzt meine Lieblingsklamotten.
– Neidische Blicke? Gibt es von meinen Freunden nicht. Und auch keine komischen Bemerkungen wegen dieser Filmrolle. In »Mein Freund aus Faro« spiele ich ja diese impulsive 14-Jährige, die sich in Miguel verliebt, der eigentlich Melanie heißt und nur so tut, als sei er ein Junge.
– Nein, zum ersten Casting kannte ich das Drehbuch noch nicht. Ich wollte absagen, aber die Regisseurin hat mich überzeugt.
– Seit 2005. Da wurde ich für die Filmrolle der Gaby Glockner im Kinofilm TKKG gecastet. Außerdem habe ich in drei Produktionen der »Wilden Hühner« mitgespielt.
– Von wegen wahnsinnig viel Geld. Für den Kurzfilm »Mit 16 bin ich weg« habe ich gar keine Gage erhalten. Von meinem ersten Filmgeld habe ich mir einen iPod gekauft, alles andere spare ich.
– Ja, ich nehme Schauspielunterricht. Da lerne ich das genaue Sprechen und das Bewegen auf der Bühne und bekomme Feedback.

!

Unser **Wortschatz erweitert sich** ständig durch
- die **Übernahme von Wörtern** aus anderen Sprachen:
  aus dem Englischen, z. B.: *chatten, der Soundtrack, der Stuntman,*
  aus dem Französischen, z. B.: *die Blamage, das Cabriolet,*
- die **Nominalisierung** von Wörtern (Verben und Adjektive), z. B.:
  filmen → das/beim Filmen; neu → der Neue,
- die **Wortbildung:**
  Zusammensetzung, z. B.: *vor+führen → vorführen,*
  Ableitung, z. B.: *ver-+arbeiten → verarbeiten,*
  verarbeiten+-ung → die Verarbeitung.
- Durch Ableitung und Zusammensetzung entstehen **Wortfamilien.**
  Die Wörter einer Wortfamilie haben einen gemeinsamen Wortstamm, z. B.: *fischen, Fischer, Fischfang, fischreich, abfischen.*

2 Belege die drei Möglichkeiten der Wortschatzerweiterung aus dem Merkkasten mit Beispielen aus Lucies Antworten (Aufgabe 1).

Zusammensetzungen

1

a Bilde aus folgenden Einzelwörtern zusammengesetzte Wörter, die mit der Film- und Kinobranche zu tun haben, und notiere sie in deinem Heft. Schreibe Nomen mit dem bestimmten Artikel auf.

spielen – Zeit – Plan – Rolle – vor – ab – drehen – Buch – arbeiten – Film – Publikum – Gespräch – Wettbewerb – Leistung – fähig

die Spielzeit, ...

b Lies im Merkkasten nach, was Grundwörter leisten. Unterstreiche die Grundwörter in den Zusammensetzungen in deinem Heft.

!

Zusammensetzungen bestehen aus einem **Bestimmungswort,** das manchmal selbst eine Zusammensetzung sein kann, und einem **Grundwort,** z. B.:

das Dreh|buch	+	*der Autor*	→	*der Drehbuchautor.*
Bestimmungswort		Grundwort		Zusammensetzung

Das Grundwort entscheidet über die **Wortart** der Zusammensetzung und damit auch über seine Groß- oder Kleinschreibung, z. B.:
der Film + reif → filmreif; drehen + das Buch → das Drehbuch.

Manchmal muss ein **Fugenelement,** wie *-e-*, *-(e)s-*, *-(e)n-* oder *-er-* eingefügt werden, z. B.:
die Bühne + das Bild → das Bühnenbild,
die Animation + der Film → der Animationsfilm.

2 Was ist das? Sage es in einem Wort. Schreibe die mehrfach zusammengesetzten Wörter in dein Heft. Zerlege sie durch senkrechte Striche in ihre Bestandteile.

1 eine Sendung für Kinder im Radio
2 ein Wettbewerb, in dem nur Dokumentarfilme gezeigt werden
3 das Fernsehprogramm, das zum Frühstück gesendet wird
4 eine Person, die Filme vorführt
5 ein Schauspieler, der zum Nachwuchs gehört
6 eine Veranstaltung, auf der für Filme Preise verliehen werden

1. Kinder|radio|sendung, 2. ...

3 Schreibe die folgenden Zusammensetzungen in dein Heft und zerlege sie durch senkrechte Striche in Grund- und Bestimmungswort sowie Fugenelement. Schreibe Nomen mit großem Anfangsbuchstaben und passendem Artikel auf.

Achtung, Fehler!

internetzugang – unterhaltungssendung – fernsehprogramm – erfolgreich – starbesetzung – vorspielen – abschminken – liebevoll – nebenrolle – temporeich – stillschweigend – schulalltag – zweifelsfrei – kinostart – fantasievoll – lebensgeschichten

→ S.197 Getrennt- und Zusammenschreibung

4 In den folgenden Sätzen sind zusammengesetzte Verben enthalten.

a Schreibe sie heraus und ergänze die Infinitive und die Partizipien II.

1 Nach der Vorstellung schminkt sie sich ab.
2 Zwischen seinen Auftritten zieht er sich schnell um.
3 Die Vorstellung wiederholt man im Oktober.
4 Er übertreibt es mal wieder mit der Lautstärke.
5 Die Premiere fand am Sonntag statt.
6 Das Stück führen wir im Sommer auf.

1. schminkt sich ab – sich abschminken – abgeschminkt

b Stelle fest, was die Verben – abgesehen von der Bedeutung – voneinander unterscheidet. Untersuche die Wortbildung und die Betonung.

5

a Lies den Merkkasten und fasse zusammen, wie man trennbar und untrennbar zusammengesetzte Verben unterscheiden kann.

!

Die meisten **zusammengesetzten Verben** sind **trennbar** (unfest) zusammengesetzt, z. B.:
mitspielen → *Er spielte im Film mit.*
ansagen → *Sie sagt den Sänger an.*
Bei Zusammensetzungen mit *unter-*, *durch-*, *wieder-*, *über-* entscheiden Bedeutung und **Betonung,** ob das Verb trennbar ist, z. B.:

wiederholen →	*er wiederholt die Ansage* (er sagt es noch einmal, **Grundwort betont**)	untrennbar (fest zusammengesetzt)
wiederholen →	*er holt den Film wieder* (er holt ihn zurück, **Bestimmungswort betont**)	trennbar (unfest zusammengesetzt)

b Ergänze die folgenden Sätze. Verwende die Infinitive in Klammern im Präsens oder Präteritum und schreibe die Sätze auf.

1 Hilfe, das Boot ___ gleich ___! (untergehen)
2 Den Mordfall ___ der Kommissar. (untersuchen)
3 Du ___ zunächst den Stadtkern und biegst dann auf die Hauptstraße ein. (umfahren)
4 Pass auf! Du ___ noch das Kind ___! (umfahren)
5 Wir ___ im Dunkeln den Wald. (durchqueren)
6 Wir ___ ohne Halt bis Leipzig ___. (durchfahren)

1. Hilfe, das Boot geht gleich unter!
2. …

c Markiere in deinem Heft die trennbaren und die untrennbaren Verben verschiedenfarbig.

d Bilde weitere Sätze mit den folgenden Verben.

untergehen – untersuchen – durchqueren – umfahren

6

a Suche die zusammengesetzten Verben in folgenden Gedichten und entscheide, ob sie fest oder unfest zusammengesetzt sind.

TIPP
Bilde geeignete Sätze. (Achtung! Drei der Verben gibt es fest und unfest zusammengesetzt.)

Hans Manz
Begegnungsformen

Aneinander vorbeigehen.
Aufeinander zugehen.

Aufeinander zugehen,
aneinander vorbeireden.

Aufeinander zugehen,
aufeinander einreden.

Aufeinander zugehen,
miteinander reden.

Schülergedicht
Begegnungsformen

Etwas umschleichen,
umgehen,
umlaufen,
umrunden,
umrennen,

umstoßen –
und wieder aufstellen.

b Schreibe ähnliche Sprachgedichte, z. B. mit *über-*, *unter-* oder *durch-*.

Ableitungen

1 Übertrage die Tabelle in dein Heft. Bilde aus folgenden Wortbestandteilen abgeleitete Wörter und ordne sie der richtigen Wortart zu.

ver- miss- ent- er- -ig -lich -isch -keit

-heit -nis -ung -(e)n -(er)n besser fallen klären

stehen stürmen warten klein krank neu

Nomen	Adjektiv	Verb
Verbesserung	...	...

! **Ableitungen** entstehen durch Anfügen von Präfixen (Vorsilben) oder Suffixen (Nachsilben) an einen Wortstamm. Präfixe und Suffixe sind keine selbstständigen Wörter.
Typische **Präfixe** sind z. B.: *be-, er-, ent-, ver-, zer-, un-, miss-*.
Folgende **Suffixe** (Nachsilben) sind typisch für:
Nomen/Substantive: *-ung, -heit, -keit, -nis, -(t)ion, -ik, -ine,*
Adjektive: *-lich, -ig, -isch, -sam, -bar, -haft, -iv,*
Verben: *-ier(en).*

2 Bilde von folgenden Wörtern abgeleitete Adjektive.

der Verstand – die Vernunft – die Vorsicht – die Furcht – der Nebel – der Winkel – die Chemie – die Mathematik – streiten – lachen – sorgen

3 Von welchen Nomen sind folgende Adjektive abgeleitet? Schreibe sie zusammen mit dem Adjektiv in dein Heft.

kritisch – problematisch – technisch – lyrisch – maschinell – grammatisch – massiv – musikalisch

4 Wie heißen die Verben? Schreibe sie mit den dazugehörigen Nomen in dein Heft.

der Lack – die Operation – das Amt – die Addition – das Diktat – die Spende – die Frisur – der Stolz

Wortbedeutung

Wortfelder

1 Jennifer schreibt ihren Großeltern aus dem Sommerurlaub einen Brief. Sie hat den Text entworfen und die Mutter hat einiges unterstrichen.

a Lies den Text.

Während der Fahrt habe ich stundenlang aus dem Fenster gesehen. Kurz vor Hamburg habe ich zum ersten Mal die Elbe gesehen. Bei einem Zwischenstopp haben wir uns natürlich Hamburg angesehen. Da gab es viel Interessantes zu sehen: die Alster, das Rathaus oder das Hafengelände. Zum Schluss sind wir auf den »Michel" gestiegen und haben auf diese tolle Stadt von oben gesehen.

b Überarbeite Jennifers Text. Wähle passende Verben mit ähnlicher Bedeutung aus, um Wiederholungen zu vermeiden.

blicken – schauen – gucken – sich ansehen – erblicken – sich anschauen

! Wörter einer Wortart, die eine ähnliche Bedeutung (teils gleiche, teils unterschiedliche Merkmale) haben, sind **Synonyme.** Sie bilden ein **Wortfeld.**

2

a Vergleiche die folgenden Synonyme miteinander. Verwende sie dazu in Wortgruppen oder Sätzen.

flink – schnell – eilig – rasant – stürmisch – hastig

b Ermittle, welche Bedeutungsmerkmale bei allen Synonymen gleich sind und welche bei einzelnen unterschiedlich.

3

a Ergänzt weitere Synonyme zu der folgenden Reihe.

essen – futtern – speisen

b Tauscht euch darüber aus, in welchen Texten und Situationen ihr die einzelnen Synonyme verwenden würdet und in welchen nicht. Begründet eure Meinung.

! Auch ein Oberbegriff und dazugehörige Unterbegriffe bilden ein **Wortfeld.** Ein **Oberbegriff** hat eine allgemeine Bedeutung (fasst Einzelnes unter einem Merkmal zusammen), **Unterbegriffe** haben eine spezielle Bedeutung (bezeichnen Einzelnes mit unterschiedlichen Merkmalen).

4

TIPP
Manchmal gehören auch zwei der vorgegebenen Wörter zu einem Wortfeld.

a Suche jeweils zu einem Wort den Oberbegriff sowie weitere dazugehörige Unterbegriffe.

Kraulen – Erzählung – Trompete – Euro – Klarinette – Kurzgeschichte

Schwimmart: Kraulen, …

b Erkläre, welche allgemeine Bedeutung der Oberbegriff jeweils hat und welche speziellen Bedeutungen die dazugehörigen Unterbegriffe haben.

5

a Sucht alle euch bekannten Unterbegriffe zum Wortfeld »Gewässer«.

b Ordnet alle gefundenen Unterbegriffe den folgenden Gruppen zu.

fließend: … *stehend: …*
natürlich: … *künstlich angelegt: …*

→ S.39 Eine Mindmap anlegen

c Stellt das Wortfeld »Gewässer« mit den Gruppen aus Aufgabe b als Mindmap dar.

TIPP
Überlege, wo du ggf. nachschlagen könntest.

6

a Suche Synonyme zu folgenden Wörtern und schreibe sie in dein Heft.

1 fliederfarben – ■■l■
2 Flasche – ■u■■e *(umgangssprachlich)*
3 Unterstützung – ■i■■■
4 gelingen – ■■ap■■■ *(umgangssprachlich)*
5 Fachmann – ■x■e■■■
6 vermuten – ■h■■n

b Suche Unterbegriffe zu den folgenden Wörtern und schreibe sie in dein Heft.

1 Farbe – ■l■u
2 Möbel(stück) – ■ie■■
3 Niederschlag – H■■■■
4 Süßwasserfisch – ■■r■l■e
5 Nadelbaum – ■■■■er
6 Geschirr(teil) – U■t■r■a■■e
7 Vogel – R■t■e■■c■■n

7

a In Kreuzworträtseln werden meist Synonyme oder Unterbegriffe gesucht.
Übertrage die Tabelle in dein Heft und ordne die Wortpaare richtig ein.

Synonyme	Oberbegriff – Unterbegriff
hüpfen – springen	…

1 hüpfen – springen **2** Farbe – schwarz **3** Telefon – Fernsprecher **4** Teil – Stück **5** Meeresfisch – Hering **6** schieben – schubsen **7** Fahrzeug – Fahrrad **8** Staat in Europa – Island **9** stehlen – klauen **10** Haustier – Hund **11** Kinderkrankheit – Masern **12** Lärm – Krach **13** lachen – kichern **14** Computer – Rechner

●●● b Finde eigene Beispiele und ergänze sie in der Tabelle.

Redewendungen

1

a Ergänzt die folgenden Redewendungen. Erklärt, was sie bedeuten.

Suppe – Hand – Topf – Feuer – Glocke

1 alles in einen ____ werfen **2** jemandem die ____ versalzen **3** etwas an die große ____ hängen **4** für jemanden die ____ ins ____ legen

b Tauscht euch darüber aus, in welchen Situationen, zu welchen Themen und wem gegenüber ihr diese und andere Redewendungen verwenden würdet. Tragt die Ergebnisse in der Klasse vor.

!

Redewendungen sind feste Wortverbindungen, mit denen man etwas anschaulich (bildhaft) ausdrücken kann. Ihre Bedeutung ist oft nicht direkt aus der Bedeutung der Einzelwörter erklärbar, z. B. *große Augen machen (sich wundern).*
Manche Redewendungen sind umgangssprachlich und deshalb nicht in allen Situationen bzw. Texten verwendbar, z. B. *die Beine in die Hand nehmen.*

2 Ordne den nicht bildhaften Ausdrücken (Zahl) jeweils die passende Redewendung (Buchstabe) zu.

1 sich wundern/staunen
2 sehr schnell (weg)laufen
3 etwas Notwendiges verschieben / nicht rechtzeitig tun
4 etwas ahnen/vermuten
5 sich sehr ärgern
6 arm werden

A sich die Haare raufen
B etwas auf die lange Bank schieben
C die Beine in die Hand nehmen
D auf den Hund kommen
E den Braten riechen
F große Augen machen

3

TIPP
Überlege, welche Nachschlagewerke du ggf. nutzen könntest.

a Schreibe auf, was die folgenden Redewendungen bedeuten.

1 Schlange stehen
2 den Kopf in den Sand stecken
3 die Katze aus dem Sack lassen
4 etwas/alles über den Haufen werfen
5 jemandem einen Bären aufbinden

b Vergleiche jeweils die Redewendungen mit dem gleichbedeutenden, aber nicht bildhaften Ausdruck. Erkläre, auf welche Weise die Redewendung die Bedeutung anders ausdrückt.

4 Denkt über einige Redewendungen genauer nach. Stellt Vermutungen an, welcher Zusammenhang zwischen dem bildhaften Ausdruck und der Bedeutung der Redewendung besteht.

5

a Sucht so viele Redewendungen wie möglich, in denen die folgenden Körperteile enthalten sind. Schreibt sie auf. Vergleicht, welche Gruppe die meisten gefunden hat.

Kopf – Bein – Arm – Fuß – Bauch – Haar – Hand

Kopf: sich keinen Kopf machen, ...

b Erläutert ihre Bedeutung und verwendet sie jeweils in einem Satz.

sich keinen Kopf machen – sich keine Gedanken machen / nicht nachdenken
Leider hat sich Jan darüber keinen Kopf gemacht.

TIPP
In allen Redewendungen fehlt dasselbe Wort.

6 Ergänze die folgenden Redewendungen und erkläre ihre Bedeutung. Was ist dabei jeweils mit dem ergänzten Wort gemeint?

1 jemanden beim ____ nehmen
2 ____ halten
3 auf dein/sein ____ bauen
4 jemandem sein ____ geben
5 über etwas viele / nicht viel(e) ____ machen
6 ums ____ bitten
7 das letzte ____ haben

7 Schreibe möglichst viele Sätze auf, in denen die Redewendungen aus den Aufgaben 5 und 6 vorkommen.

8 Recherchiere die englischen Entsprechungen der folgenden deutschen Redewendungen und vergleiche sie:
1 (großes) Schwein haben, **2** die Nase vorn haben,
3 den Kopf in den Sand stecken, **4** seinen Kopf durchsetzen.

Sprichwörter

1 Ermittle, welche Sprichwörter sich in den Zeichnungen verstecken.

1 Wenn zwei sich streiten, freut sich der Dritte.
2 Der Apfel fällt nicht weit vom Stamm.
3 Eine Hand wäscht die andere.
4 Ein blindes Huhn findet auch mal ein Korn.
5 Den Letzten beißen die Hunde.

! **Sprichwörter** sind feste Sätze, die Einsichten und Erfahrungen von Menschen verallgemeinernd, knapp, oft anschaulich (bildhaft) und deshalb einprägsam ausdrücken, z. B.:
Lügen haben kurze Beine.

2

TIPP
Überlege, welche Hilfen du ggf. nutzen könntest.

a Ergänze die folgenden Sprichwörter. Erkläre, was sie bedeuten.

1 Hunde, die bellen, ...
2 Lügen haben ...
3 Stille Wasser sind ...
4 Wer zuletzt lacht, ...
5 Ende gut, ...
6 Wer nicht hören will, ...
7 Der Klügere ...
8 Wer wagt, ...

b Wähle ein Sprichwort aus und erzähle mithilfe von Stichpunkten eine kurze Geschichte dazu.

c Erkläre, warum dich das Sprichwort zu dieser Geschichte angeregt hat.

3 Diskutiert miteinander, inwieweit ihr der Aussage der folgenden Sprichwörter zustimmt.

1 Was Hänschen nicht lernt, lernt Hans nimmermehr.
2 Wer einmal lügt, dem glaubt man nicht.

Stimmt das eigentlich?

4

a Stelle gegenüber, was die beiden Sprichwörter aussagen.

1 Viele Köche verderben den Brei.
2 Viele Hände machen der Arbeit ein schnelles Ende.

b Denke dir Situationen aus, auf die die Sprichwörter zutreffen oder nicht zutreffen.

5 Beurteilt in gleicher Weise die folgenden Paare von Sprichwörtern.

a Stellt gegenüber, was die Sprichwörter ausdrücken, und beschreibt, in welchen Situationen ihr sie anwenden würdet.

1 Geld allein macht nicht glücklich. – Geld regiert die Welt.
2 Man lebt nur einmal. – Erst die Arbeit, dann das Vergnügen.
3 Was du heute kannst besorgen, das verschiebe nicht auf morgen. – Aufgeschoben ist nicht aufgehoben.
4 Morgenstunde hat Gold im Munde. – Man soll den Tag nicht vor dem Abend loben.

b Erläutert, welches Sprichwort jeweils eure Erfahrung bzw. euren Standpunkt wiedergibt.

! Aufgrund unterschiedlicher Erfahrungen der Menschen sind manche **Sprichwörter** nicht allgemeingültig. Manchmal stehen sie sogar im Widerspruch zu anderen Sprichwörtern.

TIPP
Ihr könnt Sprichwörter bildlich darstellen und die Bilder im Klassenzimmer aufhängen.

6 Wer sammelt die meisten Sprichwörter?

a Sammle in Gesprächen mit deinen Eltern, Großeltern und anderen Erwachsenen Sprichwörter, die sie kennen bzw. die sie oft benutzen. Kläre mit ihnen gemeinsam die Bedeutung.

b Stelle die Sammlung in deiner Klasse vor. Gehe besonders auf die Sprichwörter ein, die du bisher nicht kanntest.

c Benutzt du persönlich Sprichwörter oft, selten oder nie? Überlege, woran das liegen könnte.

Teste dich selbst!

1 Lies den folgenden Text.

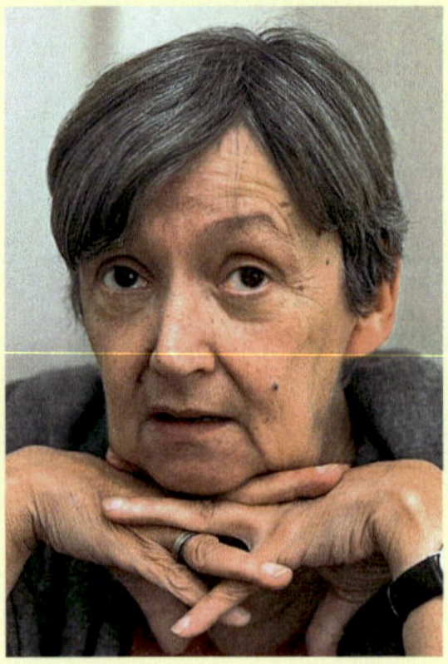

1 Wer zu Christine Nöstlinger kommt, muss sich nicht die Schuhe ausziehen, weil sie übertriebene Ordnungsliebe hasst. Vor Spinnen hat sie Angst, und auch Schlangen und Mäuse mag sie nicht.

2 Christine Nöstlinger ist eine österreichische Schriftstellerin, die weit über 100 Bücher und Geschichten veröffentlicht hat. Die meisten wurden für Kinder geschrieben, aber manche hat sie auch für Erwachsene verfasst. Einige ihrer Bücher sind verfilmt worden.

3 Sie wurde 1936 in Wien geboren. Ihr Vater war Uhrmacher, die Mutter Kindergärtnerin. Sie ist mit dem Journalisten Ernst Nöstlinger verheiratet und hat zwei Töchter, die beide schon Bücher von ihr illustriert haben. Christine Nöstlinger lebt abwechselnd in Wien oder auf einem Bauernhof. Sie liebt das Pendeln zwischen Großstadt und Land.

4 Christine Nöstlinger ging zunächst auf die Kunstuniversität, um das Malen richtig zu erlernen. Dort stellte sie jedoch fest, dass sie nicht genug Talent hatte. 1970 zeichnete sie trotzdem ein Bilderbuch, und dazu schrieb sie eine Geschichte. Die nannte sie »Die feuerrote Friederike«. Friederike hat rote Haare, weshalb sie von anderen Kindern nicht nur ausgelacht, sondern sogar gequält wird. In ihren Haaren aber stecken Zauberkräfte. Mit Freunden bricht sie schließlich in ein utopisches Land auf, wo alle Menschen glücklich sind.

5 Christine Nöstlinger hat die feste Überzeugung, dass Kinder beim Lesen gern lachen. Sie will Kinder unterhalten und ihnen gleichzeitig erklären, dass sie mit ihren Schwierigkeiten nicht alleine dastehen.

2

a Schreibe fünf Satzgefüge heraus.

b Unterstreiche die Nebensätze, markiere die Einleitewörter und die finiten Verformen verschiedenfarbig.

c Bestimme, ob es sich bei den Einleitewörtern um eine Konjunktion, ein Relativpronomen oder ein Fragewort handelt.

3 Schreibe die Satzreihen (Satzverbindungen) heraus.
Setze die Kommas in Klammern, die man weglassen könnte.

4 Schreibe einen mehrfach zusammengesetzten Satz heraus.

5

a Bestimme in folgendem Satz aus Abschnitt 3 das Subjekt.

Sie wurde 1936 in Wien geboren.

b Schreibe aus den übrigen Sätzen von Abschnitt 3 die Subjekte heraus.

6

a Notiere den folgenden Satz orthografisch richtig.

Achtung, Fehler!

Die <u>österreichische</u> schriftstellerin, <u>die 1936 geboren wurde</u>, ist bekannt für ihre <u>humorvollen und fantasiereichen</u> Erzählungen.

b Die Attribute (als Nomensignale) sind unterstrichen. Markiere mit einem Pfeil, auf welche Nomen sie sich beziehen.

7 Schreibe je eine Zeitform heraus, die eine abgeschlossene bzw. eine noch andauernde Handlung bezeichnet.

8

a Schreibe aus den Absätzen 2 bis 4 die Passivformen heraus.

b Forme die folgenden Sätze mithilfe von Passivformen um.

1 Man hat einige Nöstlinger-Bücher verfilmt.
2 Kinder haben die feuerrote Friederike ausgelacht.

TIPP
Lege eine Tabelle an oder gestalte eine Übersicht.

9 Schreibe aus dem Text für jede veränderbare Wortart (Nomen, Verb, Adjektiv, Pronomen) und jede nicht veränderbare Wortart (Adverb, Konjunktion, Präposition) mindestens zwei Beispiele heraus.

Groß- und Kleinschreibung

Nominalisierte/Substantivierte Verben und Adjektive

1 Setze die Verben in Klammern als Nomen in die Lücken ein.
Schreibe die nominalisierten Wörter mit ihren Begleitern in dein Heft.

Beruf Maskenbildner/-in

1 Das ___ (grundieren) ist das A und O einer Maske. Gräuliche Creme lässt ein junges Gesicht alt wirken, rosige ein Gesicht jünger.
2 Dunkle Schminke empfiehlt sich zum ___ (vertiefen) von Falten.
3 Zum ___ (modellieren) von Narben wird Flüssiglatex eingesetzt.
4 Für das ___ (auftragen) von Farbe auf Augenbrauen und Haare benutzt man feine Bürstchen.
5 Durch ___ (bestäuben) der Maske mit transparentem Puder wird das Make-up fixiert.

!
Jedes Wort kann als Nomen/Substantiv gebraucht werden. Es wird dann großgeschrieben. Jede **Nominalisierung/Substantivierung** kann **dekliniert** und mit einem **Artikel** oder **Attribut** versehen werden, z. B.:
lachen → *Dein helles <u>Lachen</u> hört man überall.*
blond → *Den großen <u>Blonden</u> finde ich nett.*
Am häufigsten werden **Verben** nominalisiert/substantiviert. Sie verdichten den Text, deshalb sind sie typisch für Anweisungen, z. B.:
mitschneiden → *Das <u>Mitschneiden</u> von Konzerten ist strafbar.*
Nominalisierte **Adjektive** werden häufig von einem unbestimmten Zahlwort begleitet, z. B.: *neu* → *etwas Neues.*

2 Verdichte die Aussagen in den unterstrichenen Nebensätzen, indem du die Verben nominalisierst. Schreibe die Sätze in dein Heft.

1 <u>Wenn Narben oder Bartstoppeln abgedeckt werden sollen</u>, eignet sich eine fleischfarbene Make-up-Creme.
2 <u>Wenn Wunden und Verletzungen vorgetäuscht werden sollen</u>, arbeiten Maskenbildner mit Latex und Farbe.
3 Farblich abgestimmte Abdeckstifte werden benutzt, <u>wenn einzelne Hautunebenheiten wegretuschiert werden sollen</u>.
4 <u>Wenn Nasen modelliert werden sollen</u>, wird Latex eingesetzt.

1. Zum Abdecken von …

3 Untersuche, aus welcher Wortart die folgenden Nominalisierungen abgeleitet sind. Schreibe die Wörter und die Nominalisierungen auf.

1 Immer wieder lassen die Maskenbildnerinnen sich etwas Neues einfallen.
2 Das Schönste ist für sie, wenn sie etwas Fantastisches gestalten dürfen.
3 Das Schwierigste ist die Gestaltung echt wirkender Gesichter.

1. neu – etwas Neues, 2. ...

4 Wählt die richtige Variante aus und schreibt sie auf.

1 Wie heißt dieser Rothaarige / dieser rothaarige aus dem Film?
2 Das war das langweiligste / das Langweiligste, was ich je gesehen habe.
3 Diese Werbung soll die jugendlichen / die Jugendlichen ansprechen.
4 Wer ist die jüngste Oscar-Preisträgerin / die Jüngste Oscar-Preisträgerin?
5 Wie hieß noch mal der Spannende Film / der spannende Film?
6 Wisst ihr schon das neueste / das Neueste?

5 Entscheide, ob die markierten Wörter Nominalisierungen sind und großgeschrieben werden müssen. Schreibe nur die Nominalisierungen mit ihren Nomensignalen in dein Heft.

TIPP
Prüfe, ob sich Artikel, Possessivpronomen oder Attribute auf die markierten Wörter beziehen.

Achtung, Fehler!

Beruf Rüstmeister/-in

Das interessante an diesem Theaterberuf ist die Vielfalt der Aufgaben und Produkte. Das herstellen von Rüstungen, Helmen und Waffen gehört dazu, aber ebenso das konstruieren von Unterbauten aus Metall, die den Reifröcken der Rokoko-Kostüme erst ihre typische Form geben.
Das verblüffende an vielen Kopfbedeckungen ist, dass sie den Schauspielern auch bei heftigsten Bewegungen nicht vom Kopf fallen – dank einer nicht sichtbaren Metallkonstruktion.
Nach Meinung vieler jugendlicher ist der Einsatz von Pyrotechnik, also von allem, was knallt, raucht, blitzt oder brennt, das aufregendste an diesem Beruf.
Rüstmeister/-in ist kein Ausbildungsberuf. Häufig ist das erlernen eines Metallberufs ausreichend.

Die Schreibung von Eigennamen

TIPP
Schlage im Regelteil eines Wörterbuchs nach.

→ S. 221 Regeln nachschlagen

1

a Schreibe die unterstrichenen Wörter und Wortgruppen heraus und erkläre die Unterschiede in der Groß- und Kleinschreibung.

Das Internationale Olympische Komitee (IOC) wählt im Abstand von vier Jahren die Austragungsorte für die Olympischen Spiele. Sowohl bei den Sommerspielen als auch bei den Winterspielen haben deutsche Sportler schon viele olympische Medaillen errungen und damit höchste internationale Anerkennung erzielt. Als erfolgreichste deutsche Sportlerin bei Olympia gilt die Ruderin Birgit Fischer aus Potsdam mit acht Goldmedaillen.

b Schreibe in dein Heft, was du unter Eigennamen verstehst.

c Vergleiche deine Erklärung mit dem folgenden Merkkasten und vervollständige deine Aufzeichnungen, wenn es nötig ist.

!

Eigennamen sind Wörter und Wortgruppen, die z. B. Personen, Orte, Veranstaltungen, Organisationen und Institutionen als einmalig bezeichnen. Eigennamen werden **immer großgeschrieben,** z. B.: *Emilia, Deutsche Meisterschaften im Schwimmen, Dirk Neumann, Bahnhofstraße, Potsdam, Sachsen-Anhalt, Europa, Deutsches Rotes Kreuz, Freie Universität.*
Wenn Adjektive, Partizipien oder Numeralien (Zahlwörter) Teil eines Eigennamens sind, werden auch diese großgeschrieben, z. B.:
die Olympischen Spiele, die Vereinigten Staaten, Friedrich der Zweite.

2 Übertrage die Tabelle in dein Heft. Ordne die Eigennamen aus dem Text auf der nächsten Seite richtig ein.

Orte	Personen	Veranstaltungen	Organisationen, Institutionen, Marken
…	…	…	…

Die Rallye[1] Dakar

[1] sprich: ['rali] oder ['rɛli]

Die Rallye Dakar gilt mit ihren Schlamm- und Flussdurchfahrten, Wüstendurchquerungen, Sandstürmen und wilden Bergpisten als die härteste Rallye der Welt. Der Start dieses internationalen Rennens erfolgte zum ersten Mal 1978 in Paris, der Hauptstadt Frankreichs. Das Ziel lag nach fast 10 000 km in Dakar, der Hauptstadt von Senegal (Afrika). 2009 fand sie aus Sicherheitsgründen erstmals in Südamerika statt. Sie wurde in Argentinien, und zwar in Buenos Aires, gestartet. Dort endete sie auch, nachdem eine große Strecke unter schwierigsten Bedingungen in Chile durch die Atacama, das ist die trockenste Wüste der Welt, zurückgelegt wurde. Unter anderem mussten auch die Anden in fast 5000 m Höhe überquert werden. Gewonnen hat, wer die 16 Etappen mit ihren Sonderprüfungen jeweils am schnellsten bewältigt. Übrigens gewann Jutta Kleinschmidt aus Deutschland mit ihrem VW Touareg im Jahre 2001 als erste Frau die Rallye Dakar. Zu den bisherigen Siegern gehört mit Ari Vatanen (Finnland) sogar ein Abgeordneter aus dem Parlament der Europäischen Union. Obwohl die Rallye aufgrund der vielen schweren Unfälle und der Belastung der Umwelt in harter Kritik steht, z. B. bei Greenpeace, einer internationalen Umweltorganisation, wird dieses spektakuläre Rennen nach Ansicht des Internationalen Automobilverbandes FIA auch in den kommenden Jahren stattfinden.

3 Eigenname oder nicht?

a Schreibt alle Wortgruppen richtig auf, die einen Eigennamen enthalten. Begründet die Schreibung.

1 Eröffnung der g/Grünen Woche in Berlin
2 wieder g/Großer Stau auf Autobahnen
3 der a/Allgemeine d/Deutsche Automobilklub (ADAC) half
4 im r/Roten Meer tauchen
5 auf der g/Grünen Wiese spielen
6 die Wand mit r/Roter Farbe streichen
7 einen h/Hohen Turm besteigen
8 den s/Schiefen Turm von Pisa fotografieren
9 in der h/Hohen Tatra wandern
10 in den f/Fernen Osten reisen

b Groß oder klein? Schreibt die unterstrichenen Wortgruppen heraus und begründet eure Schreibentscheidung.

Die o/Olympischen Ringe

Die o/Olympischen Ringe dienen als Symbol der i/Internationalen o/Olympischen Bewegung und als Emblem des i/Internationalen o/Olympischen Komitees (IOC). Es war Baron de Coubertin, der Gründer der o/Olympischen Spiele der Neuzeit, der die Fahne mit den fünf Ringen 1913 dem IOC vorstellte. Die fünf ineinander verschlungenen Ringe in Blau, Schwarz, Rot, Gelb und Grün sollen das Miteinander der fünf Kontinente im Zeichen des o/Olympischen Friedens ausdrücken. Zum ersten Mal wurde die o/Olympische Flagge bei den o/Olympischen Spielen von 1920 im b/Belgischen Antwerpen gehisst.

c Schreibe die folgenden Sätze in richtiger Groß- und Kleinschreibung ab. Unterstreiche die Eigennamen und begründe ihre Schreibung.

Achtung, Fehler!

1. Das blaue wunder in dresden ist eine berühmte sehenswürdigkeit.
2. Das rote rathaus steht mit seiner roten fassade mitten in berlin.
3. Die technische universität in dresden verfügt über eine moderne technische ausstattung.
4. Auf der grünen woche in berlin werden grüner salat und viele andere gemüse- und obstsorten angeboten.
5. Der sicherheitsrat der vereinten nationen löst internationale probleme mit vereinten kräften.
6. Die große mauer ist ein berühmtes großes chinesisches bauwerk.
7. Der große wagen (sternbild) sieht tatsächlich aus wie ein großer wagen.
8. Im fernen osten kann man viele ferne länder besuchen.

4

a Leite aus der folgenden Übersicht Rechtschreibregeln ab.
Schlage dazu auch im Regelteil eines Rechtschreibwörterbuchs nach.

Geografische Eigennamen

- **-isch**
  - Teil eines Eigennamens
    - Sächsische Schweiz
    - Atlantischer Ozean
    - Schwäbische Alb
  - nicht Teil eines Eigennamens
    - sächsische Städte
    - atlantische Inseln
    - schwäbische Kinder
- **-er**
  - Thüringer Wald
  - Berliner Museen
  - Dresdener Stollen

Rechtschreibhilfe: Regeln anwenden

b Bilde aus den Ländernamen Adjektive auf *-isch* und *-er* und ordne diese der Übersicht von Aufgabe a zu.

Rostbratwurst aus Thüringen – Tee aus China – Käse aus Holland – Weintrauben aus Griechenland – Schinken aus Südtirol – Klöße aus Thüringen – Gänse aus Polen – Heidelbeeren aus dem Vogtland – Schokolade aus der Schweiz – Lachs aus Norwegen – Kaviar aus Russland – Spagetti aus Italien

Thüringer Rostbratwurst, ...

5

a Übertrage die Übersicht von Aufgabe 4 a in dein Heft.

b Ordne die folgenden von Eigennamen abgeleiteten Adjektive mit ihrem Bezugswort zu.

1 Der s/Schweriner See ist ein Anziehungspunkt für Ausflügler.
2 In der l/Lüneburger Heide trifft man viele Wanderer.
3 Die s/Schwäbische Alb gehört zu den erdbebengefährdetsten Zonen Deutschlands.
4 Das h/Havelländische Obst schmeckt lecker und enthält viele Vitamine.
5 Der Sachsenring in Hohenstein-Ernstthal ist die bekannteste s/Sächsische Rennstrecke für Autos und Motorräder.
6 Unsere Klassenfahrt führt in diesem Jahr in den b/Bayerischen Wald.
7 Zu meinen Lieblingsspeisen gehören t/Thüringer Klöße.
8 Der k/Kölner Dom steht nur 250 m vom Rhein entfernt.

Die Schreibung von Zeitangaben (Tageszeiten)

TIPP
Du kannst auch dein Poster von Aufgabe 3 a (S. 222) nutzen.

1

a Wiederhole die Regeln zur Schreibung der Angabe von Tageszeiten. Schlage im Regelteil eines Wörterbuchs nach.

b Vergleiche jetzt die Regeln mit dieser Kurzfassung.

!

Die Angabe von **Tageszeiten** schreibt man
- **groß (Nomen):** 1. nach Artikeln und Präpositionen (+ Artikel), z. B.: *der Abend, zum (zu dem) Mittag, am Morgen,*
  2. nach Adverbien *(gestern, heute),* z. B.: *vorgestern Abend, gestern Morgen.*
- **klein (Adverb):** wenn ein *-s* folgt, z. B.: *abends, dienstags.*

TIPP
Hilfe findet man auch in Wörterbüchern unter den Stichwörtern *Abend* und *Dienstag*.

c Begründe die Groß- bzw. Kleinschreibung der Zeitangaben.

1 Gestern Abend waren wir im Kino. Wir trafen uns abends am Kino.
2 Heute Morgen war ich noch müde. Ich stehe morgens zeitig auf.
3 Bis zum Mittag hatten wir Unterricht. Tom kommt mittags zu mir.
4 Der Nachmittag ist heute frei. Wir gehen nachmittags in den Zoo.

d Schreibe die Sätze so um, dass die Zeitangabe im ersten Satz klein- und im zweiten großgeschrieben wird.

1. Wir waren abends im Kino. Wir trafen uns am Abend …

!

Zusammensetzungen aus **Wochentag** und **Tageszeit** schreibt man **groß,** z. B.:
Montag + Abend → (der) Montagabend,
Mittwoch + Morgen → (am) Mittwochmorgen.
Aber Zeitangaben auf *-s* schreibt man klein, z. B.:
dienstagabends, auch: *dienstags abends.*

2

a Schreibe folgende Sätze ab.

1 Früh morgens kann ich nur schwer aufstehen.
2 Am Vormittag fühle ich mich meistens ganz fit.
3 Der Mittwochabend ist bei mir für Filme reserviert.
4 Sport haben wir freitags, das ist mein Lieblingsfach.

5 Freitag mittags bin ich während des Sportunterrichts hellwach.
6 Nachmittags kommen oft Freunde bei mir vorbei.
7 Der Mittwochnachmittag gehört jedoch dem Reiten.
8 Der Musikkurs fiel gestern Abend aus.

b Begründe die Groß- und Kleinschreibung der Tageszeiten mithilfe der Merkkästen auf Seite 194.

3

Rechtschreibhilfe: Regeln anwenden

a Lies folgenden Text.

Meine Schwester Melanie hat echt Stress!

MONTAGS, MITTWOCHS und FREITAGS geht sie zum Fitnesstraining. Dort wird vor großen Spiegeln gestrampelt, gehopst und geschwitzt. Beim Schulsport am DONNERSTAGMORGEN ist sie dann ganz vorsichtig, wenn sie sich AM ABEND zuvor einen Muskelkater geholt hat. Sie steht FRÜHMORGENS auf, damit sie Zeit hat, sich die Haare zu waschen, zu fönen und zu stylen. Dazu kommt eine längere Prozedur vor dem Spiegel. Sie färbt sich auch die Haare, was alle vier Wochen DIENSTAGABENDS stattfindet und ewig dauert. WOCHENTAGS geht sie liebend gern auf Kleiderschau in Klamottenläden. Zum Beispiel hat sie sich GESTERN NACHMITTAG wieder zwei neue Oberteile gekauft. SONNTAGS NACHMITTAGS müsste sie eigentlich ihre Schulaufgaben machen, aber MEISTENS trifft sie sich mit irgendwelchen Freundinnen. Und HEUTE ABEND klagt sie wieder über Stress und fürchtet den MONTAGMORGEN!

b Der Text enthält viele Zeitangaben. Schreibe diese Wörter bzw. Wortgruppen in der richtigen Groß- bzw. Kleinschreibung auf.

4 Verwende die folgenden Zeitangaben in Sätzen. Achte auf die richtige Groß- und Kleinschreibung.

MORGEN VORMITTAG HEUTE ABEND GESTERN MITTAG

(AM) MITTWOCHNACHMITTAG SPÄT NACHTS FREITAGS

TIPP
Erfinde eine kurze Geschichte.

Die Schreibung nach unbestimmten Zahlwörtern

1

a Bilde Wortgruppen. Substantiviere die Adjektive bzw. Partizipien in der rechten Spalte und verwende die links stehenden Wörter als Attribute.

alles, allerlei, etwas, nichts, viel, wenig, genug	seltsam, schön, neu, brauchbar, sonderbar, angenehm, toll, gelungen, passend, geeignet

nichts Neues erfahren, ...

b Formuliere eine Regel für die Schreibung nach unbestimmten Zahlwörtern.

2

a Schreibe die folgenden Sätze ab. Unterstreiche die unbestimmten Zahlwörter.

1 Du hast alles gut erledigt.
2 Ich kann nichts Richtiges damit anfangen.
3 Ich habe gerade etwas Neues probiert.
4 Susanne hat wenig richtig im Diktat.
5 Uns begegnete dabei allerlei Seltsames.
6 Leider war unter den Antworten nicht viel zutreffend.
7 Der Verkäufer an der Kasse packte alles schön ein.
8 Du hast bei der Hausaufgabe etwas viel weggelassen.

b Überlege dir dann je ein Beispiel, in dem nach dem unbestimmten Zahlwort groß- statt kleingeschrieben wird bzw. umgekehrt.

1 Du hast alles gut erledigt. – Ich wünsche dir alles Gute. ...

3 Korrigiere Franzis Brief und schreibe ihn weiter. Verwende möglichst viele unbestimmte Zahlwörter.

Achtung, Fehler!

Liebe Nadine,
beim Schüleraustausch in Birmingham ist in der Schule bisher nichts aufregendes passiert. Allerlei tolle sachen passieren allerdings in meiner Gastfamilie. Einmal war meine Gastmutter Gloria allerdings etwas sauer ...

Getrennt- und Zusammenschreibung

Fest und unfest zusammengesetzte Verben

1

→ S. 174 Wortbildung

a Schreibe die Infinitive der im Text unterstrichenen Verben auf und bilde davon die 3. Person Singular Präsens. Was stellst du fest?

Wie immer fand das Sportfest im Sportpark statt. Einige aus unserer Klasse vollbrachten hervorragende Leistungen. Danny übersprang im Hochsprung 1,40 m und Luisa durchlief die 60 m schneller als der beste Junge aus unserer Klasse. Leider überzogen dunkle Wolken den vorher strahlend blauen Himmel. Wegen eines Gewitters mussten die Wettkämpfe unterbrochen werden. Wir konnten leider nichts gegen das viele Wasser unternehmen. Die Sprunggrube war vollgelaufen. Wir mussten sogar die Feuerwehr darüber unterrichten. Sie kam mit Blaulicht und Tatütata herangebraust und untersuchte zunächst die Abflussmöglichkeiten für das Wasser.
Aber bald schien wieder die Sonne und das Sportfest konnte weitergehen.

stattfinden: (es) findet statt, ...

b Konjugiere die Verben *eintreten* und *unterbrechen* im Präsens und schreibe die Formen in dein Heft. Welche Unterschiede erkennst du?

eintreten: ich ... *unterbrechen: ich ...*

!

Bei zusammengesetzten Verben gibt es
- **fest zusammengesetzte Verben,** z. B.: *unterrichten – (er) unterrichtet,*
- **unfest zusammengesetzte Verben,** z. B.: *teilnehmen – (er) nimmt teil.*

Man kann sie an der **Betonung** unterscheiden:
- fest zusammengesetzt: Betonung auf dem Grundwort, z. B.: *unterrichten,*
- unfest zusammengesetzt: Betonung auf dem Bestimmungswort, z. B.: *teilnehmen.*

Rechtschreibhilfe: Betonungsprobe

2 Übertrage die folgende Tabelle in dein Heft und ordne die Verben aus Aufgabe 1a (S.197) in der 3. Person Singular Präsens ein.

fest zusammengesetzte Verben	unfest zusammengesetzte Verben
(er) vollbringt …	(es) findet statt …

3

a Vervollständige die Sätze durch zusammengesetzte Verben mit *um-, aus-, ab-, über-, durch-, ein-* und dem Grundwort *setzen.*

1 Im Frühjahr werden wir im Garten einige Bäume ___.
2 Wildtiere sind im Winter Schnee und Frost ___.
3 Conny hat ihre tolle Mütze im Zimmer ___.
4 Über das Wochenende müssen wir einen Englisch-Text ins Deutsche ___.
5 Man sollte sich nicht immer mit allen Mitteln ___ wollen.
6 Ich werde mich immer für meine Freunde ___.

1. umsetzen
2. …

b Schreibe die Leitformen/Stammformen der zusammengesetzten Verben aus Aufgabe a in dein Heft. Markiere das fest zusammengesetzte Verb.

1. umsetzen – setzte um – umgesetzt
2. …

! Einige Verben bilden in Verbindung mit ***durch, wieder, über, unter*** und ***um*** sowohl **feste** als auch **unfeste Zusammensetzungen** mit unterschiedlichen Bedeutungen, wie z.B.:
Franz wollte während der Fahrradrallye mit Geschick alle aufgestellten Kegel umfahren und dabei nicht einen einzigen umfahren.
umfahren = vorbeifahren (ohne zu berühren)
umfahren = anfahren und umwerfen
Die **Betonung** liegt bei den unfesten Verbindungen auf dem ersten Bestandteil (Bestimmungswort), bei den festen Verbindungen auf dem zweiten Bestandteil (Grundwort).

Rechtschreibhilfe: Betonungsprobe

4

a Achte auf die Bedeutung und setze das Verb in Klammern richtig in die Lücken ein.

1 Danny passt nicht auf und ___ einen Kegel ___. Luisa dagegen ___ den Kegel vorsichtig. (umfahren)
2 Der Fährmann ___ uns ans andere Ufer ___. Ich ___ oft die Briefe meiner Schwester an ihre Brieffreundin. (übersetzen)
3 Hoffentlich ___ ihr den Mathe-Test gut. Dieser Felsen ___ zwei Meter ___, sodass das Klettern gefährlich ist. (überstehen)
4 Er ___ zu einem anderen Glauben ___. ___ er beim Staffellauf die Markierung, wird er disqualifiziert. (übertreten)
5 Durch das Elfmeterschießen ___ sie die Sendezeit. Wegen der Kälte ___ sie sich dicke Pullover ___. (überziehen)
6 Wir ___ die Möbel im Keller ___. Wir ___ dir keine bösen Absichten. (unterstellen)

b Schreibe die Verbformen in dein Heft, ergänze jeweils die Leitformen/Stammformen. Unterstreiche den betonten Wortteil.

1. fährt um (umfahren, fuhr um, umgefahren); ...

5

TIPP
Du kannst im Sprach- und Lesebuch nachschlagen.

a Beschreibe, wie sich die fest und unfest zusammengesetzten Verben in einer Infinitivgruppe verhalten.

1 *übersetzen:*
Mir gelang es, die Briefe **zu** übersetzen. (fest)
Der Fährmann versprach, uns über**zu**setzen. (unfest)

2 *unterstellen:*
Bitte versuche nicht, mir etwas **zu** unterstellen. (fest)
Wir schafften es, uns bei dem Regen unter**zu**stellen. (unfest)

b Vervollständige die folgende Regel und schreibe sie in dein Heft.

1 Bei ___ zusammengesetzten Verben steht *zu* in der Wortfuge und die Betonung liegt auf dem Bestimmungswort. Das Wort wird zusammengeschrieben, z. B.: *überzusetzen.*
2 Bei ___ zusammengesetzten Verben steht *zu* vor dem Verb und die Betonung liegt auf dem Grundwort. Das Verb und *zu* werden getrennt geschrieben, z. B.: *zu übersetzen.*

6 Lies den folgenden Merkkasten und erkläre ihn anhand der Beispiele aus Aufgabe 5 a (S. 199).

> **!**
> Bei **Infinitivgruppen** muss man besonders auf die Schreibung von Verben achten, die **mit *zu* zusammengesetzt** sind, z. B.: *zusehen, zustimmen, zustellen, zutreffen.*
> *Die Fans versuchten, ihre Band vor dem Hotel zu sehen.*
> *Es war schon immer mein Wunsch, einem Flugzeug bei der Landung zuzusehen.*
> Das *zu-* verändert die Bedeutung. Bei der Schreibung hilft die Betonungsprobe:
> Wird das **Verb betont → Getrenntschreibung,** z. B.: *zu sehen.*
> Wird ***zu* betont → Zusammenschreibung,** z. B.: *zusehen.*

Rechtschreibhilfe: Betonungsprobe

7 Schreibe die Sätze ab und setze den Infinitiv mit *zu* richtig ein. Überlege, ob *zu* vor dem Verb oder in der Wortfuge steht.

1. Der Fernsehmoderator versprach, die Sendung nicht ▬. (überziehen)
2. Es ist nicht einfach, einen supermodernen Schwimmanzug ▬. (überziehen)
3. Er hat versucht, das Fremdwort ▬. (umschreiben)
4. Dabei war es nicht nötig, den Text ▬. (umschreiben)
5. Anna gelang es, die Strecke in neuem Rekord ▬. (durchlaufen)
6. Die meisten hatten aber Mühe, ohne einen Zwischenstopp ▬. (durchlaufen)
7. Wir haben versucht, für den Deutsch-Test den gesamten Stoff ▬. (wiederholen)
8. Karl hat uns versprochen, den in den Fluss gefallenen Ball ▬. (wiederholen)

8 Lies die folgenden Hinweisschilder. Begründe die verschiedenen Schreibungen von *zu* und *schließen.*

Die Haustür ist abends zuzuschließen.

Bitte abends die Haustür zuschließen.

Wir bitten Sie, die Haustür abends zu schließen.

9

Rechtschreibhilfe: Betonungsprobe

a Setze ein und schreibe die Sätze in dein Heft. Achte auf die unterschiedliche Bedeutung.

1 *zu setzen* oder *zusetzen?*
Beim Versuch, die große Blumenvase auf den Tisch ___,
zerbrach diese in tausend Stücke.
Da werden ihm die Eltern ganz schön ___.

2 *zu gehen* oder *zugehen?*
Haben Sie Lust, am Wochenende ins Theater ___?
Die Eintrittskarten werden Ihnen heute noch ___.

3 *zu machen* oder *zumachen?*
Der Laden wird heute schon um 12 Uhr ___.
Da ist halt nichts ___.

b Wähle das treffende Verb aus, setze es in der richtigen Form ein und schreibe die Sätze auf. Achte auf die Kommas bei der Infinitivgruppe.

TIPP
Zusammengesetzte Verben mit *zu* werden immer zusammengeschrieben.

zuhören – hören – zuschauen – zuwenden – vernehmen – geben – aufmerksam machen – zugeben – zuhören – zuteilen – sprechen – zusprechen – einschalten

1 Wir wollten der Theatergruppe bei der Probe ___. **2** Aber über die Lautsprecher war nichts ___. **3** So blieb uns nur übrig, den Akteuren ___. **4** Nur wenn sie sich uns beim Sprechen ___, war etwas ___. **5** Der Regisseur versuchte, einige wichtige Hinweise ___ und auf Fehler ___. **6** Die Jungen mussten ___, dass sie zu leise sprachen. **7** Es war schwer, ihnen ___. **8** Mia bekam sogar die Rolle eines Jungen ___, weil es ihr möglich war, viel deutlicher ___. **9** Allerdings war es nötig, ihr viel Mut ___. **10** Erst gegen Ende der Probe funktionierte der Ton wieder. Der Techniker hatte einfach vergessen, das Mikrofon ___.

Wortgruppen mit *sein*

1

a Lies folgenden Lückentext. Mit welchen Wortpaaren lassen sich diese Lücken füllen?

Unsere Winterferien waren toll! Wir konnten wirklich rundum ■■. Am Tag der Abfahrt konnte ich es jedoch nicht fassen. Wie konnte die Woche denn schon ■■? Der Abschied fiel mir schwer. Meine Freunde vom Skikurs sollten also bald nicht mehr ■■? Mein Vater erkannte mich kaum wieder. Ich sollte ■■■ ohne Tränen wegzufahren? Sollte es ■■, mich die ganze Fahrt über aufzuheitern? Das wollte ich nicht. Ich nahm mir vor, ich würde pünktlich mit Packen ■■. Und es sollte mir nicht mehr so traurig ■■. Denn bald würden wir wieder ■■■!

zu Hause sein – nötig sein – zufrieden sein – fertig sein – zumute sein – da sein – außer Stande sein – vorüber sein

b Schreibt den Reisebericht vollständig ab. Achtet auf die richtige Form der Lückenwörter.

c Welches Verb taucht in allen Lückenwörtern auf? Markiert es.

! **Wortgruppen mit *sein*** werden immer getrennt geschrieben, z. B.: *da sein, müde sein, zusammen sein, etwas sein lassen, fertig sein, los sein, zurück sein, vorbei sein, vorhanden sein, vorüber sein, zufrieden sein.*

2

a Schreibe folgende Sätze ab und prüfe, ob du getrennt oder zusammenschreiben musst.

1 Glaubst du auch, dass Cassy und Hannes zusammen/sein wollen? **2** Sie könnten wirklich zufrieden/sein, wenn das klappt. **3** Ich würde an Cassys Stelle froh/sein, dass das mit Charly vorbei/ist. **4** Es würde immer zu viel Unsicherheit dabei/sein, weil er nicht treu/sein kann. **5** Er kann es nicht sein/lassen, anderen Mädchen schöne Augen zu machen. **6** Die Beziehung zu Hannes wird hoffentlich nicht so schnell vorüber/sein.

b Unterstreiche alle Formen von »sein«.

Fremdwörter

1

a Lies den folgenden Witz.

Franz kommt in den Blumenladen. »Ich hätte gern sechs Gladiatoren. Meine Mutti hat nämlich Geburtstag.« »Du meinst bestimmt Gladiolen?«, fragt die Verkäuferin. Franz überlegt einen Moment und erwidert: »Ach ja, Gladiatoren sind ja diese Heizkörper.«

b Prüfe, ob Franz alle Fremdwörter richtig verwendet. Was will er kaufen?

c Schlage im Wörterbuch die beiden Begriffe *Gladiolen* und *Gladiatoren* nach und schreibe die Erläuterung in dein Heft.

●●● **d** Wie heißt das richtige Fremdwort für *Heizkörper*? Notiere es.

! Wörter aus anderen Sprachen sind eine wertvolle Bereicherung für die deutsche Sprache. Man sollte aber nur solche **Fremdwörter** verwenden, die man genau kennt und von denen man annimmt, dass sie auch die Gesprächs- und Schreibpartner kennen.

2 Was sagst du zu diesen Angeboten?

a Lies und übersetze, was hier angepriesen wird.

Sitness*[1] *– die coole Alternative

Hightechstuhl – *Topstar for Juniors*

Mountainbike – superlight and superfast

Cool: Spiele-Konsole mit 40 Games inklusive Metallbox

Sweatshirt brand-new – im poppigen Design for kids

[1] *engl.* Drehhocker

b Diskutiert in der Klasse, was ihr von solchen Werbesprüchen haltet.

→ S.28 Eine Diskussion vorbereiten und durchführen

! Gegenwärtig kommen viele **Fremdwörter aus dem Englischen** (Anglizismen) in die deutsche Sprache.
Manche sind notwendig, weil sie sich nur sehr umständlich übersetzen lassen (z. B. *Scanner, Boygroup*), einige sind kürzer und präziser (z. B. *Pool, Stress, Gameboy*), andere sind nicht unbedingt sinnvoller als das bisher verwendete deutsche Wort (z. B. *Kids* für *Kinder, brand-new* für *brandneu, superlight* für *sehr leicht*).

3 Kennst du diese Wörter? Erkläre sie in einem Satz.

Notebook – Outdoor-Event – Snowboard – Dream-Team – Boygroup

Ein Notebook ist ein ...

! Viele Fremdwörter haben typische Wortbestandteile, die immer gleich geschrieben werden. Das sind z. B. die **Suffixe *-ier(en), -ine, -iv/-ive, -ik*** und ***-(t)ion.***
Das Suffix *-**ier(en)*** gehört zu den häufigsten Fremdwortsuffixen im Deutschen. Mit ihm werden aus anderen Fremdwörtern (Nomen/Substantive, Adjektive) Verben gebildet, z. B.: *sortieren, produzieren, organisieren.*

4 Verben auf *-ier(en)*

TIPP
-ier(en) wird immer mit *ie* geschrieben.

a Bilde von diesen Wörtern Verben mit dem Suffix *-ier(en)* und schreibe sie in dein Heft. Markiere das Suffix. Schlage dir unbekannte Wörter nach.

Export – aktiv – Fotograf – Telefon – Fantasie – Transport – Asphalt – Interesse – Konjugation – spezial – Frisur – Kontrolle – Automat – Dressur – real

exportieren, ...

●●● **b** Bilde auch von diesen Wörtern Verben mit dem Suffix *-ier(en)* und schreibe sie zu den Verben aus Aufgabe a. Schlage dir unbekannte Wörter nach.

elektrisch – Fabrik – Charakter – Favorit – Therapie

5

a Suche entsprechende Fremdwörter, die auf *-ier(en)* enden, und schreibe sie auf.

1	etwas vorbereiten	or___
2	einen Raum ausschmücken	dek___
3	etwas herstellen, erzeugen	pro___
4	Geld einnehmen	ka___
5	etwas Kaputtes wieder in Gang setzen	rep___
6	jemanden beglückwünschen	gra___
7	etwas hervorheben, kennzeichnen	mar___
8	Verben beugen	kon___
9	malnehmen	mul___
10	Versuche durchführen	exp___

b Bilde aus diesen Verben, wenn möglich, ein passendes Nomen/Substantiv mit dem Suffix *-ion* bzw. *-tion*. Schreibe jeweils Verb und Substantiv nebeneinander.

organisieren – Organisation, ...

6 Nomen/Substantive auf *-(t)ion*

a Lass dir die folgenden Fremdwörter diktieren und schreibe sie untereinander in dein Heft.

die Addition – die Kombination – die Sensation – die Invasion – die Mission – die Deklaration – die Redaktion – die Position – die Intonation – die Subtraktion – die Föderation – die Aktion – die Kanalisation – die Aggression – die Operation – die Diskussion – die Tradition

b Lies sie anschließend laut vor und schreibe ihre Bedeutung dazu. Nimm ein Wörterbuch zu Hilfe.

die Addition – das Zusammenzählen, ...

c Bilde zu den folgenden Wörtern jeweils das verwandte Adjektiv.

die Sensation – die Aggression – die Operation – die Tradition

die Sensation – sensationell, ...

7 Nomen/Substantive auf *-ine*

Suche die entsprechenden Wörter mit dem Suffix *-ine* und schreibe sie mit dem Artikel auf. Markiere das Suffix farbig.

1	von den Bergen herabstürzende Schneemassen	L____
2	vitaminreiche Südfrucht	A____
3	Fensterdekoration, Vorhang	G____
4	Gerät zur Herstellung von Produkten	Ma____
5	Kraftmaschine zur Energiegewinnung	Tu____
6	getrocknete Weintraube	Ro____
7	Ausstellungsschrank	Vi____
8	Pflanzenfett	Mar____

1. die Lawine, 2. …

8 Fremdwörter auf *-iv/-ive*

a Entscheide, welche Bedeutung die richtige ist. Verwende das entsprechende Wort in einem ganzen Satz.

1 *kreativ*
a) nützlich
b) vorbildlich
c) schöpferisch

2 *negativ*
a) schlecht, ergebnislos
b) farbig
c) ganz gut

3 *objektiv*
a) durchlässig
b) sachlich
c) wichtig

4 *effektiv*
a) nützlich
b) tätig
c) wirksam

5 *attraktiv*
a) schlank
b) jung
c) anziehend

6 *intensiv*
a) innerlich
b) schwierig
c) gründlich

7 *passiv*
a) lebhaft
b) untätig
c) passend

8 *aggressiv*
a) angriffslustig
b) mutig
c) kräftig

9 *kursiv*
a) auffallend
b) schräg
c) gedruckt

Rechtschreibhilfe: Wörter nachschlagen

b Suche das entsprechende Fremdwort mit dem Suffix *-iv/-ive* und schreibe es in dein Heft. Markiere das Suffix farbig und kontrolliere die Schreibung mit einem Wörterbuch.

1	Befehlsform *(gramm.)*	Imp___
2	Fahrzeug, das einen Zug zieht	Lo___
3	Nennform, Grundform des Verbs *(gramm.)*	In___
4	der 4. Fall *(gramm.)*	Ak___
5	Meiststufe *(gramm.)*	Sup___
6	Angriff	Offen___
7	Entscheidung zwischen zwei Möglichkeiten	Alter___
8	Blickwinkel	Persp___

TIPP
Du kannst nicht von allen Nomen Verben bilden.

c Bilde aus den folgenden Nomen Adjektive mit dem Suffix *-iv* und Verben mit dem Suffix *-ier(en)*. Übertrage die Tabelle in dein Heft und ordne die gebildeten Wörter ein. Benutze ein Wörterbuch.

Dekoration – Demonstration – Depression – Explosion – Illustration – Information – Konstruktion – Kooperation – Operation – Produktion – Reaktion – Situation – Spekulation

Nomen	Adjektiv	Verb
Dekoration	dekorativ	…

9 Nomen/Substantive auf *-ik*

a Verbinde die Wortbauteile mit dem Suffix *-ik* und schreibe die Wörter in dein Heft. Kläre die Bedeutung der entstandenen Nomen mithilfe eines Wörterbuchs.

Phys · Krit · Statist · Akust · Takt · Grammat · Kom

Graf · Opt · Mus · Tourist · Hekt · Pan

b Leite von den Nomen entsprechende Adjektive ab und bilde mit diesen Adjektiven jeweils eine Wortgruppe.

Physik: physikalisch – ein physikalisches Experiment, …

Häufig vorkommende Wortstämme richtig schreiben

Wörter mit *h* und ohne *h*

!

Wörter bestehen aus einzelnen **Bauteilen:**
Präfix (Vorsilbe), Wortstamm, Suffix (Nachsilbe), z. B.:

Er	|	*fahr*	|	*ung*
Präfix		Stamm		Suffix

Diese Bauteile haben große Bedeutung für die Rechtschreibung im Deutschen, weil sie **fast immer gleich geschrieben** werden, z. B. wird der Wortstamm *fahr* stets mit einem Dehnungs-*h* geschrieben. Die Schreibung wird praktisch von Wort zu Wort »vererbt«. Deshalb spricht man auch von der **Wortstammschreibung** und von **stammverwandten Wörtern** (Wortfamilien).

1

Rechtschreibhilfe: Verwandtschaftsprobe

a Schreibe aus einem Wörterbuch alle Wörter mit dem Wortstamm *fahr* heraus und markiere das Dehnungs-*h*.

TIPP
silbenöffnendes *h:* am Anfang der zweiten Silbe, z. B.: *se-hen*
einsilbige Wörter verlängern, z. B.: *sah – sa-hen*

b Prüfe, ob auch in Wörtern mit silbenöffnendem *h* die Wortstammschreibung gleich ist. Bilde dazu von folgenden Wörtern
- die 2. Person Singular Präsens,
- die 1. Person Singular Präteritum,
- das Partizip II sowie
- ein zusammengesetztes Nomen/Substantiv.

Markiere in allen Formen das *h*.

sehen – wehen – fliehen – drehen – mähen – nähen

du siehst, ich sah, gesehen, die Sehkraft; …

c Prüfe mit den folgenden Wörtern, ob die Stammschreibung auch bei Wörtern ohne *h* wirksam ist. Gehe dabei vor wie in Aufgabe b.

sparen – schälen – klären – spüren – schämen – quälen – toben – kramen

du sparst, ich sparte, gespart, die Sparkasse;
du schälst, …

d Schreibe zu den folgenden Wörtern stammverwandte Wörter auf. Nutze dazu ein Wörterbuch.

drehen – Schuhe – Schule – schwören – spülen – nahen – drohen – Mühe

2 Bilde mit diesen Wortbausteinen stammverwandte Wörter.

ab- an- er- aus- ent-

klär führ zähl zieh geh

-bar -en -ung

3

a Ordne die Wörter nach ihren Wortstämmen.

ruhig – wahrhaft – zähmbar – sich bewahrheiten – ruhend – ruhelos – dehnbar – Wahrung – gespurt – Unruhe – Wahrheit – gedehnt – beruhigen – Dehnbarkeit – spurlos – gezähmt – unwahr – Dehnung – geruht – wahrlich – Zähmung

b Suche dir fünf Wörter aus und bilde damit jeweils einen kurzen Satz.

4

a Diktiert euch gegenseitig diesen Text. Vergleicht und korrigiert das Partnerdiktat anschließend gemeinsam.

Vorläufer der Eisenbahnen gab es schon im 17. Jahrhundert. Sie wurden viele Jahre vorwiegend in Bergwerken eingesetzt. Auf Holzschienen liefen dort ziemlich schwere Wagen, die Pferde ziehen mussten. 1804 feierte die Eisenbahn in England ihre Premiere. Eine Dampflokomotive zog einen Wagen samt Ladung und Passagieren 15 Kilometer weit. 1825 fuhr der erste Personenzug auf schmalen Stahlschienen. 1835 wurde die erste Eisenbahnstrecke in Deutschland eingeweiht, und zwar die Verbindung von Nürnberg nach Fürth.

b Schreibe deine Fehlerwörter richtig auf. Markiere die schwierigen Stellen. Suche dazu verwandte abgeleitete oder zusammengesetzte Wörter.

→ **S. 223** Einprägen fehlergefährdeter Wörter

Konsonantenverdopplung nach kurzem Stammvokal

!

Konsonanten werden nur nach kurzem Stammvokal **verdoppelt,** z. B.: *der Ball, die Puppe, die Tanne, die Kanne.*
Der Konsonant verbindet in diesem Fall zwei Silben wie ein Gelenk (Silbengelenk), z. B.:
die Wel le, der Him mel, der Schim mel.
Einsilbige Wörter muss man verlängern, um zu entscheiden, ob ein doppelter Konsonant geschrieben werden muss, z. B.:
der Ka▬ – die Kämme → der Kamm.
Entsteht kein Silbengelenk, muss auch nicht verdoppelt werden, z. B.:
die Tan te, die Wol ke.
Kann man ein Wort nicht verlängern, erfolgt keine Verdopplung, z. B.:
an, bis, mit, plus, von, zum.
Ausnahmen sind *wann, wenn, dann, denn,* weil sie früher zweisilbig waren (*wanne, wenne, danne, denne*).

1

a Bilde von den folgenden Wörtern verwandte Wörter (Wortfamilie) und unterstreiche die Konsonanten nach dem Stammvokal.

Sonne – hoffst – Herz – Luft – sammelst – handlich – glatt

Sonne: sonnig, gesonnt, Sonnabend, …

TIPP
Zu den Leitformen findest du mehr im Merkwissen auf S. 267.

b Schreibe zu den Verben die Leitformen auf und unterstreiche die Konsonanten nach dem Stammvokal.

hoffen – brummen – sammeln – halten – finden – stoppen – wollen

hoffen – hoffte – gehofft, …

2 Schreibe die folgenden Merkhilfen ab, vervollständige sie und ergänze jeweils drei Beispielwörter.

1 Die Konsonantenverdopplung erfolgt nur nach ▬ Vokal, z. B.: ▬
2 Nach einem ▬ Vokal wird nie ein Konsonant verdoppelt, z. B.: ▬

!

Das Prinzip der **Stammschreibung** gilt auch **bei der Konsonantenverdopplung.** Die Verdopplung nach kurzem Stammvokal bleibt in allen verwandten Wörtern bestehen, z. B.:
hell – heller – am hellsten – aufgehellt – Helligkeit.
Achte auf die Länge des Stammvokals, z. B.: *kommen – er kam.*
Folgen nach kurzem Vokal zwei unterschiedliche Konsonanten, dann werden diese auch in allen verwandten Wörtern geschrieben, z. B.:
halten – hält – hältst – Halt – Haltepunkt – haltlos – haltbar.

TIPP
Zu den schwachen und starken Verben findest du mehr auf S. 266.

3

a Begründe, weshalb die Verdopplung hier nicht durchgehend ist.

1 kommen – kam – gekommen
2 fallen – fiel – gefallen
3 bitten – bat – gebeten

b Schreibe die 1. und die 3. Person Singular Präsens und Präteritum der folgenden Verben auf. Begründe die Schreibung.

kommen – fallen – bitten – treffen

4

Ein Dosendiktat schreiben

a Übe mit einem Dosendiktat: Schreibe die Sätze einzeln auf Papierstreifen, wirf sie in eine Dose und mische. Entnimm die Streifen und ordne sie. Präge sie dir Satz für Satz ein, wirf sie zurück in die Dose und schreibe die Sätze aus dem Gedächtnis auf.

Wieso klappern Klapperschlangen?
Das Klappern der Klapperschlange ist ein Warnsignal. Sie klappert meist nur dann, wenn sie gestört wird. Das ist ein Signal, das man sehr ernst nehmen muss. Trifft man auf eine Schlange, sollte man die Stelle schnellstens verlassen. Denn ihr Biss kann tödlich sein.
Die Schlange setzt das Klappern aber nur als letztes Mittel der Selbstverteidigung ein. Sie klappert mit einer Rassel. Diese besteht aus einer dünnen Haut. Jedes Mal, wenn sie sich häutet, bleibt am Schwanzende ein Stückchen Haut zurück. Daraus entsteht die Rassel.

→ **S. 223** Einprägen fehlergefährdeter Wörter

b Schreibe deine Fehlerwörter richtig auf und markiere die schwierigen Stellen farbig. Suche zu jedem Fehlerwort weitere stammverwandte Wörter.

Wörter mit *s, ss, ß* im Wortstamm

1 Prüfe, ob die Stammschreibung auch bei Wörtern mit *s, ss* und *ß* im Wortstamm gilt.

a Bilde von folgenden Verben jeweils
- die 3. Person Singular Präsens,
- die 1. Person Plural Präteritum,
- Partizip I und II und
- ein Nomen/Substantiv.

lesen – lassen – essen – schließen – beißen

lesen: er liest, wir lasen, lesend, gelesen, der Leser;
lassen: …

b Kontrolliert die Schreibung der Wörter und korrigiert sie gegebenenfalls.

c Fasst zusammen, welche Regeln und Rechtschreibhilfen ihr angewendet habt.

! Enthält ein Wort **im Stamm** ein ***s, ss*** oder ***ß***, bleibt dieses in allen stammverwandten Wörtern **erhalten,** z. B.:
liest, las, lies; Wasser, wässrig, wässern; grüßen, grüßt, gegrüßt, Gruß.
Aber: Manchmal wechseln *ss* und *ß*, und zwar nach folgender Regel:
Nach kurzem Vokal schreibt man ***ss.*** **Nach langem Vokal** oder **Diphthong** (Zwielaut) schreibt man ***ß***, z. B.:
essen – aß, schließen – schloss, beißen – Biss.

Rechtschreibhilfen: Verwandtschaftsprobe, Regeln anwenden

TIPP
Ein bisschen kommt von *Biss.*

2 Schreibe die Lückenwörter richtig auf. Setze *s, ss* oder *ß* ein. Ergänze möglichst viele stammverwandte Wörter.

Sehr häufig gehe ich mit meinem Hund am Flu■ auf dem Ra■en spazieren. Rex, so hei■t er, hat zwar ein gro■es wei■es Gebi■, aber er bei■t nur in Fu■bälle. Sobald er einen Ball sieht, ra■t er über die Wie■e oder rei■t mich mit der Leine beinahe von den Fü■en. Dann rufe ich laut: »Schlu■ jetzt! Komm zurück!«. Meistens hört er dann auch. Wenn nicht, dann mu■ ich ganz fest an der Leine ziehen. Jetzt wei■ er, dass das kein Spa■ mehr ist. Dann ist er zwar ein bi■chen beleidigt. Aber schlie■lich beruhigt er sich wieder, bis der nächste Ball in Sicht ist.

3 Finde die Besonderheit der Schreibung dieser Wortstämme heraus, indem du Wortformen zu diesen Wörtern zusammenstellst.

essen – schließen – lassen – reißen – beißen – vergessen – wissen

4

a Schreibt als Partnerdiktat diesen Text.
Wechselt in Zeile 5 ab. Vergleicht und korrigiert gemeinsam.

Viel trinken

Nicht nur im Sommer, wenn es heiß ist, auch im Winter sollte man jeden Tag mindestens zwei Liter Wasser trinken. Etwa so viel Flüssigkeit verliert der Körper nämlich jeden Tag. Selbst beim Atmen wird Flüssigkeit benötigt, um die Luft anzufeuchten, bevor sie den Körper wieder verlässt. Zu empfehlen sind Mineralwässer, Tees oder Säfte ohne Zuckerzusatz. Alles andere führt dem Körper wieder Nährstoffe zu. Natürlich kann man schon einmal ein Glas Limonade trinken. Man sollte aber schon aufpassen, nicht zu viel Zucker zu sich zu nehmen. Davon ist in Limo und Cola wirklich jede Menge drin.

→ S. 223 Einprägen fehlergefährdeter Wörter

b Schreibe deine Fehlerwörter richtig auf, markiere die schwierigen Stelle(n) farbig und suche dazu stammverwandte abgeleitete oder zusammengesetzte Wörter.

5

a Wiederhole, wovon abhängt, ob man *das* oder *dass* schreibt. Erkläre anhand folgender Beispielsätze.

→ S. 140 Wortarten und Wortformen

1 Die Ärztin sagte, das Trinken sei wichtig.
2 Sie meint, dass man 1,5 Liter am Tag trinken soll.

b Die Ersatzprobe kann bei der Schreibentscheidung helfen. Erkläre anhand von Beispielen, wie sie funktioniert.

6 Ergänze die folgenden Sätze. Schreibe sie in dein Heft.

1 Da■ man viel trinken soll, da■ wissen die meisten.
2 Aber manchmal ist da■ gar nicht so einfach.
3 Vor allem ältere Leute vergessen da■ Trinken oft.
4 Man weiß inzwischen, da■ sie weniger Durst verspüren als jüngere und da■ da■ sogar ziemlich gefährlich sein kann.

Wörter mit *b*, *d*, *g* am Stammende

!

Im Auslaut (*gab, Hund, Berg*) werden *b, d, g* wie *p, t, k* gesprochen. Bei der Schreibentscheidung hilft die **Verlängerungsprobe.** Man bildet
- von Verben den Infinitiv, z. B.: *schraubt – schrauben,*
- von Adjektiven eine Steigerungsform, z. B.: *klug – klüger,*
- von Nomen/Substantiven den Plural oder den Genitiv Singular, z. B.: *die Hand – die Hände, das Pferd – des Pferdes.*

Außerdem kann man die **Verwandtschaftsprobe** nutzen, denn auch hier setzt sich die Stammschreibung durch: Wörter mit *b, d, g* am Stammende werden in allen Wortformen und verwandten Wörtern mit *b, d, g* geschrieben, z. B.: *die Hand, die Hände, handlich, Handschuh.*

Rechtschreibhilfen: Verlängerungsprobe, Verwandtschaftsprobe

1

a Schreibe die Wörter ab und füge in die Lücken die fehlenden Buchstaben ein.

b oder *p*?	*d* oder *t*?	*g* oder *k*?
Lo■ – Sta■	Han■ – Wan■	Bur■ – Wer■
Die■ – Kor■	Pfer■ – Jag■	Zwei■ – Schla■
plum■ – glau■t	Mun■ – bun■	Zwer■ – Flu■zeu■
schrau■t – Kal■	Bil■ – Lif■	star■ – klu■ – Ber■

b Die Verlängerungsprobe kannst du auch bei Zusammensetzungen und Ableitungen nutzen. Schreibe die verlängerten Wortstämme auf und setze *b, d, g* oder *p, t, k* richtig in die Lücken ein.

Fahrzeu■teil – schä■lich – Ber■wer■ – Bin■faden – Lan■schaft – Gel■schein – tä■lich – Urlau■sbild – frie■lich – Schu■karre – Ra■weg – Gewan■haus

Fahrzeuge – Fahrzeugteil, Schäden – schädlich, …

c Erfinde zu den Wörtern aus Aufgabe b eine spannende oder lustige Geschichte und schreibe sie auf.

TIPP
Stellt fest, wer die meisten Wörter in seiner Geschichte untergebracht hat.

Gleich und ähnlich klingende Stammvokale

1 Mit dem Stamm *kauf* kann man viele verwandte Wörter bilden. Sie gehören alle zu einer Wortfamilie. Bilde möglichst viele Wortformen und Wörter mit den folgenden Wortbausteinen.

ver-	kauf	-en
an-	käuf	-lich
ge-		-er(in)
		-t
		-e

2 Füge *e* oder *ä* ein und schreibe die Sätze ab.

1 Wir lagen in unserem Z■lt und klapperten vor K■lte.
2 Alle hatten kalte H■nde und Reif bed■ckte die W■nde.
3 Deshalb hüllten wir uns in w■rmende D■cken und warteten auf b■sseres W■tter.

! Beim Sprechen sind ***e*** und ***ä*** kaum zu unterscheiden. Um richtig schreiben zu können, muss man deshalb den Wortstamm kennen. Dabei hilft die **Verwandtschaftsprobe:** Man prüft, ob es ein stammverwandtes Wort mit *a* gibt, z. B.:
K■lte – kalt → Kälte; *N■he – nah → Nähe.*

Rechtschreibhilfe: Verwandtschaftsprobe

3 Begründe, weshalb die folgenden Wörter mit *ä* geschrieben werden.

gefährlich – Gelände – vierblättrig – lächerlich – Händler – gekämmt – hässlich – verändern – länglich – Gegenstände – Rechtshänder – Behälter – nämlich – einfältig

gefährlich – Gefahr, Gelände – ...

4 Begründe die Schreibung der folgenden Wörter mit *äu*.

träumen – Bäume – schäumen – beräumen – Häute – säubern

5 Setze *äu* oder *eu* ein. Überprüfe zuerst, ob es zu den Wörtern ein stammverwandtes Wort mit *au* gibt. Schreibe die Wörter in dein Heft.

bl■lich – Ger■sch – K■le – ger■chert – h■fig – Str■cher – h■len – Verk■ferin – bet■ben – ges■bert – l■chten – aufr■men

blau – bläulich, ...

Fräulein kommt von Frau,
bläulich kommt von blau –
jetzt weiß ich es genau:
äu kommt von au.

6

a Diktiert euch gegenseitig den folgenden Text. Vergleicht und korrigiert gemeinsam.

Das Rätsel von den Gummibärchen

In der Bärchenfabrik wird zunächst Zuckerwasser erhitzt. Dann wird Gelatine[1] dazugegeben. Gelatine wird aus den Knochen von Tieren hergestellt. Dieses Gemisch muss etwa 15 Minuten lang quellen, bis eine Temperatur von 75 Grad Celsius erreicht ist. Jetzt kommen noch Apfelsäure, Fruchtaroma und Färbemittel hinzu. Die Farben kann man ganz nach Belieben auswählen. Man könnte sogar gelbe Gummibärchen mit Erdbeergeschmack herstellen. Jetzt kann die flüssige Masse in einen Plastiktrichter gegeben und in Bärenformen gegossen werden. Wichtig ist, dass der Trichter immer wieder zuverlässig mit heißem Wasser durchgespült wird. Sonst lässt sich die Masse nicht richtig in die Form bringen. Nach ungefähr 10 Stunden sind die Gummibärchen richtig fest. Sie werden dann in Bienenwachs gebadet, damit sie in der Tüte nicht zusammenkleben. Dann kommen sie zum Händler und man kann sie für wenig Geld kaufen. Wichtig für die Ernährung sind die kleinen Bären allerdings nicht.

[1] Substanz zum Eindicken von Speisen

b Schreibe deine Fehlerwörter richtig auf, markiere die schwierigen Stellen farbig und suche dazu verwandte abgeleitete und zusammengesetzte Wörter.

→ S. 223 Einprägen fehlergefährdeter Wörter

Die Wortbausteine *-end-*, *-ent-* und *-t-*

!

So wie Wortstämme werden auch Präfixe (Vorsilben) und Suffixe (Nachsilben) immer gleich geschrieben. So wird das **Präfix *ent-*** immer mit *t* geschrieben, der **Stamm *-end-*** dagegen stets mit *d*. Man kann sich folgende Regel merken: Der Stamm *-end-* wird stets betont, das Präfix *ent-* stets unbetont gesprochen, z. B.: *der Endspurt, beenden; entdecken, die Entscheidung*.

Rechtschreibhilfe: Wortbausteine erkennen

TIPP
Prüfe die Betonung der Wörter.

1 Vervollständige die Lückenwörter mit *d* oder *t*. Übertrage die Tabelle in dein Heft und ordne die Wörter in die richtige Spalte ein.

En■spiel – en■ziffern – En■spurt – en■scheiden – en■laden – been■en – en■zückend – en■decken – En■station – en■gültig – En■täuschung – en■los – En■schuldigung – unen■schlossen – En■ung – en■lang – En■fernung – en■lich

Präfix *ent-*	Stamm *-end-*
...	Endspiel

!

Auch **Fugenelemente** sind Wortbausteine, wie z. B. das ***t*** in:
hoffen + t + lich → hoffentlich,
wesen + t + lich → wesentlich.
Das *t* wird eingefügt, damit man das Wort besser sprechen kann.

2 Schreibe den Text ab und füge die folgenden Wörter sinnvoll ein. Markiere das Fugenelement farbig.

eigentlich – gelegentlich – wöchentlich – versehentlich – öffentlich

1 ■■■ ist Lena immer pünktlich. **2** Nur ■■■ verspätet sie sich. **3** Aber das liegt an den ■■■ Verkehrsmitteln. **4** Mindestens einmal ■■■ kommt der Zug verspätet. **5** Nur ein einziges Mal kam sie sehr viel später. Sie war ■■■ in den falschen Zug eingestiegen.

Mit dem Wörterbuch arbeiten

Wörter nachschlagen

1 Es kommt vor, dass man nicht genau weiß, was ein Wort bedeutet oder wie es geschrieben wird.

a Tauscht euch darüber aus, wo man Antworten auf diese Fragen erhalten kann.

Welcher Artikel ist richtig?
der/die/das Dschungel, der/das Nougat,
der/das Laptop, die/das Mail

Gibt es eine Pluralform?
die Butter – die Butters? die Buttern?

Wie schreibt man das Wort richtig?
Interesse, Interresse oder Intresse?

Was bedeutet dieses Wort?
Tohuwabohu

b Beantworte die Fragen, ohne nachzuschlagen.

c Schlage jetzt in einem Wörterbuch nach und vergleiche die Ergebnisse mit deinen Antworten.

Das Alphabet festigen

2 Damit man Wörter schnell findet, muss man das deutsche Alphabet sicher beherrschen.

a Wiederhole das Alphabet. Sprich es mehrmals halblaut vor dich hin.

b Für Spezialisten: Versuche es nun auch rückwärts.

c Ordne die Buchstaben und Buchstabengruppen nach dem Alphabet.

m – g – b – s – i – z – a – k – y – c – w

fa – or – c – vi – ha – op – z – qu – hi – dar – b – lö – y – daz – scha – vo

!

In einem Wörterbuch stehen die **Stichwörter** in **alphabetischer Reihenfolge.** Beim Nachschlagen geht man vom ersten Buchstaben des gesuchten Wortes aus und beachtet danach den zweiten, dritten und die folgenden Buchstaben, die ebenfalls alphabetisch geordnet werden, z.B.:
Aal, Abart, Abbau, abbeißen, abbestellen, ...
Seitenleitwörter helfen bei der Orientierung. Sie geben das erste und letzte Wort einer Seite oder Doppelseite an.

3

a Suche diejenigen Wörter aus jeder Reihe heraus, die alphabetisch falsch eingeordnet wurden, und ordne die Reihen neu.

1 Ananas – Mandarine – Banane – Birne – Erdbeere – Orange – Pflaume
2 Cent – Creme – Chance – Chemie – Chor – Chronik – Cockpit – Computer
3 schwarz – schwer – Schwester – schweigen – schwören – Schwung

b Ordne die Wörter jeder Zeile alphabetisch und schreibe sie auf.

1 Mammut – Giraffe – Saurier – Aal – Reh – Wildschwein – Hase – Bär
2 Ball – Buch – Brunnen – Beruf – Banane – Boden – Brille – Birke – Baum
3 Sportartikel – Sportplatz – Sportschau – Sportdress – Sportlerin

c Schreibe die Seitenleitwörter der folgenden Seiten aus dem Rechtschreibwörterbuch heraus.

S. 179 – S. 204 – S. 246 – S. 382 – S. 508 – S. 783 – S. 864 – S. 1036

4

Wörter nachschlagen

a Zu den einzelnen Stichwörtern enthält ein Wörterbuch sehr viele Informationen. Sieh dir das folgende Beispiel an.

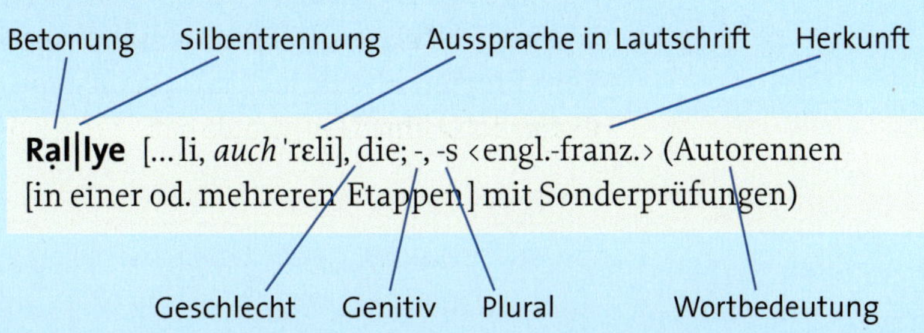

b Nenne die Informationen, die du bei folgenden Stichwörtern erhältst.

Me|dail|lon [...dal'jõ:], das; -s, -s (Bildkapsel; Rundbild[chen]; *Kunstwiss.* rundes od. ovales Relief; kleine, runde Fleischschnitte)

down|loa|den ['da͜unloʊdn̩] ‹engl.› (*EDV* Daten von einem Computer, aus dem Internet herunterladen); ich downloade, ich habe downgeloadet

ịn|dis|kret [*auch* ...'kre:t] ‹franz.› (nicht verschwiegen; taktlos; zudringlich)

! Die meisten Wörterbücher oder Lexika (Singular: Lexikon) enthalten eine Vielzahl von Informationen. Sie geben nicht nur Auskunft über die Bedeutung und Schreibung des **Stichworts,** sondern informieren auch über die Silbentrennung, die Aussprache, die Betonung, die Herkunft sowie bei Nomen/Substantiven auch über das Geschlecht (den Artikel), den Genitiv Singular und den Nominativ Plural.

TIPP
Die Angaben in den Wörterbüchern können sich unterscheiden.

5 Lies den folgenden Text und schreibe auf, was du aus dem Wörterbuch über die markierten Wörter erfährst.

Die Hauptstadt der Schweiz

Was für ein Malheur: Die Schweiz hat keine Hauptstadt. Das liegt an der Geschichte der Eidgenossen[1] und ihrer Demokratie. Man scheute sich, einen Kanton explizit herauszuheben. Seit 1803 wechselte der Regierungssitz in einem ein- bis zweijährlichen Rhythmus. Ab 1848 wurde dieses Prinzip der Rotation abgeschafft. Es kam zu turbulenten und leidenschaftlichen Diskussionen um die künftige Hauptstadt. Große Chancen hatte Zürich. Aber schließlich setzte sich Bern als ständiger Sitz der Regierung durch. Bern fungiert also de facto als Hauptstadt, obwohl die Schweiz eigentlich keine Hauptstadt hat.

[1] so werden die Schweizer auch bezeichnet

Malheur
Silbentrennung: Mal-heur
Aussprache: ...

Regeln nachschlagen

! Die meisten Rechtschreib-Wörterbücher enthalten neben dem Wörterverzeichnis auch eine Übersicht über die gültigen **Rechtschreibregelungen.** Die Regeln in diesem Teil sind meist mit K (Kennziffer) oder R (Regel) und einer Nummer gekennzeichnet und befinden sich am Anfang des Wörterbuchs.

1

a Lies die folgenden Informationen zur Schreibung von *ss* und *ß*.

K 159	
1. Für den stimmlosen s-Laut nach langem Vokal oder Doppellaut (Diphthong) schreibt man ß.	**1.** Blöße, Maße, Maß, grüßen, grüßte, Gruß außer, reißen, es reißt, Fleiß, Preußen *Ausnahmen:* aus, heraus usw.
2. Dies gilt jedoch nur, wenn der s-Laut in allen Beugungsformen stimmlos bleibt und wenn im Wortstamm kein weiterer Konsonant folgt. 〈§ 23 u. 25〉.	**2.** Haus (*stimmhaftes s in* Häuser) ▪ Gras (*stimmhaftes s in* Gräser) ▪ sauste (*stimmhaftes s in* sausen) ▪ meistens (*folgender Konsonant im Wortstamm)*
3. Für den stimmlosen s-Laut nach kurzem Vokal schreibt man ss. Das gilt auch im Auslaut der Wortstämme 〈§ 2〉.	**3.** Masse, Kongress, wässrig, Erstklässler, dass (Konjunktion) ▪ hassen, ihr hasst ▪ Fluss, Flüsse ▪ essen, du isst, iss! ▪ Missetat, missachten *Ausnahmen:* das (Pronomen, Artikel), was, des, wes, bis
4. Wörter auf „-nis“ und bestimmte Fremdwörter werden nur mit einem s geschrieben, obwohl ihr Plural mit Doppel-s gebildet wird 〈§ 4 u. 5〉.	**4.** Zeugnis (*trotz:* Zeugnisse) ▪ Geheimnis (*trotz:* Geheimnisse) ▪ Bus (*trotz:* Busse) ▪ Atlas (*trotz:* Atlasse)
In Personennamen oder geografischen Namen kann die Schreibung des stimmlosen s-Lauts von den amtlichen Regeln abweichen.	▪ Theodor Heuss (erster deutscher Bundespräsident) ▪ Neuss (Stadt am Niederrhein)

b Setze in die Lückenwörter *ss* oder *ß* ein. Schreibe die Wörter in dein Heft, ordne sie nach der Schreibung des *s*-Lauts.

Fü■e – Kü■e – rei■en – geri■en – wu■te – au■erdem – blo■ – So■e – wi■begierig – Spa■ – Spä■e – spa■ig – gie■en – go■ – gego■en – hei■en – hei■t – hie■ – sto■en – stie■ – gesto■en – verge■en – vergi■t – verga■ – e■en – i■ – gege■en – a■

2 Um Auskünfte über bestimmte Rechtschreibregeln zu erhalten, kannst du auch dein Sprachbuch als Nachschlagewerk nutzen.

a Wiederhole, wie man bei der Suche im Sprachbuch vorgehen sollte.

b Suche in deinem Sprachbuch nach Informationen zur Schreibung von Tageszeiten.

3

a Gestalte ein Poster mit allen Regeln zur Schreibung von Tageszeiten und entsprechenden Beispielen. Nutze dazu auch den Regelteil in deinem Wörterbuch.

b Wende die Regel jetzt an und schreibe die folgenden Formen richtig auf.

TIPP
Du findest diesen Abschnitt im Duden unter K 69.

MORGEN NACHMITTAG HEUTE ABEND VORGESTERN NACHT

ÜBERMORGEN VORMITTAG HEUTE FRÜH MORGEN MITTAG

HEUTE NACHT GESTERN FRÜH VORGESTERN VORMITTAG

4

a Tauscht euch darüber aus, welche anderen Nachschlagewerke man nutzen kann,
- um sich über richtige Schreibungen zu informieren,
- um Wortbedeutungen nachzuschlagen,
- um bedeutungsgleiche oder bedeutungsähnliche Wörter zu finden,
- um Auskünfte über seltene Redewendungen einzuholen.

b Schaut euch verschiedene Nachschlagewerke genauer an und besprecht deren Vor- und Nachteile.

Fehlergefährdete Wörter einprägen

So kannst du fehlergefährdete Wörter üben
1. das Wort richtig aufschreiben und die Fehlerstellen markieren
2. das Wort laut lesen und in Silben sprechen (Robotersprache)
3. verwandte Wörter suchen
4. Wortgruppen bilden
5. Merkhilfen (z. B. Eselsbrücken) suchen

Merkhilfen einprägen

1 Präge dir die Merkhilfen für die folgenden Wörter gut ein.

a *stets*
Dieses Wort kann man nicht nur vorwärts und rückwärts lesen, sondern auch vorwärts und rückwärts schreiben.

b *vielleicht*
Das ist das einzige Wort im Deutschen, in dem nach einem *ie* ein Doppelkonsonant folgt, weil es zusammengesetzt ist: *viel-leicht*.

2 Übe besonders schwierige Wörter. Bearbeite dazu folgende Aufgaben.

a *Kommission – Komitee*
Merkhilfe: In *Kommission* die Konsonanten in der Wortmitte doppelt, in *Komitee* einfach.

1 Schlage in einem Wörterbuch die Bedeutung beider Wörter nach.
2 Bilde mindestens drei Zusammensetzungen mit jedem Wort.

Prüfungskommission, …

TIPP
Diese Merkhilfe trifft auch für *gar nichts* und *gar kein* zu.

b *gar nicht*
Merkhilfe: *Gar nicht* wird gar nicht zusammengeschrieben.

1 Setze *gar nicht, gar nichts* oder *gar keine* ein.
Der Bus kommt wegen der Eisglätte heute ___. Ich weiß deshalb ___, wie ich nach Hause kommen soll. Das macht ___, denn du kannst bei meiner Oma übernachten. Du brauchst daher ___ Angst zu haben.

Teste dich selbst!

1 Ordne die folgenden Wörter nach dem Alphabet.

Deutschunterricht – Deutschlehrerin – Deutschland – Deutschstunde – deutschsprachig – Deutschkurs

TIPP
Verwende eine geeignete Probe.

2 *end-* oder *ent-*? Bilde Wörter und verwende sie in kurzen Sätzen.

das ■spiel – die ■scheidung – ■gültig – ■los – die ■schuldigung – der ■schluss – das ■ergebnis – ■senden – der ■lauf – ■lich – ■laufen

TIPP
Verwende eine geeignete Probe.

Achtung, Fehler!

3 Berichtige die folgenden Sätze schriftlich. Achte auf die unterschiedliche Bedeutung der fest und unfest zusammengesetzten Verben und unterstreiche den betonten Wortteil.

1 Wir setzten den Brief aus London ins Deutsche über.
2 Die Gruppe übersetzte am Morgen mit der Fähre ans andere Ufer.
3 Der Beste hat das Ziel schon nach zwei Stunden durchgelaufen.
4 Das Kaffeewasser ist schon längst durchlaufen.
5 Wegen des starken Regens unterstellten sie sich bei uns.
6 Die Polizei stellt ihnen Diebstahl unter.
7 Der Trainer schrieb das peinliche Tor um als kleines Missgeschick.
8 Nun habe ich den Hausaufsatz schon das dritte Mal umschrieben.
9 Nach der Pause übergingen wir zur Tagesordnung.
10 Über meine Meinung gingen sie einfach.

4 Nur eine Behauptung ist jeweils richtig. Schreibe die richtige Behauptung in dein Heft und ergänze jeweils ein Beispiel.

1 Die Stammschreibung hilft beim Rechtschreiben, weil
a) Wortstämme fast immer gleich geschrieben werden.
b) die Stämme alle so schön kurz sind.

2 Ein Konsonant wird verdoppelt
a) nach kurzem Vokal.
b) nach langem Vokal.

3 Wenn es ein stammverwandtes Wort mit *au* gibt, schreibt man
a) manchmal auch *eu*.
b) immer *äu*.

4 Geografische Eigennamen auf *-er* werden
a) sehr selten großgeschrieben.
b) immer großgeschrieben.

5 Nach Wörtern, wie *gestern, heute, morgen,* schreibt man Zeitangaben, wie *Abend, Mittag, Nachmittag,*
a) immer groß.
b) immer klein.

6 Bei fest zusammengesetzten Verben liegt die Betonung
a) auf dem Grundwort.
b) auf dem Bestimmungswort.

7 Man macht bei Infinitivgruppen nichts falsch, wenn man
a) auf das Komma verzichtet.
b) immer ein Komma setzt.

5 Lies den Text und schreibe die unterstrichenen Wortgruppen in der richtigen Groß- oder Kleinschreibung heraus. Begründe deine Schreibentscheidung.

Die d/Deutsche Band Tokio Hotel erhielt schon viele i/Internationale Auszeichnungen, so zum Beispiel mehrmals die g/Goldene Kamera und die g/Goldene Stimmgabel, aber auch den b/Bayrischen Musiklöwen für die Kategorie »Exportschlager Deutschlands«. Sie konnte sich innerhalb kurzer Zeit in den meisten Ländern Europas, aber auch in Israel, Kanada und den v/Vereinigten s/Staaten von Amerika eine Fan-Basis aufbauen. Trotz ihres n/Nationalen und i/Internationalen Ruhms essen die jungen Musiker um die Zwillinge Bill und Tom Kaulitz nicht mit g/Goldenen Messern und Gabeln von g/Goldenen Tellern. Sie sind, auch wenn es nicht nur in der n/Nationalen Presse einige negative Meldungen gab, die netten Jungen von nebenan geblieben.

1

a Was machst du lieber: eine Geschichte lesen oder hören? Begründe deine Entscheidung.

b Tauscht euch über Hörspiele aus, die ihr kennt.

2

a Lies den folgenden Buchausschnitt.

Die Geschwister Edred und Elfrida wohnen in dem alten Schloss Arden, das dringend repariert werden muss. Weil die Kinder von Arden aber nicht reich sind, wollen sie den Familienschatz finden, von dem die Leute erzählen. Als sie einem weißen, sprechenden Maulwurf begegnen, beginnt ihre abenteuerliche Suche.

Edith Nesbit

Die Kinder von Arden. Das Wappentier

Sie ging zuversichtlich den Flur entlang, wo die Spinnen die Bilder mit grauen Seidenschleiern verhängt hatten. Hier lagen viele Türen nebeneinander, und Elfrida blieb plötzlich vor einer stehen, vor einer, die genauso aussah wie alle anderen.
»Diese!«, sagte sie und streckte ihre Hand aus, bis sie den Holzrahmen berührte. »Dies ist die richtige Tür.«
Sie tastete nach der Klinke, drückte sie hinunter und trat ein. [...]
Edred folgte zögernd. [...]
Sie standen in einem großen, schmalen Bodengelass direkt unter dem Dachfirst. Es war ein Raum, den sie noch nie betreten hatten. Er hatte keine Fenster und keine Decke. Uralte, wurmzerfressene Balken gaben den Blick auf die Ziegelreihen frei, durch deren Ritzen hier und da ein goldstaubiger Lichtstrahl hereinbrach. Von draußen erklang das Tick-Tick-Tick scharrender Taubenfüße und das geschäftige Ruckedigu aus vielen Taubenkehlen. Der langgestreckte Raum war leer. Nur an den beiden Schmalseiten standen rechts und links dicht unter dem Dachsparren eine Anzahl alter Truhen, von denen keine der anderen glich.
»Oh«, stieß Edred hervor, »ich bin auf einmal ganz gütig und weise! Ich spüre es in meinem Magen. Und jetzt finden wir den Schatz, und dann können wir das Schloss wieder aufbauen.«

Er lief zu der am nächsten stehenden Truhe und rüttelte an ihrem Deckel, aber Elfrida musste ihm helfen, die schwere Platte hochzustemmen. Doch als sie nun hineinblickten, entdeckten sie keinen Schatz in der geheimnisvollen Tiefe, sondern nur einen Haufen Kleider.
Die Kinder versuchten ihr Glück bei der nächsten Truhe und der übernächsten – aber nicht eine einzige enthielt Silber oder Gold, sondern alle waren nur vollgestopft mit Kleidern, Kleidern und noch mehr Kleidern.

Eine Hörspielszene und einen Buchausschnitt vergleichen

b Lies nun die beiden folgenden Hörspielszenen und vergleiche sie mit dem Auszug aus dem Kinderbuch. Benenne Gemeinsamkeiten und Unterschiede.

Ursula Ruppel

Die Kinder von Arden

Elfrida und Edred vor der Tür

Elfrida Das muss sie sein. Na los, mach schon auf.

Edred Wer? Ich?! Wieso denn ich? Du hast sie doch entdeckt.

Elfrida »Tapfer, klug und gut« – pah. Also dann los, versteck dich hinter meinem Rockzipfel.

(Sie machen die knarrende Tür auf und gehen in die Dachkammer – die Tauben gurren und scharren.)

Erzählerin Sie standen in einer großen, schmalen Bodenkammer direkt unter dem Dachfirst. Es war ein Raum, den sie noch nie betreten hatten. Er hatte keine Fenster und keine Decke. Wurmzerfressene Balken gaben den Blick auf die Ziegelreihen frei, durch deren Ritzen hier und da ein goldstaubiger Lichtstrahl hereinbrach. Der langgestreckte Raum war leer, nur an den beiden Schmalseiten stand eine Reihe von Truhen, von denen keine der anderen glich.

In der Bodenkammer

Edred Ich spür's in meinem Magen, Frida. Da ist der Schatz drin. Und zwar so ein Riesenschatz, dass eine Truhe gar nicht ausgereicht hätte, ist doch klar, und deshalb haben sie den Schatz auf mehrere Truhen verteilt.

Jetzt können wir endlich das Schloss reparieren lassen […]

Elfrida Jetzt hör doch mal mit dem Geschnatter auf, Edred! Mir ist die Sache nicht ganz geheuer. In dieser Truhe sind jedenfalls nur Kleider.

(quietschende Truhen)

Edred Hier auch!

Elfrida Und hier.

Edred Da sind überall nur alte Klamotten drin. Wie sollen wir denn damit die Handwerker bezahlen?

> !
> Im **Buch** wird vieles ausführlich erklärt und beschrieben, damit die Leserin/der Leser es sich vorstellen kann. Es fordert und fördert damit besonders die Vorstellungskraft.
> Das **Hörspiel** spricht auch den Hörsinn an, es kann Wirkung mit Geräuschen oder unterlegter Musik erzielen. Auch kann z.B. der Hinweis auf den Handlungsort durch Abspielen der entsprechenden typischen Geräusche geschehen.

3 Lest mit verteilten Rollen, wie die Hörspielszene weitergeht.

Eine Hörspielszene mit verteilten Rollen lesen

Elfrida Vielleicht bist du noch nicht tapfer, klug und gut genug?

Edred Was?

Elfrida Na, der Maulwurf hat doch gesagt, wir finden den Schatz erst, wenn du tapfer, klug und gut bist!

Edred Aber ich will den Schatz!

Elfrida Auf jeden Fall können wir uns mit den Sachen prima verkleiden.

Edred Mit dem alten Zeug?

Elfrida Hier, der Reitmantel ist für dich. Dann noch die Stiefel. Und obendrauf ein Hut.

Edred Wie steht er mir?

Elfrida Sieht lustig aus. Und dieser Strohhut ist für mich.

(Tauben/Musik/überraschte Reaktionen von Elfrida und Edred)

Erzählerin In diesem Augenblick machten sich die Kleider selbstständig. Sie hoben sich aus den Truhen und streiften sich über ihre Glieder. Im Nu standen sich die Geschwister in Gewändern gegenüber, wie sie sie noch nie gesehen hatten. Elfrida trug ein hochgegürtetes Kleid mit langem, engem Rock aus grün geblümter Baumwolle, Edred schneeweiße Hosen, die ihm bis unter die Arme reichten und eine blaue Jacke mit Messing-

knöpfen und Halskrause.

Edred Das Ding kratzt.

Elfrida Sieht aber gut aus! Los komm, wir wollen uns Tante Edith zeigen.

(Tür quietscht – Treppe runter)

Auf der Treppe vor der Kammer

Edred Hat sie den Flur geputzt?

Elfrida Den Flur? Das sieht eher so aus, als hätte sie das ganze Schloss auf Vordermann gebracht!

Edred In der letzten halben Stunde?

Elfrida Alles ganz sauber.

Erzählerin Die Kinder rannten den Flur entlang und die Treppen hinunter, um von Tante Edith zu erfahren, was geschehen war. Im Wohnzimmer erblickten sie zu ihrem Erstaunen eine weißhaarige alte Dame in kerzengerader Haltung, die in einer Zeitung las. Sie hatte sonderbare Kleider an, ähnlich denen, die sie jetzt selbst trugen.

4 Stelle Vermutungen darüber an, was an den Kleidern aus den Truhen besonders sein könnte.

sich Geräusche zu einem Hörspiel überlegen

5 Schreibe alle Hinweise auf Geräusche auf, die bisher gegeben wurden. Ergänze eigene Vorschläge.

Im Wohnzimmer von Lady Arden

(Kaminfeuer – Standuhr)

Lady Arden Welcher Übermut! Mir scheint, wir vergessen unsere Haltung. Mach dein Kompliment, mein Fräulein.

Elfrida Habe die Ehre …

Lady Arden Um euch Respekt vor Älteren zu lehren, empfehle ich, eines der prächtigen geistlichen Lieder von Doktor Watts auswendig zu lernen.

Edred *(flüstert)* Von wem?

Lady Arden Wiederholt mir also die Strophe: »Glückliche Kinder, die schon in der Jugend eifrig und sittsam gelernt.« Na?

Elfrida *(zögerlich)* Glückliche Kinder, die schon in der Jugend eifrig und sittsam gelernt …

Lady Arden *(stöhnt)* Manchmal frage ich mich wirklich, woher ich die Geduld nehme. Hier, nehmt das Gesangbuch zur Hand und setzt euch dort hinüber in die Ecke, damit ich euch beim Auswendiglernen im Visier habe.

Elfrida Jawohl, Madame!

(Die beiden gehen rüber. Lady Arden schüttelt geräuschvoll den Kopf.)

Edred *(flüstert)* Wer ist die Frau?

Lady Arden *(ruft rüber)* Ihr sagt es beim Mittagsmahl auf, sonst gibt es keine Nachspeise.

Edred Hör dir das an!

Elfrida Sei still!

Edred Das lass ich mir nicht gefallen. Ich sag es Tante Edith!

Elfrida Kapierst du nicht? Wir haben uns verwandelt und sind in einer anderen Zeit. Das ist wahrscheinlich eine Urururgroßmutter von uns.

Lady Arden *(ruft rüber)* Ihr sollt lernen, nicht flüstern!

Elfrida Jawohl, Madame, entschuldigen Sie bitte. […]

Edred *(flüstert)* Hast du gesehen?

Elfrida Was denn?

Edred Das Datum auf der Zeitung?

Elfrida Nein!

Edred Es ist die *Times* vom 16. Juni 1807.

Elfrida 1807? Wenn ich nur wüsste, was 1807 in der Weltgeschichte los war. Wir sind in der Schule nie weitergekommen als bis zu Edward dem Vierten. Und das war Vierzehnhundert-irgendwas.

Edred Wir sind nicht in der Weltgeschichte, wir sind auf Schloss Arden.

Elfrida Wir sind trotzdem in der Geschichte und es wird noch ziemlich schrecklich werden, wenn wir nicht wissen, wer zurzeit König ist.

Edred Ich möchte zu Tante Edith zurück.

Lady Arden Seid ihr fertig, Kinder? Könnt ihr die Verse hersagen?

Elfrida Ja, Madame.

Lady Arden Dann geht in die Küche und bringt der Mamsell den Speisezettel. […]

Erzählerin Nichts war den Kindern lieber, als diesen Raum zu verlassen. Sie rannten los, um die Kammer zu finden, in der sie sich verkleidet hatten. Edred lief vorneweg. Er hatte sich gewünscht, in eine andere Zeit zu reisen, doch jetzt wollte er nur noch zurück. Vergessen war der Schatz, vorbei die Abenteuerlust. Aber die Kinder fanden die Kammer nicht, sosehr sie auch suchten. Edred fing an zu weinen, und Elfrida hätte gerne den Maulwurf zu Hilfe gerufen, war aber viel zu verstört, um ein Gedicht zustande zu bringen. […]

6

Einen Vierzeiler reimen

a Beschreibe, wie Edred und Elfrida auf die ungewöhnliche Situation reagieren.

b Nur der weiße Maulwurf kann die Kinder in ihre Zeit zurückbringen. Dazu müssen sie ihn mit einem eigenen Gedicht rufen. Überlege dir einen Reim für den Maulwurf.

Elfrida und Edred liegen im Bett

(Edred wimmert.)

Elfrida Jetzt hör schon auf zu heulen. Denk dir lieber ein Gedicht aus. Der Maulwurf hat gesagt, wenn wir nicht mehr weiterwissen, können wir ihn rufen.

Edred Ich habe schon eins.

Elfrida Na dann los, sag's auf!

Edred Maulwurf, Maulwurf, komm heraus aus deinem dunklen Maulwurfhaus. Ich weiß, dir fehlt der Augen Licht, aber das kümmert mich nicht.

Elfrida Sehr gut!

Edred Und wo ist er?

Elfrida Ich weiß nicht.

Edred Der lässt uns bestimmt hängen!

Elfrida Edred?

Edred Ja?

Elfrida Hast du das selbst gedichtet?

Edred Ja. *(überlegt es sich noch mal)* Also so gut wie.

(von draußen Unruhe)

Elfrida Edred, erinnert dich das nicht ein bisschen an »Schnecke, Schnecke, komm heraus und strecke deine Fühler aus«?

Edred Na ja, es gibt da vielleicht eine gewisse Ähnlichkeit...

Elfrida Was ist denn da draußen los? [...]

(Elfrida geht ans Fenster und öffnet es. Auf dem Schlosshof Gejohle.)

Erzählerin Im Schlosshof flackerten die Fackeln, und das Gesinde drängte zum Tor hinaus Richtung Küste. Von überallher kamen Soldaten und Bauern mit Schaufeln und Äxten, schreiend und johlend, um sich Mut zu machen. Irgendjemand hatte vom

Strand aus zwei Schiffe gesehen und Alarm geschlagen. Aber selbst wenn es die Franzosen gewesen wären, hätten sie die Küste bei diesem Wetter nur schwer erreichen können. Elfrida und Edred wollten trotzdem nicht warten und sie traten vom Fenster zurück.

Elfrida Los, sprich mir nach:
O Maulwurf, sei doch jetzt zur Stell'!
Ich kann nicht mehr. So komm doch schnell.

Edred Findest du das gut?

Elfrida Ist doch egal. Hauptsache wir haben's gedichtet. Also sag schon.

Edred Maulwurf, sei doch jetzt zur Stell'!
Ich kann nicht mehr, oh, komm doch schnell.

Der Maulwurf weist die Treppe

(Auftritt Maulwurf– Musik)

Maulwurf Na, toll ist dieses Gedicht wirklich nicht…

Elfrida Da ist er! Lieber Maulwurf…

Maulwurf Eine Zumutung, mich mit so was zu rufen.

Elfrida Tut mir leid, auf die Schnelle ist uns nichts Besseres eingefallen.

Maulwurf Na schön, für dieses Mal soll's genügen. Lauft die Treppe dort hoch, da habt ihr eure Tür.

Edred Was denn für eine Treppe?

(Musik)

Edred Frida, wo kommt denn auf einmal diese Treppe her?

Elfrida Frag nicht so viel, los komm schon, wir haben keine Zeit mehr zu verlieren.

Erzählerin Dankbar liefen die Kinder die Treppe hinauf, und als sei sie immer da gewesen, öffnete sich die vertraute Tür. Vor ihnen lag der weitläufige Bodenraum mit seinen Deckenbalken. Die Truhen standen in langen Reihen unter dem schrägen Dach. Da fiel die Tür hinter ihnen ins Schloss und alles schien auf einmal so zu sein wie vor ihrer Reise in die Vergangenheit. Goldenes Licht drang durch die Ritzen zwischen den Ziegeln, und von draußen erklang das helle Tick-Tick-Tick der Taubenfüße.

7

Eine Hörspielszene gestalten

a Wie lässt sich die Szene im Hörspiel gestalten? Überlege dir, wie die beiden Kinder, Lady Arden, der Maulwurf und die Erzählerin sprechen könnten.

b Wähle für die letzte Szene und den Auftritt des Maulwurfs passende Musik aus.

8 Stellt euch vor, ihr würdet in eine andere Zeit reisen. Schreibt einen witzigen Dialog.

Was habe ich gelernt?

9 Überprüfe, was du über das Hörspiel gelernt hast. Beantworte dazu folgende Fragen:

1. Wie unterscheiden sich Buch und Hörspiel?
2. Worauf muss man beim Einsetzen von Geräuschen/Musik achten?

Ein Hörspiel produzieren

Um eine Szene oder ein ganzes Hörspiel selbst zu produzieren, sind gute Vorbereitung und Teamarbeit wichtig. Die folgenden Hinweise helfen dabei:

1. **Ein Hörspielmanuskript erstellen**
   Wenn ihr keinen fertigen szenischen Text verwendet, muss zuerst ein Erzähltext umgeschrieben werden. Dazu werden auf dem kopierten Text die Redeanteile der einzelnen Figuren, Hinweise auf Geräusche und wesentliche Aussagen zum Handlungsverlauf, die ein Erzähler übernehmen soll, verschiedenfarbig markiert. Um es lebendiger zu machen, könnt ihr weitere Dialoge dazuerfinden. Vergesst nicht die Regieanweisungen!

2. **Figuren beschreiben und ihre Sprechweise festlegen**
   Aus Handlungen und Äußerungen von Figuren lassen sich ihre Eigenschaften ableiten. Überlegt also, in welcher Tonlage und in welcher Art die Figuren sprechen sollen (tiefe oder piepsige Stimme, hochnäsig, cool).

3. **Aufgaben bei der Hörspielproduktion verteilen**
   Rollen: Sprecher festlegen, dialogisches und szenisches Lesen üben
   Tontechnik: sich mit der Ausrüstung und Aufnahmetechnik vertraut machen
   Geräusche: Möglichkeiten zur Nachahmung überlegen und Geräusche produzieren
   Musik: passende Musik und Klänge heraussuchen oder mit eigenen Instrumenten selbst spielen

4. **Checkliste für die Aufnahme erstellen**
   – Technik überprüfen (Batterien, Mikrofonkabel)
   – Sprechprobe (Abstand vom Mikro, Lautstärke)
   – Nebengeräusche ausschließen und abschnittsweise aufnehmen

1 Plant nun eigene Hörstücke. Ihr könnt zum Beispiel euren Dialog von Aufgabe 8 (S. 233) nutzen oder Balladen in Hörspielen gestalten (S. 120–139).

1 »Werbung ist die Kunst, auf den Kopf zu zielen und die Brieftasche zu treffen.« (Vance Packard, amerikanischer Publizist)

a Welcher Werbeslogan fällt dir spontan ein? Welche Werbemelodie kannst du ansummen? Nenne drei Beispiele.

b Zeichne aus dem Gedächtnis ein Firmenlogo auf.
Vergleiche es mit dem Original. Nutze dazu z. B. das Internet.

c Überlegt, an welchen Orten man auf gedruckte Werbung stößt.

2

a Lies, was Michael Paul über Werbung sagt.

»Werbung muss vor allem einfach sein«, sagt Michael Paul, Inhaber des Marketingunternehmens »Marketing Pilots« und Gründer des ersten virtuellen Markenmuseums. »Denn bei rund 3000 Werbebotschaften pro Tag, die auf die Kunden einströmen, bleiben nur die einfachen hängen.« Beste Beispiele für Werbeslogans, die schon seit Jahren aktuell sind und damit in den Ohren der Kunden klingen: »Kinderschokolade für die Extraportion Milch« oder auch »Persil – da weiß man, was man hat«. »Die Produkte heute sind austauschbar, da muss die Werbung emotional sein«, sagt Markenexperte Michael Paul. Klassische Werbung wie früher wird immer unwichtiger.

b Fasse die Aussage von Michael Paul zusammen.

Werbung sollte …

! **Werbung** beeinflusst Menschen gezielt und bewusst. Sie möchte durch meist einfache Botschaften zum Kauf eines Produkts anregen, um neue Kunden werben (z. B. Stromversorger) oder auf verschiedene Sachverhalte aus dem Leben aufmerksam machen (z. B. in der Politik). Werbung löst Neugierde aus, spricht Gefühle an, enthält Versprechen und Appelle, die zum Handeln anregen sollen.

3 Die Geschichte der Werbung reicht Jahrtausende zurück.

a Lies den folgenden Text. Suche die Gründe für den Aufschwung der Werbung heraus und notiere sie in Stichpunkten.

Schon die alten Römer in Ägypten kannten Werbung. 4000 Jahre vor Christus gab es öffentliche Ausrufer, die staatliche und private Termine sowie die Ankunft bestimmter Händler ankündigten. Im Jahre 2000 vor Christus schrieben die babylonischen Händler ihre Waren auf Tafeln mit Keilschrift und boten diese an. Durch die Erfindung des Buchdrucks durch Johannes Gutenberg und die Entstehung der ersten Papierfabriken im 15. Jahrhundert nahm die Werbung einen Aufschwung. Der Druck der ersten Tageszeitung der Welt in Leipzig um 1650 ermöglichte Werbung in Zeitungen. Durch neue Druckverfahren, die Erfindung der Lithografie und des Siebdrucks konnten um 1846 auch bunte Plakate gedruckt werden. 1855 wurden in Berlin die ersten Litfaßsäulen aufgestellt. Ende des 19. Jahrhunderts blühte die Werbung immer mehr auf und die ersten Ausbildungsplätze für Werbefachleute entstanden. In den 50er- und 60er-Jahren des 20. Jahrhunderts erlebte die Werbung durch die große Verbreitung von Zeitschriften, Radio und Fernsehen einen Aufschwung. In den 80er-Jahren wurde durch die privaten Sender das Fernsehen als Werbeträger immer wichtiger. Und seit den 90er-Jahren steigt die Bedeutung des Internets.

b Übertrage folgende Tabelle in dein Heft und ergänze sie.

Werbeträger	Werbemittel
Zeitungen und Zeitschriften	Anzeige, Bilder
Hörfunk	…
Fernsehen	…
Außenwerbung	…
…	Onlineangebote

c Tauscht euch aus, welche Art der Werbung euch besonders anspricht. Sucht mögliche Gründe.

→ S. 87 Das Internet nutzen

d In welchem Medium ist Werbung am überzeugendsten? Recherchiert dazu im Internet oder führt selbst eine Umfrage durch.

4 Vergleicht eine Jugendzeitschrift, eine Tageszeitung und ein Wissenschaftsmagazin.

a Untersucht die Zeitungen nach folgenden Kriterien:
- Verhältnis von Werbung und anderen Informationen,
- Zielgruppe der Werbung,
- Produkte, für die geworben wird.

b Tragt die Ergebnisse zusammen und vergleicht sie. Sucht Gemeinsamkeiten und Unterschiede heraus.

5

Eine Werbeanzeige untersuchen

a Beschreibe, welche Wirkung folgende Werbeanzeigen auf dich haben. Überlege, was versprochen wird.

!

Werbung ist nach der **AIDA-Formel** aufgebaut. Sie soll

• **Aufmerksamkeit** erregen,	**A** ttention
• **Interesse** wachrufen,	**I** nterest
• den **Wunsch** nach dem Produkt wecken,	**D** esire
• das **Handeln**, d. h. den Kauf, auslösen.	**A** ction

b Bewerte, ob die Werbeanzeigen aus Aufgabe a der AIDA-Formel gerecht werden. Was erregt deine Aufmerksamkeit und ruft dein Interesse wach? Wodurch wird der Kaufwunsch hervorgerufen?

!

Werbung muss in **einfacher,** aber **einprägsamer Sprache** verfasst sein. Dazu nutzt sie gern folgende **sprachliche Mittel:**
- Übertreibung, z. B.: *So wurden Sie noch nie erfrischt.*
- Aufzählung, z. B.: *Quadratisch. Praktisch. Gut.*
- Alliteration (gleicher Anfangsbuchstabe), z. B.: *Milch macht müde Männer munter.*
- Reim, z. B.: *Mars macht mobil, bei Arbeit, Sport und Spiel.*
- Wortspiel, z. B.: *Bemannte Räumfahrt.*
- Gegensatz, z. B.: *Sind sie zu stark, bist du zu schwach.*
- Ausruf, z. B.: *Wie gut, dass es Nivea gibt!*
- Wortneuschöpfung, z. B.: *Los Wochos!*
- ungewöhnlicher Satzbau, Auslassung z. B.: *Jetzt zuschlagen!*
- Abweichung von der Grammatik, z. B.: *Hier werden Sie geholfen!*

6

a Hier ist alles durcheinandergeraten. Setze die Werbeslogans wieder richtig zusammen.

Have a break | Gut. | Mars

entspannt die Sinne. | Bifi | weiß, was Frauen wünschen.

Bauknecht | macht Kinder froh und Erwachsene ebenso.

Haribo | macht mobil bei Arbeit, Sport und Spiel.

Quadratisch. Praktisch. | muss mit!

Beruhigt die Haut | have a KitKat.

b Untersuche, welche sprachlichen Mittel aus dem Merkkasten in den Werbeslogans von Aufgabe a enthalten sind.

Einen Werbeslogan untersuchen

7 Untersuche folgende Werbeslogans auf verwendete sprachliche Mittel.

1 Keine Creme – Ein Wundermittel! **2** Für Frauen voller Fantasie. **3** Eine Praline für 'ne gute Miene. **4** Heute noch grau, morgen schon wäscheweiß. **5** Ist es im Haus, geht's mir gut! **6** Spidermanklebrigstark. **7** Damit (k)lebt man besser. **8** Klein – eckig – explosiv

TIPP
Schlage nach, was »Eau« bedeutet.

8

a Sieh dir das Plakat an und erkläre seine Aussage.

Ein Werbeplakat untersuchen

b Untersuche das Plakat jetzt genauer. Finde heraus, warum es so einprägsam ist. Nutze dazu die Schrittfolge im Kasten.

So kannst du Werbung untersuchen

1. Was fällt zuerst ins Auge?
2. Welche **Zielgruppe** wird angesprochen?
3. Welche **Wirkung** ist beabsichtigt?
4. Wie tragen **Bild** und **Text** zu dieser Wirkung bei?
   - Was ist abgebildet (Vordergrund, Hintergrund, Mittelpunkt)?
     – Welche Rolle spielen Licht, Farben und Formen?
     – Wie lässt sich die Bildbotschaft zusammenfassen?
   - Wie lautet der Slogan?
     – Welche sprachlichen Mittel wurden verwendet?
     – Welche Informationen über das Produkt erhält man?
     – Wie lässt sich die Textbotschaft zusammenfassen?
5. Welche weiteren **Gestaltungsmittel** spielen eine Rolle (z. B. Ton, Musik, Bewegung, Bildfolge)?
6. Welche Gründe sprechen für bzw. gegen das beworbene Produkt?

9 Wähle aus Zeitungen verschiedene Werbeanzeigen aus und untersuche diese mithilfe der Schrittfolge.

10 Oft werden Prominente in der Werbung eingesetzt. Seht euch solche Anzeigen an und besprecht deren Wirkung. Belegt eure Meinungen mit aktuellen Beispielen.

11 Heute gewinnt Onlinewerbung immer mehr an Bedeutung.

a Suche heraus, auf welchen Internetseiten sich welche Werbung findet.

b Wähle ein Beispiel aus und untersuche genauer, wie die Werbung gestaltet ist. Nutze dazu die Schrittfolge von S. 239.

12 Entwerft selbst einen Werbeslogan und eine Werbeanzeige für
- ein Haarwaschmittel, das Haare wachsen lässt,
- einen Geschirrspülautomaten-Ausräumer,
- ein Auto, das auf Straßen und Wasser fahren kann,
- einen Navigator für den Kleiderschrank.

a Beschreibt die Zielgruppe, die sich für euer Produkt begeistern lässt.

b Bestimmt das Medium/die Medien, in dem/in denen ihr die Anzeige platzieren wollt. Begründet eure Entscheidung.

c Macht ein Brainstorming. Sammelt erste Ideen und notiert Stichpunkte.

d Verteilt die Aufgaben. Wer ist für den Text und wer ist für die bildliche Gestaltung zuständig?

e Gestaltet den Text und die Bilder und präsentiert euer Ergebnis.

13 Beurteilt eure Anzeigen gegenseitig und begründet eure Meinung.

Was habe ich gelernt?

14 Überprüfe, was du über Werbung gelernt hast. Beantworte dazu die folgenden Fragen.

1 Was versteht man unter der AIDA-Formel?
2 Mit welchen bildlichen Mitteln wird Wirkung erreicht?
3 Mit welchen sprachlichen Mitteln wird Wirkung erreicht?

Geschichten umschreiben und weiterschreiben

1

a Lies die folgende Geschichte von Bernd Schreiber über eine Geburtstagsfeier mit Jungen und Mädchen in deinem Alter.

Blindekuh

Also, ich erklär euch das noch mal, sagt Rosa. Sie hat heute Geburtstag. Das Spiel geht genauso wie Blindekuh. Wenn die blinde Kuh jemanden fängt, muss sie ihm einen Kuss geben und den Namen erraten. Rät sie falsch, dann müssen alle still bleiben und sie muss weiterraten, bis sie herausgefunden hat, wer der Gefangene ist.
Das geht gar nicht, sagt Christine, die blinde Kuh sieht doch nichts. Wie soll die denn den Mund treffen?
Die blinde Kuh darf den Kopf des Gefangenen in die Hand nehmen, und bis zum Mund wirst du es ja noch schaffen.
Und wenn ich die Nase treffe?, fragt Jochen.
Dann ist es bis zum Mund nicht mehr weit, sagt Ute.
Ich halte lieber mein Ohr hin, grölt Harro.
Und ich mein Knie. Das war wieder Jochen.
Blödmann, sagt Rosa. […]
Wollen wir das Spiel nun machen oder nicht? Jutta hat das Hin und Her langsam satt.
Alle sind dafür. Einige grinsen sich an. […]
Doch den Anfang will keiner machen.
Thorsten juckt es schon. Wenn er doch nur wüsste, ob er Rosa erwischt. Rosa einen Kuss zu geben, ist schon lange sein Traum. Jetzt hat er endlich Gelegenheit dazu. Er riskiert es. Freiwillig meldet er sich als blinde Kuh.
Rosa nimmt ein Tuch, legt es der Länge nach ein paar Mal zusammen und bindet es Thorsten um die Augen. Heimlich schnüffelt er nach Rosa, vielleicht kann er sie nachher an ihrem Duft erkennen. Dann dreht ihn Rosa im Kreis, bis ihm fast schwindlig wird.
Er merkt, wie die anderen um ihn herumtanzen und immer im allerletzten Augenblick seinen Händen entkommen. Warte nur, Rosa, denkt er, dich krieg ich noch! Plötzlich stößt er mit dem Knie gegen einen harten Gegenstand. Es tut sehr weh. Die anderen kichern. Hätte er sich nur nicht als Erster gemeldet!

Als er glaubt, Rosa nie zu fangen, passiert es. Er hat einfach um sich gegriffen und irgendeinen Arm erwischt. Wieder kichern und flüstern alle durcheinander.

Ob das wohl Rosa ist? Vorsichtig nimmt er das Gesicht in die Hände und nähert sich ihm langsam. Dabei schnüffelt er ein wenig und glaubt tatsächlich, Rosas Duft zu erkennen. Tja, Rosa, jetzt oder nie! Bevor Thorsten versucht, sie auf den Mund zu küssen, hat er die Idee. Warum soll er Rosa nur einen Kuss geben? Wenn er mit Absicht danebentippt, darf er sie ja wieder küssen. Er findet das Spiel großartig.

Thorsten trifft schon beim ersten Versuch ... Wie schön weich ihr Mund ist! Dass die anderen kichern, stört ihn nicht. Sie sind ja nur neidisch.

Thorsten tut so, als überlege er, dann sagt er: Jutta! Außer dem Gekichere ist nichts zu hören.

Der nächste Kuss soll länger werden, beschließt Thorsten, weil es so schön ist. Vorsichtshalber atmet er tief ein, damit ihm beim Küssen nicht vorzeitig die Luft ausgeht. Wieder trifft er auf Anhieb. Wie herrlich!

Kurz danach zieht Rosa den Kopf zurück. Sich so lange vor so vielen küssen zu lassen, ist wohl nicht ihr Geschmack. Er sagt: Christine! Natürlich hat er wieder danebengeraten.

Nach dem dritten Kuss sagt er: Anke! Nach dem vierten: Ute! Und nach dem fünften ruft er siegessicher und lauter als zuvor: Rosa! Er will sich schon die Binde vom Kopf reißen, aber es kommt kein »Ja« oder »Richtig« oder »Stimmt«. Er hat doch alle Mädchennamen durch. Oder hat er etwa ... Er muss doch tatsächlich einen

von den Jungen geküsst haben. Zu dumm, dass er jetzt nicht Schluss machen kann.
Kaum hat er den unbekannten, weichen Mund erneut berührt, zieht er schnell seinen Kopf zurück und ruft: Micha! Ihm fällt ein Stein vom Herzen. Er hat ins Schwarze getroffen. Es ist wirklich Micha.

b Der Autor lässt die Geschichte durch Dialoge lebendig werden. Allerdings ist die wörtliche Rede nicht in Anführungszeichen gesetzt. Lest diese Sätze laut vor. Lasst die Figuren ausdrucksvoll sprechen (spöttisch, ungeduldig, ...).

Eine Erzählung untersuchen

c Die Erzählung wird durch die verwendeten sprachlichen Mittel lebendig. Finde Beispiele für die ausdrucksvolle Wortwahl und Satzgestaltung.

d Untersuche den Aufbau. Wie beginnt der Autor und an welcher Stelle lässt er die Geschichte enden? Was für andere Möglichkeiten hätte es gegeben?

e Du hast bereits gelernt, dass Geschichten immer aus einer bestimmten Perspektive (Sicht) erzählt werden. Aus welcher Perspektive wird die Geschichte »Blindekuh« (S. 241) erzählt?

Aus verschiedenen Perspektiven erzählen

2 Erzähle die Geschichte aus einer anderen Perspektive: aus der Sicht von Rosa, Micha oder einem anderen Gast. Nutze folgende Tipps:
- Was könnte sie/er abends nach der Geburtstagsfeier ins Tagebuch notieren? Schreibe z. B.: *Mensch, war das ein Spaß heute! ...*
- Lass die Figur ihre Gefühle und Gedanken aufschreiben: Wie erging es Micha/Rosa/... während des Spiels?
- Falls du Rosas Perspektive wählst, überlege: Warum hat sie wohl dieses Spiel vorgeschlagen? Ist sie auch in jemanden verliebt?

! Du kannst **eine Geschichte umgestalten**, indem du aus einer anderen **Perspektive** erzählst, neue Handlungsteile und Figuren erfindest oder z. B. auch den Schluss anders gestaltest. Wenn du **eine Geschichte fortsetzt**, achte auf die stimmige Darstellung der Figuren und ahme den **Sprachstil der Originalerzählung** nach.

Eine Erzählung untersuchen

3

a Lies den Anfang der folgenden Geschichte von Jo Pestum.

Inas rosa Freund

An diesem Morgen kam Ina dreizehn Minuten zu spät zur Schule. Lehrer Theobaldt, der gerade jede Menge Zahlen an die Tafel schrieb, setzte ein beleidigtes Gesicht auf. Ein paar aus der Klasse grinsten schadenfroh. »Mal wieder Ina!«, sagte der Lehrer. »Was für eine Entschuldigung hast du dir diesmal ausgedacht? Hat eure Katze Junge gekriegt? Oder musstest du erst noch einen Bankräuber verhaften?« [...]

Ina blieb ganz ruhig. »Entschuldigen Sie bitte, Herr Theobaldt, aber ich komme ein bisschen zu spät, weil ich einen rosa Mann getroffen habe. Der ist mit seinem Raumschiff gelandet.«

Zuerst sperrten alle Mädchen und Jungen die Münder auf, so hatte es ihnen die Sprache verschlagen. Dann brach ein Gejohle und Gelache und Gepfeife los, dass fast die Schule einstürzte. Was Ina sich auch immer für Ausreden einfallen ließ! Aber diese war einsame Spitze. [...] Als man endlich wieder sein eigenes Wort verstehen konnte, verdrehte Herr Theobaldt die Augen und faltete die Hände vor dem Bauch.

»Aha! Ich verstehe. Der rosa Mann wollte dich natürlich packen und mit seinem Raumschiff auf den Mond entführen. So war's doch, ja?«

»Überhaupt nicht«, sagte Ina. »Er war ganz freundlich. Wir haben miteinander geredet und dann hat er mich gefragt, ob ich ihm wohl ein großes Himbeereis kaufen würde. Er hatte nämlich kein Erdengeld.« »Und? Hast du ihm eins gekauft?« »Sicher«, sagte Ina. »Aber die Eisbude hatte noch nicht auf. Da mussten wir noch etwas warten. Und deswegen komme ich ja auch zu spät zur Schule.« Heute trieb Ina es aber zu bunt! Da waren sich die Jungen und die Mädchen einig.

»Alles klar«, sagte Herr Theobaldt, dann fragte er mit gespielter Freundlichkeit: »Hat dein rosa Freund auch einen Namen?« »Er heißt Brcklbrckl«, sagte Ina. »Oder so ähnlich. Sein Name ist schwer auszusprechen.« »Brcklbrckl«, echote Herr Theobaldt. »Ein besonders hübscher Name. Findet ihr nicht auch?« »Jaaa!«, brüllten alle aus der Klasse. »Und er ist rosa, der Herr Brcklbrckl?« »Genau«, bestätigte Ina. »Die Haut, der Raumfahreranzug, der Astronautenhelm – alles ist rosa. Sogar das Raumschiff ist rosa. Schön, nicht?« »Sehr schön!«, knurrte der Lehrer. [...] »Hat dir dein Herr Brcklbrckl auch verraten, von welchem Stern er kommt?« Ina nickte. »Vom ... Oh, Mist! Jetzt hab ich's vergessen!« Da schrien die anderen aus der Klasse durcheinander: »Vom Pluto!« – »Der ist der Bruder von E.T.!« [...] – »Oder der ist der Stiefzwilling von Alf!« – »Der kommt von Schalke!«

Doch da fiel es Ina wieder ein. »Vom Stern Sirius! Kann das sein? Ja?« »Klar«, sagte Herr Theobaldt, »das kann selbstverständlich sein. Wie wir ja alle wissen, sind die Bewohner vom Stern Sirius alle rosa. Und jetzt geht mir dein Blödsinn langsam auf den Keks, Ina! Verrat mir nur noch, warum dein komischer Freund ausgerechnet auf der Erde gelandet ist. Das hat er dir doch bestimmt gesagt, oder?« [...]

b Äußere Vermutungen, wie die Geschichte weitergehen wird.

c Auch diese Erzählung wird durch Dialoge und anschauliche Sprache lebendig. Untersucht besonders die Wörter und Wortgruppen, die wörtliche Rede einleiten, und notiert Beispiele.

d Manchmal wird die wörtliche Rede nur mit dem Verb »sagte« eingeleitet. Sucht diese Textstellen und überlegt, an welchen Stellen ihr es durch ein anschaulicheres Verb ersetzen würdet. Probiert einige Varianten aus und vergleicht die Wirkung.

4

Eine Geschichte fortsetzen

a Wie könnte die Geschichte »Inas rosa Freund« (Aufg. 3) weitergehen? Schreibe einen Schluss dafür.

b Lest einige Schlussfassungen vor und besprecht, welche Texte besonders gelungen sind. Nennt Gründe dafür.

Eigene Geschichten erfinden

Erzählkerne ausgestalten

→ S. 66 Berichten

1

a In Zeitungen findest du häufig Meldungen, die knapp und sachlich über ungewöhnliche Ereignisse berichten. Lies folgendes Beispiel:

Diebe schieben gestohlene Pflanzen durch die Straße
Radebeul. Der allzu sorglose Abtransport ihres Diebesgutes hat zwei Männer in Radebeul auffliegen lassen. Die beiden 22-Jährigen waren einem Anwohner aufgefallen, weil sie am frühen Sonntagmorgen einen Einkaufswagen mit mehreren Grünpflanzen durch die Straße schoben. Herbeigerufene Polizisten nahmen beide vorläufig fest. Es stellte sich heraus, dass sie die Pflanzen kurz zuvor aus einer Gärtnerei gestohlen hatten.

b Nutze die Meldung als Anregung für das Erfinden einer Geschichte und erstelle einen Erzählplan. Folgende Fragestellungen helfen dir:

- *Warum haben die beiden Männer die Grünpflanzen entwendet?*
- *Wer war der Anwohner, der sie beobachtete?*
- *Was fühlte und dachte er bei seiner Beobachtung?*
- *Kannte er die Männer?*

> **!** Wenn du **eine Geschichte erfinden** willst, stelle zuerst einen **Erzählplan** auf. Darin notierst du die Figuren, die Situation, den Ort und den groben Verlauf der Handlung (*W*-Fragen, s. Beispiel unten). Beschreibe die Ereignisse möglichst anschaulich. Deine Geschichte wird lebendig, indem du **Dialoge** einbaust und die **Gedanken und Gefühle** der Figuren beschreibst.

c Schreibe einen Entwurf deiner Geschichte. Achte besonders auf die Empfehlungen im Merkkasten.

d Überarbeite deinen Entwurf und stelle die Geschichte in der Klasse vor.

Eine Geschichte zu einem Thema erfinden

2 Erfinde eine Geschichte, in der es wie in »Inas rosa Freund« (S. 243, Aufg. 1) um eine »unglaubliche Ausrede« geht.

TIPP
Ihr könnt auch eine Schreibwerkstatt durchführen (S. 15–16).

a Sammle und ordne zuerst Ideen für deine Geschichte. Nutze dazu z. B. einen Erzählplan, einen Cluster oder eine Mindmap.

- Thema (Überschrift): Eine unglaubliche Ausrede
- Ort: ...
- Figuren: ...
- Situation: ...
- Ausrede: ...
- Ereignisse (Verlauf): ...
- Zeit: ...

b Überlege dir einen spannenden Einstieg und ein überraschendes, trauriges, glückliches oder witziges Ende.

c Verfasse einen Entwurf und überarbeite ihn, bis du mit deiner Geschichte zufrieden bist.

Was habe ich gelernt?

3 Überprüfe, was du über das Geschichten schreiben gelernt hast. Erkläre deiner Lernpartnerin / deinem Lernpartner, worauf man dabei achten muss.

Merkwissen

Ableitung	Form der **Wortbildung**: Ableitungen entstehen durch: ▪ das Anfügen von **Präfixen** (Vorsilben) und **Suffixen** (Nachsilben) an einen Wortstamm, z. B.: *beachten, achtsam, Achtung, Verachtung,* ▪ **Änderung des Stammvokals**, z. B.: *fliegen – Flug, wählen – Wahl.*
Adjektiv (Eigenschaftswort)	**Wortart,** die **Eigenschaften** und **Merkmale** bezeichnet. Adjektive sind: ▪ **deklinierbar**, d. h., sie verändern ihre Form in Fall (Kasus), Zahl (Numerus) und Geschlecht (Genus), z. B.: *ein schönes Buch, mit schönen Bildern.* ▪ meist **komparierbar** (steigerbar). Man unterscheidet: – Positiv (Grundstufe), z. B.: *klein,* – Komparativ (Mehrstufe), z. B.: *kleiner,* – Superlativ (Meiststufe), z. B.: *am kleinsten.*
Adverb (Umstandswort)	**Wortart**, die angibt, **wann**, **wo**, **wie**, **warum** etwas geschieht. Man unterscheidet **Adverbien** ▪ **der Zeit** (Fragen: *Wann? Wie oft?*), z. B.: *morgens, heute,* ▪ **des Ortes** (Fragen: *Wo? Wohin?*), z. B.: *oben, dort,* ▪ **der Art und Weise** (Frage: *Wie?*), z. B.: *seltsamerweise,* ▪ **des Grundes** (Frage: *Warum?*), z. B.: *darum, deswegen.* Adverbien sind in der Regel **unveränderbar**. Oft ersetzen sie Wortgruppen oder Sätze, z. B.: *Auf dem Weg nach unten gingen wir vorsichtig. Abwärts gingen wir vorsichtig.*
Adverbialbestimmung (Umstandsbestimmung)	**Satzglied**, das Prädikate näher bestimmt. Man unterscheidet u. a.: ▪ **Temporalbestimmung** (Adverbialbestimmung der Zeit, Fragen: *Wann? Wie lange? Bis wann? Seit wann?*), z. B.: *Morgen wird von morgens bis mittags gelernt, ab 12 Uhr gibt es Mittagessen.* ▪ **Lokalbestimmung** (Adverbialbestimmung des Ortes, Fragen: *Wo? Woher? Wohin?*), z. B.: *Wir kommen aus Plauen, verbringen die Ferien in Binz und gehen jeden Tag zum Strand.* ▪ **Modalbestimmung** (Adverbialbestimmung der Art und Weise, Fragen: *Wie? Auf welche Art und Weise?*), z. B.: *Sie arbeiteten schnell. Mit viel Vergnügen planschten sie im Wasser.* ▪ **Kausalbestimmung** (Adverbialbestimmung des Grundes, Fragen: *Warum? Weshalb? Weswegen? Aus welchem Grund?*), z. B.: *Wegen des Wetters bleiben wir hier. Wir kamen zu spät, weil wir verschlafen hatten.*
Anekdote	(*griech.* anékdota – das nicht Herausgegebene) Eine ursprünglich mündlich überlieferte Geschichte, in der typische Eigenheiten einer bekannten Persönlichkeit, einer gesellschaftlichen Gruppe oder das Charakteristische eines bestimmten Ereignisses wiedergegeben werden. Anekdoten sind meist kurz und witzig und enden oft mit einer Pointe.

Anredepronomen	Die **persönlichen Anredepronomen** *du/dein, ihr/euer* können in Briefen und E-Mails **klein- oder großgeschrieben** werden. Die **höflichen Anredepronomen** *Sie* und *Ihr* und alle ihre Formen muss man **immer großschreiben**.
Argumentieren	Diskussionsstrategie, bei der Aussagen bzw. Behauptungen formuliert und durch **Argumente** (Begründung + Beispiel) gestützt werden, z. B.: *Ich brauche ein neues Fahrrad, weil das alte inzwischen zu klein ist. Wenn ich damit fahre, ist das sehr unbequem.*
Artikel	**Wortart**: **Begleiter** von Nomen/Substantiven, die Fall (Kasus), Zahl (Numerus) und Geschlecht (Genus) verdeutlichen. Artikel sind **deklinierbar**, d. h., sie verändern ihre Form in Fall (Kasus), Zahl (Numerus) und Geschlecht (Genus), z. B.: *das Haus, des Hauses, die Häuser, eine Straße, (in) einer Straße.* Man unterscheidet: ▪ **unbestimmte Artikel** *(ein, eine, einer),* ▪ **bestimmte Artikel** *(der, die, das),* z. B.: *Sie hat ein neues Fahrrad. Das alte Rad war zu klein.*
Artikelprobe	Probe zur Ermittlung der Groß- bzw. Kleinschreibung: Steht bei dem Wort ein Artikel oder lässt es sich mit einem Artikel verwenden? Ja → Nomen/Substantiv → Großschreibung Nein → kein Nomen/Substantiv → Kleinschreibung
Attribut (Beifügung)	**Satzgliedteil**, das Nomen/Substantive näher bestimmt (Fragen: *Welche(-r, -s)? Was für ein(e)?*). Attribute können nicht allein umgestellt werden. Sie bleiben immer bei dem Substantiv, zu dem sie gehören, und sind ein Teil dieses Satzgliedes, z. B.: *Wir sahen | im Zimmer seines Bruders | einen lustigen Film.*
Aufzählung	Wörter, Wortgruppen oder Teilsätze können aufgezählt werden. Zwischen den Gliedern einer Aufzählung **muss** man ein **Komma** setzen, wenn diese nicht durch eine **aufzählende Konjunktion** (*und, oder, sowie* oder *sowohl … als auch …*) verbunden sind, z. B.: *Wir sahen dichte Wälder, grüne Wiesen und hohe Berge.* Steht zwischen den Gliedern einer Aufzählung eine **entgegenstellende Konjunktion** (*aber, doch, jedoch* oder *nicht nur …, sondern (auch) …*), **muss** auch vor der Konjunktion ein **Komma** gesetzt werden, z. B.: *Sie kamen, sahen, aber blieben nicht. Wir sahen nicht nur Wälder, Wiesen und Berge, sondern auch seltene Pflanzen.*
Autor, Autorin	(*lat.* auctor – Urheber, Verfasser) Verfasser von literarischen (erzählenden, lyrischen, dramatischen) Texten, aber auch von Drehbüchern, Fernsehspielen oder Sachtexten (Fachbuch-, Lehrbuch-, Sachbuchautor).
Ballade	**Textsorte**: mehrstrophiges, meist gereimtes Gedicht, das die Merkmale von Geschichten, Gedichten und Dramen in sich vereint (Erzählgedicht): ▪ ist wie ein Gedicht aufgebaut (Strophen, Reime),

	▪ eine spannende Geschichte wird erzählt, ▪ meist gibt es einen dramatischen Höhepunkt, ▪ oft wird wörtliche Rede verwendet.
Bänkellieder	(auch Bänkelsang) erzählen eine meist dramatische Geschichte, wurden von umherziehenden Jahrmarktsängern vorgetragen, die auf einer Holzbank standen, oft von einer Drehorgel oder Violine begleitet. Außerdem wurde das Geschehen mithilfe einer Bildtafel verdeutlicht.
Berichten	Leser oder Hörer werden möglichst **knapp**, **sachlich** und **in der richtigen Reihenfolge** über einen Sachverhalt oder ein Ereignis informiert. Meist werden dazu die wichtigsten *W*-Fragen beantwortet: *Was? Wann? Wo? Warum? Wer? Welche Folgen ergaben/ergeben sich?* Die Auswahl der Informationen und die Gestaltung des Berichts hängen vom Anlass, vom Zweck und vom Empfänger ab. **Schriftliche Berichte** über vergangene Ereignisse werden meist im Präteritum verfasst. In **mündlichen Berichten** kann man das Präteritum oder das Perfekt verwenden. Berichte, in denen es unwichtig ist, wer handelt, werden in **unpersönlicher Ausdrucksweise** verfasst.
Beschreiben	Leser oder Hörer werden über Gegenstände, Lebewesen, Erscheinungen, Vorgänge, Handlungen u. Ä. so informiert, dass man sie wiedererkennen, nachvollziehen bzw. sich gut vorstellen kann. Welche Merkmale für die Beschreibung wichtig sind, hängt vom Anlass, vom Zweck und vom Empfänger ab. ▪ Beschreiben von **Gegenständen**: **allgemeine Merkmale** (z. B. Größe, Form, Farbe, Material) und **besondere Merkmale** (z. B. Besonderheiten der Größe, Form, Farbe, des Materials) ▪ Beschreiben von **Personen**: **Gesamterscheinung** (Geschlecht, Alter, Größe, Figur), **Einzelheiten** (z. B. Gesichtsform, Augen, Nase, Mund) und **besondere Merkmale** (z. B. Narben, Leberflecke) ▪ Beschreiben von **Tieren**: **Aussehen**, **Verhalten**, **Lebensweise**, **Lebensraum**, **Ernährung** und **besondere Fähigkeiten** ▪ Beschreiben von **Pflanzen**: **Bestandteile** (z. B. Wurzeln, Stamm, Äste, Nadeln, Blüten, Früchte), **Vorkommen** (z. B. Juli, Mischwälder) und **Besonderheiten** (z. B. Essbarkeit, unter Naturschutz) ▪ Beschreiben von **Vorgängen**: **Materialien** (Materialliste), **Teilhandlungen** (Arbeitsschritte) in der richtigen Reihenfolge ▪ Beschreiben von **Bildern**: ***was*** ist ***wie*** dargestellt, **Wirkung** auf den Betrachter ▪ Beschreiben von **Experimenten**: **Ziel** bzw. Untersuchungsaufgabe, **Geräte und Materialien**, **Teilhandlungen**, **Ergebnisse**
Brainstorming (engl. *brain* – Gehirn, *storm* – Sturm)	**Methode zur Ideenfindung:** Schnell und ohne nachzudenken werden mit einem Bild, einem Begriff, einer Frage oder einem Problem verbundene Gedanken, Gefühle oder Erlebnisse geäußert und notiert.

Buchvorstellung	**Präsentation**, in der man Zuhörer mit einem Buch bekanntmacht, um sie dafür zu interessieren und zum Lesen anzuregen. Eine Buchvorstellung kann so aufgebaut sein: ▪ Autorin / Autor und Titel des Buches, ▪ handelnde Personen, ▪ kurze Zusammenfassung der Handlung, ▪ Vortrag einer besonders witzigen oder spannenden Stelle, ▪ Zusammenfassung, warum das Buch besonders gefallen hat.
Cluster, Clustering (engl. *cluster* – Haufen, Schwarm, Anhäufung)	**Methode zum Sammeln von Ideen**: Sammlung von Begriffen, die mit einem Thema in Zusammenhang stehen. Man schreibt einen zentralen Begriff in die Mitte und ordnet ringsherum weitere Begriffe an. Dann verdeutlicht man die Beziehungen zwischen den Begriffen durch Verbindungslinien, sodass ein Netz (**Ideennetz**) entsteht.
Datumsangabe	Wenn eine Datumsangabe nach einem Wochentag steht, so setzt man vor dem Datum ein **Komma**. Man kann auch nach der Datumsangabe ein Komma setzen, z. B.: *Die Kinder trafen sich am Donnerstag, dem 3. Juli(,) in der Schule.* Die nachgestellte Datumsangabe steht in der Regel im gleichen Fall wie der Wochentag, auf den sie sich bezieht.
Dehnungs-*h*	Als Dehnungs-*h* (silbenschließendes *h*) bezeichnet man das ***h* am Ende einer Silbe**. Das Dehnungs-*h* steht nur vor *l, m, n* und *r*, z. B.: *Höh-le, Müh-le, neh-men, seh-nen, fah-ren.* Beginnt ein Wort mit *kl, kr, qu, sp, t* und *sch*, steht *nie* ein Dehnungs-*h*, z. B.: *klar, Krone, Qual, Spur, Tal, Schal.*
Deklination	**Beugung** (Formveränderung) von Nomen/Substantiven, Artikeln, Adjektiven und Pronomen, d. h., diese Wortarten verändern sich in **Fall** (Kasus), **Zahl** (Numerus) und **Geschlecht** (Genus), z. B.: ▪ Nominativ: *das neue Haus, die neuen Häuser* ▪ Genitiv: *des neuen Hauses, der neuen Häuser* ▪ Dativ: *dem neuen Haus, den neuen Häusern* ▪ Akkusativ: *das neue Haus, die neuen Häuser*
Dialog	(*griech.* dialogos – Wechselrede, Zwiegespräch) Unterredung zwischen zwei oder mehreren Personen im Unterschied zum Monolog (Selbstgespräch). Szenische Texte bestehen fast ausschließlich aus Dialogen.
direkte (wörtliche) **Rede**	Wörtliche Wiedergabe von Gesagtem oder Gedachtem, am Anfang und Ende durch **Anführungszeichen** gekennzeichnet. Auch Ausrufe- und Fragezeichen, die zur direkten Rede gehören, stehen innerhalb der Anführungszeichen. Oft steht vor, zwischen oder nach der direkten Rede ein **Begleitsatz**, der durch Doppelpunkt oder Komma(s) abgegrenzt wird, z. B.: *Nils flüstert mir zu: »Bestimmt ist alles bald wieder in Ordnung.« »Das hoffe ich«, ruft Randi, »schließlich müssen wir heim!« »Dann lasst uns doch einfach gehen«, denke ich.*

Diskutieren, Diskussion	Austausch über strittige Fragen und Probleme. Größere Diskussionen sollten gründlich **vorbereitet** werden (Welches Problem ist zu besprechen? Welche Fragen sind zu klären? Welche Meinung habe ich? Wie kann ich diese sachlich begründen?). Ein **Diskussionsleiter** sollte die Diskussion eröffnen, die Reihenfolge der Redner festlegen, auf die Einhaltung der Diskussionsregeln achten und die Ergebnisse zusammenfassen. Die **Diskussionsteilnehmer** sollten sich mit den Meinungen anderer auseinandersetzen. Dazu muss man auf sie eingehen, d. h.: ▪ **zustimmen** (z. B.: *Ja, das stimmt. Dieser Meinung bin ich auch.*), ▪ **ablehnen** (z. B.: *Meinst du das wirklich? Das ist keine gute Idee!*) ▪ oder einen **Kompromiss vorschlagen** (man weicht von seiner Meinung etwas ab und einigt sich, z. B.: *Ich schlage vor, wir verbinden beides und fahren mit Fahrrädern an den See. Ich bin einverstanden, wenn …*).
Eigennamen	Wörter und Wortgruppen, die z. B. Personen, Orte, Veranstaltungen, Organisationen und Institutionen als einmalig bezeichnen. Eigennamen werden **immer großgeschrieben**, z. B.: *Emilia, Dirk Neumann, Bahnhofstraße, Potsdam, Sachsen-Anhalt, Europa, Deutsche Meisterschaften im Schwimmen, Deutsches Rotes Kreuz, Freie Universität.* Wenn Adjektive, Partizipien oder Numeralien (Zahlwörter) Teil eines Eigennamens sind, werden auch diese großgeschrieben, z. B.: *die Olympischen Spiele, die Vereinigten Staaten, Friedrich der Zweite.* Von geografischen Eigennamen abgeleitete **Adjektive auf *-isch*** werden kleingeschrieben, wenn sie nicht Teil eines Eigennamens sind, z. B.: *eine sächsische Großstadt.* Als Teil eines Eigennamens werden sie dagegen großgeschrieben, z. B.: *die Sächsische Schweiz.* Von geografischen Eigennamen abgeleitete **Adjektive auf *-er*** werden **immer großgeschrieben**, z. B.: *Thüringer Bratwurst.*
Erbwort	Älteste Wörter unserer Sprache, die vor ungefähr 5000 Jahren entstanden und uns noch heute Auskunft über die Lebensweise der germanischen Stämme geben, z. B.: *Rind, Hund, Beil, weben.*
Ersatzprobe	Probe zur Ermittlung von Fällen und Satzgliedern, z. B.: *Die Suppe schmeckt den Kindern. – Die Suppe schmeckt dem Jungen/ihm.* (Dativ) *Sie aßen an einem schönen großen runden Tisch. – Sie aßen dort.* (Satzglied) Probe zur Unterscheidung von *das* und *dass:* ▪ Kann man *da*■ durch *dieses* ersetzen? → **Artikel** → *das* ▪ Kann man *da*■ durch *welches* ersetzen? → **Relativpronomen** → *das* ▪ Ergibt der Satz bei der Probe keinen Sinn? → **Konjunktion** → *dass*
Erweiterungsprobe	Probe zur Ermittlung der Groß- bzw. Kleinschreibung. Man erweitert eine **nominale Wortgruppe** (Nomen/Substantiv + Begleiter) durch Attribute, z. B.: *das Laufen, das schnelle Laufen, das anstrengende schnelle Laufen.* Das Wort, das ganz rechts steht, ist das Nomen/Substantiv bzw. eine Nominalisierung/Substantivierung und wird großgeschrieben.

Erzählen	Anschauliches und unterhaltsames Darstellen von Erlebnissen, Ereignissen oder Erfundenem (Fantasiegeschichten). Dazu lassen sich verschiedene **Gestaltungsmittel** nutzen, z. B.: die Figuren und deren Gedanken und Gefühle lebendig beschreiben, wörtliche Rede einbauen, anschauliche Vergleiche, treffende Verben und Adjektive verwenden. Geschichten lassen sich **aus verschiedenen Perspektiven** (aus der Sicht verschiedener Personen) erzählen: ▪ **Ich-Erzähler** (ist am Geschehen beteiligt, erzählt aus seiner Sicht, gibt seine Gedanken und Gefühle wieder), z. B.: *Heute ging ich besonders früh zu Bett, denn ich wollte ...* ▪ **Sie-Erzählerin / Er-Erzähler** (ist nicht selbst beteiligt, beobachtet von außen), z. B.: *Heute ging Fanny besonders früh zu Bett, denn sie wollte ...* Um **Ideen** für eine Geschichte zu **sammeln**, kann man z. B.: einen **Erzählplan** machen, einen **Erzählkern** ausgestalten, ein **Brainstorming** durchführen, eine **Reizwortkette** oder **Bilder** als Anregungen nutzen.
Erzähler, Ich-Erzähler	Eine vom Autor geschaffene Figur, die die Geschichte erzählt, d. h., Autor und Erzähler sind immer zu unterscheiden. Eine Autorin kann z. B. einen männlichen Erzähler die Geschichte vortragen lassen. Schildert eine Figur die Ereignisse in der Ich-Form, dann handelt es sich um einen Ich-Erzähler.
Erzählkern	Enthält Ort, Zeit, Personen und wichtige Handlungsschritte, zu denen man sich eine Geschichte ausdenkt.
Erzähl-perspektive	Die Perspektive (Sicht), aus der ein Geschehen erzählt wird. Eine Erzählung kann aus der Sicht einer beteiligten Person erzählt sein, d. h. in der Ich-Form, oder der Erzähler befindet sich außerhalb des erzählten Geschehens, d. h., es wird in der Sie- oder Er-Form erzählt.
Erzählplan	Vorbereitung einer **Erzählung** mithilfe von Fragen, z. B.: ▪ **Worüber** soll erzählt werden? ▪ Welche **Handlungsschritte** sind wichtig? ▪ An welchen **Orten** und zu welcher **Zeit** geschieht etwas? ▪ Welche **Personen** spielen eine Rolle? ▪ Welche **Dialoge** sollen eingebaut werden? ▪ Welche **Einleitung** macht den Leser neugierig? ▪ Welcher **Schluss** rundet die Geschichte ab?
Fabel	**Textsorte**: Kurzer erzählender oder gereimter Text. Zu den **Merkmalen** einer Fabel gehören: ▪ Tiere denken, handeln und sprechen wie Menschen, ▪ Tieren sind bestimmte menschliche Eigenschaften zugeordnet, ▪ Fabeln enthalten eine Lehre (zentrale Aussage).
Fastnachtsspiel	Theaterform, die im Mittelalter entstand und am Anfang vorrangig um Fastnacht herum aufgeführt wurde. Dabei zogen junge Burschen verkleidet von einem Haus zum anderen, um ihre Bekannten mit derben Scherzen zu belustigen.

	Dies führte allmählich zu wirklichen Vorstellungen, die mit einem Dialog, später sogar mit szenischen Anordnungen verbunden wurden und weltliche und komische Elemente in sich aufnahmen. Es gab keine Bühne, keine Regieanweisungen, keine aufwändigen Requisiten. Die Spieler waren meist Handwerksgesellen. Der wohl bekannteste und berühmteste Vertreter dieser Theaterform ist Hans Sachs.
Fehlerkartei	Mithilfe einer Fehlerkartei kann man **fehlerhaft geschriebene Wörter üben**. Dazu geht man so vor: ▪ Fehlerwort in die Mitte einer Karteikarte schreiben, ▪ Fehlerstelle farbig kennzeichnen, ▪ verwandte Wörter auf die Karte schreiben, Fehlerstelle markieren, ▪ Wörter einprägen und aus dem Gedächtnis aufschreiben. Wenn ein Übungswort mehrmals fehlerfrei geschrieben wurde, kann die Karte aus der Kartei entfernt werden.
fester Vergleich	Anschauliche, oft bildhafte Wortgruppen mit dem Vergleichswort *wie,* z. B.: *arm wie eine Kirchenmaus.*
Figur	(*lat.* figura – Gestalt, Wuchs) Jede Person, die in einem literarischen Text vorkommt.
flektieren (die Flexion), **flektierbar**	Ein Wort beugen, seine Form verändern (die Beugung, Formveränderung), z. B.: *(des) Flusses, (in den) Flüssen, (ich) gehe, (du) gehst, (wir) gingen* Flexion ist der **Oberbegriff** zu Deklination und Konjugation.
Frageprobe	Probe zur Ermittlung von Fällen, Satzgliedern und Satzgliedteilen, z. B.: *dem Jungen helfen* – Wem helfen? (Dativ) *die Katze fangen* – Wen/Was fangen? (Akkusativ) *Sie essen den leckeren Kuchen nachmittags im Garten.* ▪ Wer/Was isst ...? (Subjekt) ▪ Wen/Was essen sie ...? (Objekt) ▪ Wann essen sie ...? (Temporalbestimmung) ▪ Wo essen sie ...? (Lokalbestimmung) ▪ Welchen/Was für einen Kuchen ...? (Attribut)
Fremdwort	Wort, das aus einer anderen Sprache übernommen wurde, sich aber in Aussprache, Schreibung und Betonung **nicht oder nur zum Teil dem Deutschen angepasst** hat, z. B.: *Sweatshirt, Ragout.* Typische Wortbauteile (Suffixe) sollte man sich einprägen, z. B.: *reparieren, Energie, Musik, positiv, Aktion, Aktivität.*
Gedicht	**Textsorte**, in der Gedanken und Gefühle eines **lyrischen Sprechers** (**lyrisches Ich**) mithilfe besonderer Gestaltungsmittel (z. B. sprachliche Bilder, Vergleiche) ausgedrückt werden. Gedichte sind oft in **Strophen** unterteilt, die aus **Versen** (Gedichtzeilen) bestehen. Gedichte haben einen bestimmten **Rhythmus** und können sich nach einem bestimmten Schema **reimen**.

Genus (Geschlecht)	Grammatisches Geschlecht: **männlich**, **weiblich** oder **sächlich**. Das grammatische Geschlecht erkennt man am **Artikel** (*der/einer, die/eine, das/ein*), z. B.: *der Regen, das Wetter, eine warme Jacke.*
germanische Sprachen	Die deutsche Sprache gehört zur Gruppe der germanischen Sprachen in der indoeuropäischen Sprachfamilie, wie auch das Englische, Friesische, Niederländische, Dänische, Isländische und Norwegische. Innerhalb der Gruppe der germanischen Sprachen können Wörter sich ähneln, z. B. *Mutter* – engl. *mother* – dän. *mor; drei* – engl. *three* – dän. *tre.*
Gesprächsregeln beachten	In Gesprächen sollte man einige **Regeln** beachten: ▪ sachlich und freundlich bleiben, andere zu Wort kommen lassen, ▪ aktiv zuhören und auf andere eingehen, ▪ Meinungen begründen, ggf. einen Kompromiss suchen.
Gestik	Bezeichnet Körperbewegungen, um Aussagen zu unterstützen oder um sich ohne Worte zu verständigen (v. a. des Kopfes und der Hände).
Gruppenarbeit	Bei Gruppenarbeit sollte man einige **Regeln** beachten: ▪ geeignete Arbeitsplätze einrichten, ▪ Aufgaben planen und verteilen, Gruppensprecher/-leiter festlegen, ▪ Zeit einteilen, Zeitplanung beachten, ▪ alle einbeziehen und sich aktiv beteiligen, ▪ Arbeitsergebnisse festhalten.
Haiku	(*jap.* lustiger Vers) Ist die kürzeste Gedichtform, die ursprünglich aus Japan stammt. Das Haiku besteht aus 17 Silben, die auf drei Verse zu 5, 7, 5 Silben verteilt sind. Themen sind vor allem Beobachtungen aus der Natur.
Handlung	Der Erzähler lässt seine Figuren in unterschiedlichen Situationen handeln. Dabei unterscheidet man die äußere Handlung, die das sichtbare Geschehen, die Außenwelt, zeigt. Hier handeln und sprechen die Figuren direkt. Die innere Handlung dagegen umfasst die Gedanken und Gefühle der Figuren, also deren Innenwelt.
Hauptsatz	**Teilsatz eines zusammengesetzten Satzes**. In Hauptsätzen steht die finite (gebeugte) Verbform an zweiter Stelle, z. B.: *Tim und Tom lächelten glücklich, als sie uns sahen.*
Hörspiel	Ein für den Hörfunk produziertes oder bearbeitetes Stück, das allein mit akustischen Mitteln (Wort, Ton, Geräusche) arbeitet.
Hypertexte schreiben	Ein Hypertext ist ein Text, der nicht »der Reihe nach« (linear) gelesen wird, er ist ein durch Hyperlinks (Stichworte zum Anklicken) verknüpfter Text. So kann man Hypertexte verfassen: ▪ Anfang/Teil des Textes in eine Word-Datei schreiben, ▪ Stichwort für die Weiterführung der Geschichte markieren, ▪ in der Menüleiste auf »Einfügen« und dann auf »Hyperlink« klicken, ▪ einen Dateinamen eingeben, mit OK bestätigen, ▪ die Fortsetzung der Geschichte schreiben und eventuell gestalten.

Informationen suchen	Um nach bestimmten Informationen zu suchen, kann man: ▪ im **alphabetischen**, **systematischen** oder **Onlinekatalog** einer **Bibliothek** nach Büchern und anderen Medien suchen, ▪ im **Inhaltsverzeichnis** von **Zeitschriften** nach Beiträgen suchen, ▪ in einem **Lexikon** (alphabetisches Nachschlagewerk) nachschlagen, ▪ im **Inhaltsverzeichnis**, **Klappentext** und **Register** von **Sachbüchern** nach geeigneten Inhalten suchen, ▪ **Suchmaschinen** und **Web-Kataloge** (nach Themen geordnete Sammlungen von Internetadressen) im **Internet** nutzen. Die **Beurteilung der Suchergebnisse** sollte nach folgenden Punkten erfolgen: ▪ **Autor** (Autor/Autorengruppe angegeben oder anonyme Seite?) ▪ **Herkunft** (Kontaktdaten/Impressum vorhanden? Von einer offiziellen Organisation oder privat? Ein Diskussionsforum?) ▪ **Aktualität** (Entstehungszeit? Letzte Aktualisierung?) ▪ **Inhalt** (Überprüfbarkeit der Fakten? Quellen genannt?) Entnimmt man Büchern oder Internetseiten Informationen und Textstellen, muss man die **Quellenangabe** exakt notieren.
Inhaltsangabe	Eine Inhaltsangabe soll den Leser knapp, sachlich und genau über den Inhalt eines Textes informieren. Dabei darf man nichts weglassen, aber auch nichts hinzufügen. Mithilfe der *W*-Fragen kann man prüfen, ob die Inhaltsangabe alle wichtigen Angaben enthält. Die Inhaltsangabe wird in den Zeitformen Präsens und Perfekt geschrieben. Sie besteht aus den drei Teilen Einleitung, Hauptteil und Schluss.
Kasus (Fall)	Fall in der Grammatik. Es gibt **vier Fälle**: ▪ **Nominativ** (Fragen: *Wer? Was?*), z. B.: *Die Lehrerin liest vor. Langsam fließt das Wasser ab.* ▪ **Genitiv** (Frage: *Wessen?*), z. B.: *Er fragt den Bruder seines Freundes.* ▪ **Dativ** (Fragen: *Wem? Wo?*), z. B.: *Er hilft seiner Mutter. Wir helfen ihm.* ▪ **Akkusativ** (Fragen: *Wen? Was? Wohin?*), z. B.: *Ihren kleinen Hund finden alle lustig. Wir spielen ein neues Spiel.*
Kommasetzung	Ein **Komma muss** gesetzt werden: ▪ bei der **Aufzählung** von Wörtern, Wortgruppen und Teilsätzen, wenn diese nicht durch eine aufzählende Konjunktion (*und, oder, sowie* oder *sowohl … als auch …*) verbunden sind, z. B.: *Wir sahen dichte Wälder, grüne Wiesen und hohe Berge. Wir sahen dichte Wälder, grüne Wiesen, jedoch keine Berge.* ▪ in einer Satzreihe (Satzverbindung) **zwischen den Hauptsätzen**, wenn sie nicht durch eine aufzählende Konjunktion (*und, oder, sowie* oder *sowohl … als auch …*) verbunden sind, z. B.: *Wir wollten etwas unternehmen, aber wir konnten uns nicht einigen. Tom ging ins Kino, ich blieb zu Hause. Tom und ich gingen an den See (,) und die anderen spielten am PC.* ▪ in einem Satzgefüge **zwischen Haupt- und Nebensatz**, z. B.: *Wir packten gleich aus, als wir angekommen waren. Nachdem wir ausgepackt hatten, liefen wir zum See.*

	▪ bei einer Wortgruppe, die einen **erweiterten Infinitiv mit *zu*** enthält, z. B.: *Sibylle versprach, bei den Hausaufgaben zu helfen.* ▪ wenn eine **Datumsangabe** nach einem Wochentag steht, z. B.: *Die Kinder trafen sich am Donnerstag, dem 3. Juli(,) in der Schule.*
Konflikt	(*lat.* conflictus – Zusammenstoß) Problem der Hauptfigur, das sie im Verlauf der Handlung lösen muss. Das kann ein Streit sein oder eine schwierige Entscheidung.
Konjugation	**Beugung** (Formveränderung) von Verben nach **Person**, **Zahl** (Numerus), **Zeit** (Tempus) und **Handlungsform** (Aktiv, Passiv), z. B.: *(ich) schreibe, (wir) schrieben, (er) wurde geschrieben.*
Konjunktion (Bindewort)	**Wortart**, die Wörter, Wortgruppen und Teilsätze miteinander verbindet. Nach ihrer **Bedeutung** unterscheidet man: ▪ **aufzählende Konjunktionen** (treten bei Aufzählungen auf, z. B.: *und, sowie, sowohl … als auch, oder, weder … noch …*), ▪ **entgegenstellende Konjunktionen** (drücken einen Gegensatz aus, z. B.: *aber, doch, nicht nur …, sondern auch …*). Nach der **Funktion** unterscheidet man: ▪ **nebenordnende Konjunktionen** (verbinden gleichrangige Wörter, Wortgruppen und Teilsätze, z. B.: *aber, und, sondern, denn*), ▪ **unterordnende Konjunktionen** (leiten einen Nebensatz ein, z. B.: *als, weil, dass, wenn, falls, ehe, bevor, nachdem, sodass*).
Konsonantenverdopplung	Konsonanten werden nur **nach kurzem Stammvokal** verdoppelt, z. B.: *der Ball, die Puppe.* Der Konsonant verbindet in diesem Fall zwei Silben wie ein Gelenk (**Silbengelenk**), z. B.: *die Wel le, der Him mel.* Einsilbige Wörter muss man verlängern, z. B: *der Ka▪ – die Kämme → der Kamm.* Kann man ein Wort nicht verlängern, erfolgt keine Verdopplung, z. B.: *an, bis, mit, plus, von, zum.* Ausnahmen sind *wann, wenn, dann, denn,* weil sie früher zweisilbig waren (*wanne, wenne, danne, denne*).
Lehnwort	Wort, das aus einer anderen Sprache »entliehen« wurde und sich im Laufe der Zeit in Aussprache, Schreibung und Beugung **der deutschen Sprache angepasst** hat, z. B.: *Fenster* (von lateinisch *fenestra*).
Leserbrief	**Schriftliche Stellungnahme** zu einem Artikel in einer Zeitung oder Zeitschrift. Ein Leserbrief besteht aus: ▪ Einleitung (knapp mitteilen, auf welchen Artikel man sich bezieht), ▪ Hauptteil (mit Bezug auf den Artikel kurz die eigene Meinung formulieren und Begründungen nennen), ▪ Schluss (Standpunkt kurz zusammenfassen).

Literatur	(*lat.* litterātūra – Buchstabenschrift, Schrifttum) Bezeichnung für alle Texte, die aufgezeichnet und veröffentlicht werden. Manchmal wird der Begriff *Literatur* auch in einem engeren Sinn verwendet und meint dann vor allem die künstlerische Literatur.
lyrisches Ich	Bezeichnet den Sprecher des Gedichts, also das sprechende, künstlerisch gestaltete Ich, das nicht mit dem Ich des Autors übereinstimmt.
Märchen	**Textsorte** mit bestimmten **Merkmalen**, wie z. B.: gleicher oder ähnlicher Beginn und Schluss, Gegensatzpaare, magische Zahlen, Fantasiewesen, wiederkehrende Sprüche, Verwandlungen, Zaubereien, das Gute siegt über das Böse. **Volksmärchen** wurden meist mündlich überliefert. Der Autor sowie Zeit und Ort des Entstehens lassen sich nicht mehr eindeutig feststellen. **Kunstmärchen** sind die Schöpfung eines Dichters.
Medien	Mittel zur **Verständigung der Menschen** untereinander, wie z. B. Zeitung, Zeitschrift, Hörfunk, Film und Fernsehen, Computer. Man unterscheidet **Printmedien** (zum Lesen) und **audiovisuelle Medien** (zum Hören und Sehen). Wichtige Printmedien sind **Bücher** und **Zeitungen/Zeitschriften**. Sie dienen der Information, Wissensgewinnung, Unterhaltung und Entspannung. Vom Manuskript bis zum Erscheinen eines **Buchs** vergeht meist ein langer Zeitraum, in dem viele verschiedene Berufe beteiligt sind (Autoren, Illustratoren, Lektoren, Drucker, Buchbinder). **Zeitungen** erscheinen meist täglich, außer sonntags. Ein großer Teil der Informationen, Grafiken und Fotos kommt von **Nachrichtenagenturen**. **Zeitschriften** erscheinen in größeren Abständen: wöchentlich, alle zwei Wochen, monatlich oder sechs Mal im Jahr.
mehrdeutiges Wort	Wörter, die mehrere Bedeutungen haben, z. B.: *Hahn* (Tier, Wasserhahn), *Flügel* (Teil eines Vogels oder Flugzeugs, Musikinstrument). Welche der Bedeutungen gemeint ist, wird erst aus dem Textzusammenhang klar.
Metapher	(*griech.* metaphora – Übertragung) Ein Wort wird nicht in seiner eigentlichen Bedeutung gebraucht, sondern im bildlichen, übertragenen Sinne. Diese Bedeutungsübertragung entsteht aufgrund eines gemeinsamen Merkmals, z. B. *Stuhlbein* oder *Lebensabend*. Metaphern kommen in unserer Umgangssprache häufig vor, in Gedichten werden sie bewusst zur Veranschaulichung einer Aussage eingesetzt.
Mimik	Bezeichnet den Gesichtsausdruck. Im Alltag und auf der Bühne oder im Film kann man an der Mimik die Gefühle eines Menschen ablesen.
Mindmap (engl. *mind* – Gedanken, Gedächtnis; *map* – Landkarte)	**Methode zur Sammlung und logischen Strukturierung von Informationen** zu einem Thema. Ausgehend von dem zentralen Begriff, der in der Mitte steht, werden weiterführende Informationen ringsherum angeordnet. Linien (z. B. Haupt- und Nebenäste) verdeutlichen Beziehungen, z. B. zwischen Ober- und Unterbegriff oder Teil und Ganzem.

Mitschreiben	Schriftliches Festhalten von Gehörtem. Dabei muss man: ▪ genau und konzentriert zuhören, ▪ Wesentliches von Unwesentlichem unterscheiden, ▪ Aussagen genau zusammenfassen. Um schnell mitschreiben zu können, sollte man **Stichpunkte** formulieren und **Abkürzungen** benutzen, z. B.: *u., ca., usw.*
Mitteilungen verfassen	Es gibt verschiedene Anlässe und Möglichkeiten, Mitteilungen zu verfassen, z. B. als SMS, E-Mail oder Brief. Immer ist zu beachten, an wen und aus welchem Anlass man schreibt. Danach richtet sich die Gestaltung der Mitteilung. **Offizielle Briefe** bzw. **E-Mails** sind Mitteilungen an eine Institution oder ein Unternehmen, z. B. Anträge, Beschwerden und Bewerbungen, in denen bestimmte Regeln beachtet werden sollten: Man formuliert sachlich und knapp, aber höflich, verwendet die **Anredepronomen** *Sie, Ihr(-e),* achtet auf fehlerfreie Rechtschreibung und Zeichensetzung. Eine **Betreffzeile** enthält kurz den Anlass des Briefs, z. B.: *Bewerbung um einen Praktikumsplatz.* In der **Anrede** schreibt man: *Sehr geehrte Frau Müller, … Sehr geehrter Herr Lehmann, …* oder *Sehr geehrte Damen und Herren, …* Nach dem Komma wird auf einer neuen Zeile klein weitergeschrieben. Die übliche **Grußformel** am Schluss ist: *Mit freundlichen Grüßen / Mit freundlichem Gruß* In Briefen folgt die **persönliche Unterschrift**.
Monolog	(*griech.* monologos – allein sprechend) Selbstgespräch einer Person im Gegensatz zum Zwiegespräch (Dialog). Im Drama, aber auch in erzählender Literatur kann eine handelnde Figur in einem Monolog ihre Gedanken äußern.
Nacherzählen	**Wiedergabe** gelesener oder gehörter Geschichten **mit eigenen Worten**. Zur Vorbereitung kann man die Geschichte in Abschnitte einteilen und Stichpunkte zum Inhalt notieren. Besonders zu achten ist auf die zeitliche Abfolge der Handlung, auf die Orte und auf die Gedanken und Gefühle der handelnden Personen/Figuren.
Nebensatz	**Teilsatz eines zusammengesetzten Satzes**, der allein meist nicht verständlich ist. Er wird durch **Komma** vom **Hauptsatz** getrennt, z. B.: *Wir packten gleich aus, als wir angekommen waren. Nachdem wir ausgepackt hatten, liefen wir zum See.* Die meisten Nebensätze erkennt man an folgenden **Merkmalen**: ▪ die **finite** (gebeugte) **Verbform** steht an letzter Stelle, ▪ am Anfang steht ein **Einleitewort**. Nebensätze kann man nach ihrem Einleitewort unterscheiden: ▪ **Konjunktionalsatz**: durch eine unterordnende Konjunktion eingeleitet, z. B.: *weil, dass, sodass, als, da, nachdem, bevor, seit, wenn,* ▪ **Relativsatz**: durch ein Relativpronomen eingeleitet, z. B: *der, die, das, welcher, welche, welches,* ▪ **Fragewortsatz**: durch ein Fragewort eingeleitet, z. B.: *wo, wie, was, warum.*

Nomen/Substantiv	**Wortart**, die Lebewesen, Gegenstände, Gefühle, Vorstellungen, Vorgänge, Orte und Veranstaltungen bezeichnet. Nomen können einen Begleiter (Artikel, Possessivpronomen) und ein Attribut bei sich haben. An den Begleitern erkennt man **Fall** (Kasus), **Zahl** (Numerus) und **Geschlecht** (Genus), z. B.: *die Wiese, unser Garten.* Nomen sind **deklinierbar**, d. h., sie treten in einem bestimmten Fall (Kasus), einer bestimmten Zahl (Numerus) auf und haben ein bestimmtes Geschlecht (Genus), z. B.: *(das) Haus – (die) Häuser – (in den) Häusern.* Nomen werden **großgeschrieben**.
nominale Wortgruppe	**Nomen/Substantiv mit seinen Begleitern und Attributen**. Das Wort am Ende einer nominalen Wortgruppe ist ein Nomen/Substantiv und wird großgeschrieben, z. B.: *das schöne hell leuchtende Blau.*
Nominalisierung/ Substantivierung	Im Deutschen kann jedes Wort **als Nomen gebraucht** – also nominalisiert/ substantiviert – werden. Es wird dann wie Nomen **großgeschrieben** und kann ebenfalls einen Begleiter und ein Attribut bei sich haben, z. B.: *das Blau, euer lautes Rufen.*
Numerale (Zahlwort)	Wörter, die eine Menge oder eine Anzahl angeben. Man unterscheidet: ▪ **bestimmte Numeralien**, z. B.: *eins, zwei, erster,* ▪ **unbestimmte Numeralien**, z. B.: *einige, viele, alle.* Numeralien gehören zu **verschiedenen Wortarten**: ▪ Nomen/Substantiv, z. B.: *eine Million,* ▪ Adjektiv, z. B.: *zwei Schüler, in der sechsten Klasse,* ▪ Adverb, z. B.: *er rief dreimal.*
Numerus (Zahl)	Zahl, in der Nomen/Substantive, Artikel, Adjektive oder Pronomen auftreten können. Es gibt eine Form für den **Singular** (Einzahl) und eine andere Form für den **Plural** (Mehrzahl), z. B.: *(das) Kind – (die) Kinder.*
Objekt	**Satzglied**, das das Prädikat ergänzt. Der Fall des Objekts ist vom Verb oder einer Präposition abhängig. Man unterscheidet: ▪ **Dativobjekt** (Frage: *Wem?*), z. B.: *Sie hilft ihrer Oma.* ▪ **Akkusativobjekt** (Frage: *Wen? Was?*), z. B.: *Er liest ein Buch.* ▪ **Genitivobjekt** (Frage: *Wessen?*), z. B.: *Sie erfreut sich bester Gesundheit.* Genitivobjekte werden selten, meistens in der Schriftsprache gebraucht. ▪ **Präpositionalobjekt** (Objekt, dessen Fall von einer **Präposition** bestimmt wird), z. B.: *Sie wartet auf ihn. Über das Buch freute sie sich.*
Parallelgedicht	Übernimmt das Muster des Vorbilds und füllt es mit neuem Inhalt.
Personifizierung	Naturerscheinungen oder Gegenstände verhalten sich wie Menschen, z. B.: *beißender Frost, das Haus ächzte im Sturm.*
Pointe	(*frz.* Spitze, Schärfe) Unerwartete Wendung, z. B. zum Schluss einer Anekdote, mit dem Ziel, durch ihren Witz die Zuhörer oder Leser zum Lachen zu bringen.

Prädikat	**Satzglied**, das etwas über das Subjekt aussagt (Satzaussage, Frage: *Was wird ausgesagt?*). **Subjekt** und **Prädikat** bilden den **Satzkern**. Wenn das Prädikat nur aus dem finiten (gebeugten) Verb besteht, nennt man es **einteiliges Prädikat**, z. B.: *(er) liest*. Das **mehrteilige Prädikat** besteht aus der finiten (gebeugten) Verbform und anderen, infiniten (ungebeugten) Verbformen (Partizip II, Infinitiv) oder weiteren Wörtern. Das mehrteilige Prädikat kann andere Satzglieder einrahmen. Dann bildet es einen **prädikativen Rahmen**, z. B.: *Er hat ein Buch gelesen. Trotz der Kälte ging sie ohne Mütze los.*
Präfix (Vorsilbe)	Dem Wortstamm vorangestellter **Wortbaustein**, der nicht selbstständig stehen kann. Wichtige Präfixe sind *be-, er-, ent-, ge-, miss-, ver-, zer-*. Durch das Anfügen von Präfixen entstehen oft neue Wörter (**Ableitung**) mit veränderter Bedeutung, z. B.: *fallen* → *gefallen, verfallen, zerfallen, befallen, entfallen*.
Präposition	**Wortart**, die räumliche, zeitliche oder andere Beziehungen zwischen Wörtern und Wortgruppen ausdrückt, z. B.: *in, aus, bei, mit, nach, vor, hinter, über, zu*. Präpositionen stehen meist **vor dem Nomen/Substantiv** und seinen Begleitern und **fordern einen bestimmten Fall**, z. B.: *mit dem Ball* (Dativ); *für den Freund* (Akkusativ), *wegen des Wetters* (Genitiv), *auf dem Tisch* (*Wo?* → Dativ), *auf den Tisch* (*Wohin?* → Akkusativ).
Präsentieren	Man informiert Zuhörer über bestimmte Themen, Vorhaben oder Arbeitsergebnisse. Es kommt darauf an, die Aufmerksamkeit und das Interesse der Hörer zu gewinnen. Zur **Vorbereitung** sammelt und ordnet man Informationen und Anschauungsmaterial und fertigt übersichtliche Stichpunkte an (z. B. auf Karteikarten). Beim **Halten des Vortrags** ist auf freies, langsames und deutliches Sprechen sowie auf Blickkontakt zu den Zuhörern zu achten.
Pronomen	**Wortart**, die **Stellvertreter** oder **Begleiter** eines Nomens/Substantivs sein kann. Pronomen sind **deklinierbar**. ▪ **Personalpronomen** stehen stellvertretend für Nomen, z. B.: *ich, du, er, sie, es,* ▪ **Possessivpronomen** zeigen Besitz oder Zugehörigkeit an, z. B.: *mein, dein, sein, ihr,* ▪ **Demonstrativpronomen** weisen auf ein vorher genanntes Nomen hin, z. B.: *dieser, jene,* ▪ **Relativpronomen** leiten Nebensätze ein, die sich auf ein Nomen im Hauptsatz beziehen, z. B.: *der, welche,* ▪ **Interrogativpronomen** erfragen Personen, Sachen, Eigenschaften oder stehen für die Auswahl aus einer Menge, z. B.: *wer, was, welcher,* ▪ **Reflexivpronomen** weisen auf den Handlungsträger (sich selbst) zurück, z. B.: *(ich) mich, (er) sich*.

Protokoll	Besondere **Form des Berichts**, mit dem kurz und genau informiert oder dokumentiert wird. Im **Verlaufsprotokoll** hält man den Ablauf und die Ergebnisse einer Veranstaltung, Diskussion oder eines Experiments fest. Im **Ergebnisprotokoll** werden nur die Ergebnisse bzw. Beschlüsse notiert. Ein **Versuchsprotokoll** ist eine besondere Form des Verlaufsprotokolls. Es sollte folgende Angaben enthalten: ▪ Name, Klasse, Datum, ▪ Aufgabe bzw. Fragestellung, ▪ Materialien und Geräte, ▪ Durchführung des Experiments, ▪ Beobachtungen, ▪ Entsorgung der Materialien, ▪ Auswertung der Beobachtungen.
Quellenangabe	Verwendet man Informationen und Material aus verschiedenen Medien, muss man die Quelle genau angeben. Die **Quellenangabe zu einem Buch** sollte Folgendes enthalten: ▪ Autorin/Autor: *Hasselblatt, Karin und Sonja Wagenbrenner:* ▪ Titel: *Was du schon immer über China wissen wolltest.* ▪ Ort, Verlag, Jahr: *Berlin: Berlin Verlag, 2008,* ▪ Seitenzahl, woher die Information stammt: *S. 54.* **Internetquellen** sollten so angegeben werden: ▪ Autorin/Autor (wenn möglich): *Li Yang:* ▪ Titel und Untertitel des Beitrags: *Sitten und Gebräuche des Frühlingsfests.* ▪ Internetadresse: *Online im Internet: http://www.kultur.chinaweb.de* ▪ Abrufdatum, z.B.: *[15.11.2011]*
Redewendung	**Feste sprachliche Wendung** (Wortgruppe), mit der man etwas besonders anschaulich und einprägsam ausdrückt, z.B.: *auf die Nase fallen, sich den Kopf zerbrechen.*
Refrain	(*frz.* Echo) Regelmäßig wiederkehrende Wortgruppe in Liedern oder Gedichten, die meist zwischen den einzelnen Strophen steht.
Regieanweisung	(*frz.* régie – Verwaltung) Hinweise des Bühnenautors zu Bühnenbild, Sprechweisen, Figurenverhalten und Kostümen. Diese Hinweise werden nicht mitgesprochen. Im Text sind sie meist schräg gedruckt oder in Klammern gesetzt.
Reim	Gleichklang von Wörtern *(Hut – gut).* Die häufigste Reimform ist der Endreim, d.h., Wörter reimen sich am Ende zweier Verse. Endreime sind z.B. der Paar-, der Kreuz- und der umarmende Reim. Beim Paarreim reimen sich zwei Verse unmittelbar aufeinander (Form: aabb). Beim Kreuzreim reimt sich ein Vers jeweils mit dem übernächsten (Form: abab). Und beim umarmenden Reim wird ein Paarreim von einem anderen Reim umschlossen (Form: abba).

Relativsatz	Ein **Nebensatz**, der durch ein **Relativpronomen** (*der, die, das, welcher, welche, welches*) **eingeleitet** wird. Das Relativpronomen bezieht sich auf ein Nomen im vorangehenden Hauptsatz (Bezugswort). Relativsätze werden durch **Komma** vom Hauptsatz abgegrenzt, z. B.: *Die Suppe, die wir morgens gekocht hatten, aßen wir zu Mittag.* *Dazu gab es Brot, welches wir selbst gebacken hatten.*
Sachtexte erschließen	Um Sachtexte zu erschließen, kann man die **5-Gang-Lesetechnik** nutzen: 1. Text überfliegen 2. Fragen an den Text stellen 3. Text gründlich lesen 4. das Wichtigste zusammenfassen 5. Text noch einmal lesen In Sachtexten sind häufig grafische Schaubilder, z. B. **Tabellen** oder **Grafiken**, enthalten. Um sie auszuwerten, beantwortet man folgende Fragen: ▪ Welches Thema wird behandelt? ▪ Was wird auf den Achsen des Diagramms bzw. in den Spalten und Zeilen der Tabelle angegeben? ▪ Welche konkreten Werte sind angegeben? ▪ Was ergibt sich bei einem Vergleich der Werte? ▪ Welche Schlussfolgerungen kann man aus dem Vergleich ziehen?
Sage	**Textsorte** mit bestimmten **Merkmalen**, wie z. B.: Sagen enthalten einen **wahren historischen Kern** (geschichtliche Begebenheiten, Personen, landschaftliche Eigenheiten, Gebäude und Naturerscheinungen). Sagen wurden über Generationen weitererzählt. Man unterscheidet **Orts-**, **Götter-** und **Heldensagen**.
Satzart	Man unterscheidet drei Satzarten: ▪ **Aussagesatz**: Man stellt etwas fest, informiert über etwas. Merkmale: finite (gebeugte) Verbform in der Regel an zweiter Stelle, Satzschlusszeichen: Punkt, z. B.: *Am Montag kommt eine neue Lehrerin.* ▪ **Fragesatz**: Man fragt, erkundigt sich nach etwas. Merkmale: oft durch ein Fragewort eingeleitet (z. B.: *wer, was, wie, wann, wo, warum*) oder finite (gebeugte) Verbform an erster Stelle, Satzschlusszeichen: Fragezeichen, z. B.: *Wann beginnen wir? Kommst du mit?* ▪ **Aufforderungssatz**: Man fordert jemanden zum Handeln auf oder drückt Bitten, Wünsche, Hoffnungen aus. Merkmale: finite (gebeugte) Verbform an erster Stelle, Satzschlusszeichen: Ausrufezeichen oder Punkt, z. B.: *Holt bitte frisches Wasser! Sei einfach etwas freundlicher.*
Satzgefüge	siehe zusammengesetzter Satz

Satzglied	**Subjekt**, **Prädikat**, **Objekt** und **Adverbialbestimmung** sind Satzglieder. (Das Attribut ist ein Satzgliedteil.) Satzglieder kann man mithilfe der **Umstellprobe** ermitteln. Durch das Umstellen von Satzgliedern lassen sich auch verschiedene Aussageabsichten verwirklichen, z. B.: *Die Kinder / warten / am Morgen / auf den Bus.* *Am Morgen / warten / ... Auf den Bus / warten ...*
Satzreihe/ Satzverbindung	siehe zusammengesetzter Satz
Satzverknüpfung/ Textgestaltung	Um Sätze inhaltlich zu verbinden, Wortwiederholungen zu vermeiden und Texte flüssig und verständlich zu gestalten, verwendet man **sprachliche Verknüpfungsmittel**, z. B.: ▪ Pronomen, wie *sie, diese, das,* ▪ Adverbien, wie *dort, dann, danach, deshalb,* ▪ bedeutungsähnliche Wörter (aus einem Wortfeld), wie *Gepäck* für *Koffer und Reisetasche.* Außerdem kann man den Textfluss durch das **Umstellen von Satzgliedern** verbessern. Die Verknüpfungsmittel stehen oft an der ersten Satzgliedstelle (vor der finiten Verbform), im **Vorfeld** des Satzes.
Schreibkonferenz	In einer Schreibkonferenz werden **Texte gemeinsam** (in Gruppen) **überarbeitet**. Dazu kann man so vorgehen: 1. Arbeitsschritte festlegen (Karteikarten), Reihenfolge besprechen 2. Texte mehrfach laut vorlesen, gut zuhören, Notizen machen 3. Notizen vergleichen, Hinweise und Vorschläge für die Schreiber formulieren 4. den eigenen Text überarbeiten
Schreibwerkstatt	In einer Schreibwerkstatt steht der Spaß am gemeinsamen Schreiben im Mittelpunkt. Wie in einer Werkstatt wird **gemeinsam an Texten gearbeitet**. Die einzelnen Arbeitsschritte sind das Werkzeug und die Sprache ist das Material.
schriftliche Stellungnahme	siehe Leserbrief
Schwank	(*mhd.* swanc – Streich, Hieb) Seit dem 15. Jh. Bezeichnung für eine kleine Erzählung in Versen oder auch in Prosa mit scherzhaftem oder moralischem Inhalt. Oft handeln Schwänke von lustigen Begebenheiten, kleinen Pannen im Alltag oder auch der Überlistung eines dummen Menschen durch einen klugen, wie bei Till Eulenspiegel oder Hodscha Nasreddin.
silbenöffnendes *h*	Als silbenöffnendes *h* bezeichnet man das ***h* am Anfang der zweiten Silbe**, z. B.: *Schu-he, ge-hen.* Das silbenöffnende *h* hilft beim Lesen, indem es zwei Vokale voneinander trennt.
Sketch	(*engl.* Skizze) Kurze, witzige Szene mit überraschender Wendung.

sprachliche Mittel	Sprachliche Mittel dienen der anschaulichen, einprägsamen und/oder zweckmäßigen **Satz- und Textgestaltung**, wie z.B. in der Werbung: ▪ Übertreibung, z.B.: *So wurden Sie noch nie erfrischt.* ▪ Aufzählung, z.B.: *Quadratisch. Praktisch. Gut.* ▪ Alliteration (gleicher Anfangsbuchstabe), z.B.: *Milch macht müde Männer munter.* ▪ Reime, z.B.: *Mars macht mobil, bei Arbeit, Sport und Spiel.* ▪ Wortspiel, z.B.: *Bemannte Räumfahrt.* ▪ Gegensatz, z.B.: *Sind sie zu stark, bist du zu schwach.* ▪ Ausruf, z.B.: *Wie gut, dass es Nivea gibt!* ▪ Wortneuschöpfungen, z.B.: *Los Wochos!* ▪ ungewöhnlicher Satzbau, z.B.: *Jetzt zuschlagen!* ▪ Abweichungen von der Grammatik, z.B.: *Hier werden Sie geholfen!*
Sprichwort	Ein Sprichwort gibt Erfahrungen, Beobachtungen und Einsichten der Menschen in Form eines Satzes besonders anschaulich und einprägsam wieder, z.B.: *Wer andern eine Grube gräbt, fällt selbst hinein.*
Stegreifspiel	Kurzes unvorbereitetes Rollenspiel zu einem Thema.
Strophe	(*griech.* strophe – Wendung, Dehnung) Abschnitt eines Gedichts, der sich aus mehreren Versen zusammensetzt.
Subjekt	**Satzglied**, über das im Satz etwas ausgesagt wird (Satzgegenstand). Es steht in der Regel im **Nominativ** und kann mithilfe der Fragen *Wer?* oder *Was?* ermittelt werden, z.B.: *Am Abend trafen die Großeltern und mein Bruder ein. Der Schnee begann langsam zu tauen.* **Subjekt** und **Prädikat** bilden den **Satzkern**.
Suffix (Nachsilbe)	An den Wortstamm angehängter **Wortbaustein**, der in der Regel nicht selbstständig stehen kann. Durch das Anfügen von Suffixen entstehen Wortformen und neue Wörter (**Ableitungen**), z.B.: *lernen, lernte, Lerner; Kindheit, kindlich, kindisch.* Typische Suffixe für Nomen/Substantive sind *-heit, -keit, -ung, -nis,* z.B.: *Dunkelheit, Hindernis.* Typische Suffixe für Adjektive sind *-ig, -lich, -isch,* z.B.: *windig, heimlich, himmlisch.*
Synonyme	Wörter mit **sinngleicher oder -ähnlicher Bedeutung**, z.B.: *sprechen – reden – sagen – rufen.* Sie bilden ein **Wortfeld**.
Szene	(*griech.* skene – Zelt, Bühne) Sinneinheit innerhalb einer Handlung. Sie ist die kleinste Einheit eines Theaterstücks, oft werden mehrere Szenen zu einem Akt zusammengefasst. Im Film besteht eine Szene aus einer oder mehreren Einstellungen.
szenischer Text	Wird in Dialogen geschrieben, es gibt keinen Erzähler. Ziel ist es, den Text als Handlung zu spielen. Oft gibt es Regieanweisungen mit Hinweisen zur Handlung oder zum Sprechen.

Texte verfassen	Beim Verfassen von Texten sind verschiedene **Arbeitsphasen** und **Arbeitsschritte** nötig. So kann man vorgehen: ▪ **Schreibaufgabe bedenken** (Für wen, warum, was/worüber soll geschrieben werden?), ▪ **Text planen und gestalten** (Ideen/Informationen sammeln, ordnen und gliedern; Textteile formulieren, z. B. Einleitung, Schluss), ▪ **Textentwurf schreiben**, ▪ **Textentwurf überarbeiten** (Inhalt, Wortwahl, Satzbau, Rechtschreibung, Zeichensetzung; evtl. Schreibkonferenz), ▪ **Endfassung schreiben** (evtl. gestalten).
Umstellprobe	Probe zur Ermittlung der **Satzglieder** eines Satzes: Alle Wörter, die nur zusammenhängend umgestellt werden können, bilden ein Satzglied. Im Aussagesatz kann jedes Satzglied, außer Prädikat, die erste Stelle (vor der finiten Verbform) einnehmen. Die finite (gebeugte) Verbform nimmt immer die zweite Stelle ein. Vor der finiten Verbform kann immer nur *ein* Satzglied stehen, z. B.: *Max und Moritz | spielten | den Erwachsenen häufig | böse Streiche.* *Den Erwachsenen | spielten | ….* *Häufig | spielten | ….*
unpersönliche Ausdrucksweise	Wenn es **unwichtig** ist, **wer handelt**, wird die unpersönliche Ausdrucksweise verwendet (z. B. in Berichten oder Beschreibungen). Es gibt zwei Formen der unpersönlichen Ausdrucksweise: ▪ Verbform im Passiv, z. B.: *Das Wasser wird dazugegeben.* ▪ *man*-Form, z. B.: *Man gibt das Wasser dazu.*
Verb	**Wortart**, die **Tätigkeiten** (was jemand tut), **Vorgänge** (was geschieht) und **Zustände** (was ist) bezeichnet. Es gibt infinite (ungebeugte) und finite (gebeugte) Verbformen. Die **infiniten Verbformen** sind ▪ der **Infinitiv** (Grund-/Nennform), z. B.: *spielen, rennen,* ▪ das **Partizip I,** z. B.: *spielend, rennend,* ▪ das **Partizip II,** z. B.: *gespielt, gerannt.* Die **finiten Verbformen** (Personalformen) entstehen durch **Konjugation** (Beugung). Die finite Verbform stimmt in Person und Zahl immer mit dem Subjekt des Satzes überein, z. B.: *Ich springe zuerst. Du springst zuletzt.* Verben bilden **Zeitformen** (Tempusformen), die angeben, wann etwas stattfindet, ob etwas schon abgeschlossen ist, noch andauert oder in der Zukunft stattfinden wird und ob eine Aussage sicher ist oder nur vermutet wird. **Präsens** und **Präteritum** sind **einfache Zeitformen**, sie bestehen aus nur einer Verbform, z. B.: *Ich lese gern. Er las gestern ein Buch.* **Perfekt**, **Plusquamperfekt** und **Futur** sind **zusammengesetzte Zeitformen**, sie bestehen aus mindestens zwei Verbformen, z. B.: *Wir haben viel gelesen. Er hatte viele Bücher mitgebracht. Bald werden wir neue Bücher bestellen müssen.*

	Um alle Formen eines Verbs richtig bilden und schreiben zu können, kann man sich an den drei **Leitformen** (Stammformen) orientieren: **Infinitiv – Präteritum** (1./3. Person Singular) **– Partizip II,** z. B.: *lesen – las – gelesen.* An den Leitformen erkennt man starke und schwache Verben. Bei **starken Verben** ändert sich der Stammvokal, die 1./2. Person Präteritum ist endungslos und das Partizip II endet auf *-en,* z. B.: *schwimmen – schwamm – geschwommen.* Bei **schwachen Verben** ändert sich der Stammvokal nicht, die 1./2. Person Präteritum endet auf *-te* und das Partizip II endet auf *-t,* z. B.: *lachen – lachte – gelacht.* Von den meisten Verben kann man eine **Aktivform** (Betonung des Handelnden) und eine **Passivform** (Unwichtigkeit des Handelnden) bilden. Passivformen bildet man mit dem Hilfsverb *werden* + Partizip II eines anderen Verbs, z. B.: *(ich) werde getragen, (du) wirst begleitet.*
Vergleich	Verbindet Wörter oder Wortgruppen mit »wie« oder »als (ob)«, um etwas miteinander zu vergleichen und dadurch deutlicher zu machen. Wird in der Alltagssprache verwendet oder als sprachliches Mittel im Gedicht (z. B. *Die Luft ist wie aus grauem Tuch.*).
Verlängerungs-probe	Probe zur Ermittlung der Schreibung eines einsilbigen Wortes. Man verlängert das einsilbige Wort, indem man z. B. folgende Formen bildet: ▪ die Pluralform (z. B.: *Flu■ – Flüsse, Sta■ – Stäbe*), ▪ ein Verb (z. B.: *Ba■ – baden*), ▪ ein Adjektiv (z. B.: *Gol■ – golden, goldig).*
Vers	(*lat.* versus – Wendung, Linie) Bezeichnet die einzelne Gedichtzeile. Mehrere Verse ergeben eine Strophe.
Verwandtschafts-probe	Probe zur Ermittlung der Schreibung eines Wortes. Man sucht ein stamm-verwandtes Wort aus der Wortfamilie, z. B.: *mahlen – Mehl – Mühle; Biss – bissig.*
Weglassprobe	Probe, um zu ermitteln, ob ein Attribut weggelassen werden kann, ohne dass der Sinn des Satzes verlorengeht, z. B.: *Ich legte den (verhassten) (grünen) Wisch auf den Schrank (in der Küche) und spürte, wie mein (brodelnd) (heißes) Blut vom Kopf in den Bauch rann.*
Werbung	Werbung beeinflusst Menschen gezielt und bewusst. Sie ist nach der **AIDA-Formel** aufgebaut, denn sie soll: ▪ **Aufmerksamkeit** erregen, — **A** ttention ▪ **Interesse** wachrufen, — **I** nterest ▪ den **Wunsch** nach dem Produkt wecken, — **D** esire ▪ das **Handeln**, d. h. den Kauf, auslösen. — **A** ction Werbung muss in **einfacher**, aber **einprägsamer Sprache** verfasst sein. Dazu nutzt sie gern spezielle **sprachliche Mittel**.
Witz	Eine kurze Geschichte mit einem überraschenden und lustigen Ende (Pointe).

Wortart	Wörter lassen sich verschiedenen Wortarten zuordnen. Es gibt ▪ **veränderbare Wortarten**: Nomen/Substantiv (deklinierbar), Verb (konjugierbar), Adjektiv (deklinierbar, komparierbar), Artikel (deklinierbar), Pronomen (deklinierbar), ▪ **nicht veränderbare Wortarten**: Präposition, Adverb, Konjunktion. ▪ Numerale (Zahlwörter) können zu verschiedenen Wortarten gehören.
Wörterbuch	Wörterbücher oder Lexika (Singular: Lexikon) enthalten meist eine Vielzahl von Informationen und sind so aufgebaut: Die **Stichwörter** stehen in **alphabetischer Reihenfolge**. **Seitenleitwörter** (das erste und letzte Wort einer Seite) helfen bei der Orientierung. Rechtschreib-Wörterbücher enthalten neben dem **Wörterverzeichnis** oft einen Anhang mit den gültigen **Rechtschreibregelungen**, meist mit K (Kennziffer) oder R (Regel) und einer Nummer gekennzeichnet.
Wortfamilie	Wörter, die einen **gemeinsamen Wortstamm** haben, bilden eine Wortfamilie. Wortfamilien entstehen durch **Ableitung** und **Zusammensetzung**, z. B.: *lehren – Lehrer – Lehrbuch – Lehrling – gelehrig ...*
Wortfeld	Bedeutungsgleiche oder -ähnliche Wörter (**Synonyme**) bilden ein Wortfeld. Wörter eines Wortfeldes lassen sich in **Oberbegriffe** (mit allgemeiner Bedeutung) und **Unterbegriffe** (mit spezieller Bedeutung) einteilen, z. B.: *Pflanze: Baum – Birke, Buche, Fichte, ...*
Wortschatzerweiterung	Unser Wortschatz erweitert sich ständig, z. B. durch ▪ **Wortbildung** mithilfe von **Zusammensetzung** und **Ableitung**, z. B.: *Hörbuch, wässrig,* ▪ **Übernahme** von Wörtern aus anderen Sprachen, z. B.: *Pizza, scannen,* ▪ **Nominalisierung** von Wörtern (Verben und Adjektive), z. B.: *filmen → das / beim Filmen, neu → der Neue.*
Worttrennung	Die wichtigsten **Regeln** der Worttrennung am Zeilenende sind: ▪ Mehrsilbige Wörter trennt man nach Sprechsilben, z. B.: *be-ra-ten.* ▪ Einzelne Vokale am Wortanfang oder -ende trennt man nicht ab. ▪ Die Buchstabenverbindungen *ch, ck, sch, ph, th* trennt man nicht, z. B.: *la-chen, Zu-cker.* ▪ Zusammengesetzte Wörter und Ableitungen mit Präfixen (Vorsilben) trennt man zwischen den einzelnen Wortbausteinen, z. B.: *ver-laufen, Fern-seh-turm.*
Zeitangaben	Die Angabe von **Tageszeiten** schreibt man ▪ **groß**: 1. nach Artikeln und Präpositionen, wie *zum, am,* 2. nach Adverbien, wie *gestern, heute, morgen,* z. B.: *der Abend, zum Mittag, vorgestern Abend,* ▪ **klein**: wenn ein *-s* folgt, z. B.: *abends, dienstags* (ohne Artikel!). **Zusammensetzungen aus Wochentag und Tageszeit** schreibt man groß, z. B.: *(der) Montagabend.* Aber wenn ein *-s* folgt, schreibt man klein, z. B.: *dienstagabends,* auch: *dienstags abends.*

Zerlegeprobe	Probe zur Ermittlung der Schreibung eines Wortes. Man zerlegt Wörter in **Sprechsilben**, um zu erkennen, ob es mit zwei gleichen oder zwei verschiedenen Konsonanten geschrieben wird, z. B.: *es-sen, lis-tig*. Man kann Wörter auch in ihre **Bauteile** zerlegen, um Sicherheit über deren Schreibung zu bekommen, z. B.: *Ver-kauf, du nasch-st*.
zusammen-gesetzter Satz	Satz, der aus zwei oder mehreren inhaltlich eng miteinander verbundenen **Teilsätzen** besteht. Die Teilsätze werden in der Regel durch **Komma** voneinander getrennt. Jeder Teilsatz enthält mindestens ein **Subjekt** und ein **Prädikat** (finite Verbform). Man unterscheidet: ▪ **Satzgefüge** (Haupt- und Nebensatz), z. B.: *Alle waren begeistert, als die Clowns auftraten.* ▪ **Satzreihe/Satzverbindung** (mindestens zwei Hauptsätze), z. B.: *Clown Tilo stand auf dem Kopf (,) und Clown Marek spielte Trompete.* ▪ **mehrfach zusammengesetzte Sätze** (drei oder mehrere Haupt- und Nebensätze), z. B.: *Clown Tilo, der auf dem Kopf stand, konnte sich nicht wehren, als Clown Marek ihn umstieß.*
Zusammensetzung	Form der **Wortbildung**: Zusammensetzungen bestehen aus **Grund-** und **Bestimmungswort**. Manchmal ist ein **Fugenelement** eingefügt. Das Grundwort bestimmt die Wortart und das Geschlecht der Zusammensetzung, z. B.: *wunder|schön, die Mittag|s|zeit*. Bei zusammengesetzten Verben gibt es ▪ **fest zusammengesetzte Verben**, z. B.: *unterrichten – (er) unterrichtet,* ▪ **unfest zusammengesetzte Verben**, z. B.: *teilnehmen – (er) nimmt teil.* Man kann sie durch die **Betonung** unterscheiden: ▪ Betonung auf dem Grundwort → fest zusammengesetzt, ▪ Betonung auf dem Bestimmungswort → unfest zusammengesetzt. Einige Verben bilden in Verbindung mit ***durch***, ***hinter***, ***über***, ***unter*** und ***um*** sowohl **feste** als auch **unfeste Zusammensetzungen** mit unterschiedlichen **Bedeutungen**, wie z. B.: *Franz wollte während der Fahrradrallye mit Geschick alle aufgestellten Kegel umfahren und nicht einen einzigen umfahren.*

Lösungen zu den Tests

Texte erschließen (S. 64–65)

1

b Der Text beschäftigt sich mit dem Thema der Energiegewinnung und dem Verbrauch von Energie.

c Stromerzeugung und Stromverbrauch
Wie weiter mit der Energie?
Ein Umdenken ist erforderlich

2

a **1. Abschnitt:** Einschränkungen im Alltag durch Stromausfall
2. Abschnitt: Nachfrage, woher der Strom kommt
3. Abschnitt: früher erfolgte Stromerzeugung ausschließlich in Kohlekraftwerken
4. Abschnitt: Notwendigkeit, mit abbaubaren Rohstoffen, wie Kohle oder Öl, sparsam umzugehen
5. Abschnitt: Bedeutung der erneuerbaren Energien
6. Abschnitt: Notwendigkeit, nach neuen Möglichkeiten der Energiegewinnung zu suchen

b **Schlussfolgerungen:**
Mit Rohstoffen, wie Öl, Kohle, Uran und Plutonium, die in der Natur gefunden und abgebaut werden, muss sparsam umgegangen werden, damit sie auch von späteren Generationen genutzt werden können.
Da erneuerbare Energien unbegrenzt zur Verfügung stehen, muss Energie verstärkt aus diesen Quellen erzeugt werden.
Darüber hinaus sollte weiterhin nach neuen Möglichkeiten der Energiegewinnung gesucht werden.

3

a Das Diagramm gibt Auskunft über die Stromerzeugung in Deutschland.

b **1** Den höchsten Anteil an der Energieerzeugung in Deutschland hat die Braunkohle.
2 Erneuerbare Energien decken 15 % der Stromerzeugung in Deutschland.
oder:
Durch erneuerbare Energien wird mehr Strom erzeugt als durch Erdgas.

c Reihenfolge absteigend: Braunkohle, Kernenergie, Steinkohle, erneuerbare Energien, Erdgas, Sonstige

d Text und Diagramm stehen in einem engen Zusammenhang. Das Diagramm untersetzt Aussagen des Textes durch konkrete Daten. Im Text wird die Gesamtmenge der Stromerzeugung genannt, nämlich 600 kWh. Das Diagramm vermittelt die prozentualen Anteile der Energieträger. Um die realen Anteile der Energieträger bestimmen zu können, müssen die Angaben des Diagramms auf die im Text genannte Gesamtmenge der Stromerzeugung in Deutschland bezogen werden.

e Gesamtmenge der Stromerzeugung in Deutschland: 600 kWh. Anteil der erneuerbare Energien: 15 % (rechnerische Lösung: 90 kWh).

Über Sprache nachdenken (S. 186–187)

2 Konjunktionen, Relativpronomen, Fragewort

1 Wer zu Christine Nöstlinger kommt, muss sich nicht die Schuhe ausziehen, weil sie übertriebene Ordnungsliebe hasst. Vor Spinnen hat sie Angst, und auch Schlangen und Mäuse mag sie nicht.

2 Christine Nöstlinger ist eine österreichische Schriftstellerin, die weit über 100 Bücher und Geschichten veröffentlicht hat. Die meisten wurden für Kinder geschrieben, aber manche hat sie auch für Erwachsene verfasst. Einige ihrer Bücher sind verfilmt worden.

3 Sie wurde 1936 in Wien geboren. Ihr Vater war Uhrmacher, die Mutter Kindergärtnerin. Sie ist mit dem Journalisten Ernst Nöstlinger verheiratet und hat zwei Töchter, die beide schon Bücher von ihr illustriert haben. Christine Nöstlinger lebt abwechselnd in Wien oder auf einem Bauernhof. Sie liebt das Pendeln zwischen Großstadt und Land.

4 Christine Nöstlinger ging zunächst auf die Kunstuniversität, um das Malen richtig zu erlernen. Dort stellte sie jedoch fest, dass sie nicht genug Talent hatte. 1970 zeichnete sie trotzdem ein Bilderbuch, und dazu schrieb sie eine Geschichte. Die nannte sie »Die feuerrote Friederike«. Friederike hat rote Haare, weshalb sie von anderen Kindern nicht nur ausgelacht, sondern sogar gequält wird. In ihren Haaren aber stecken Zauberkräfte. Mit Freunden bricht sie schließlich in ein utopisches Land auf, wo alle Menschen glücklich sind.

5 Christine Nöstlinger hat die feste Überzeugung, dass Kinder beim Lesen gern lachen. Sie will Kinder unterhalten und ihnen gleichzeitig erklären, dass sie mit ihren Schwierigkeiten nicht alleine dastehen.

3 Vor Spinnen hat sie Angst(,) und auch Schlangen und Mäuse mag sie nicht. 1970 zeichnete sie trotzdem ein Bilderbuch(,) und dazu schrieb sie eine Geschichte.

4 Wer zu Christine Nöstlinger kommt, muss sich nicht die Schuhe ausziehen, weil sie übertriebene Ordnungsliebe hasst. *oder:* Friederike hat rote Haare, weshalb sie von anderen Kindern nicht nur ausgelacht, sondern sogar gequält wird.

5

a Sie

b Ihr Vater, die Mutter; Sie, beide; Christine Nöstlinger; Sie.

6

a Die österreichische Schriftstellerin, die 1936 geboren wurde, ist bekannt für ihre humorvollen und fantasiereichen Erzählungen.

b Die österreichische Schriftstellerin, die 1936 geboren wurde, ist bekannt für ihre humorvollen und fantasiereichen Erzählungen.

7 **abgeschlossene Handlung:**
veröffentlicht hat, wurden geschrieben, hat verfasst, sind verfilmt worden, wurde geboren, war, illustriert haben, ging, stellte fest, hatte, zeichnete, schrieb, nannte

noch andauernde Handlung:
ist, ist verheiratet, hat, lebt, liebt, hat, will unterhalten, und erklären

8

a wurden geschrieben, sind verfilmt worden, wurde geboren, wird nicht nur ausgelacht, sondern sogar gequält

b **1** Einige Nöstlinger-Bücher wurden verfilmt.
2 Die feuerrote Friederike wurde (von Kindern) ausgelacht.

9

veränderbare Wortarten	nicht veränderbare Wortarten
Nomen, z. B.: die Schuhe, die Ordnungsliebe, die Spinnen, die Angst, die Schlangen, die Mäuse, die Schriftstellerin, die Bücher, die Geschichten, die Kinder, die Erwachsenen, der Vater, der Uhrmacher, die Mutter, die Kindergärtnerin, der Journalist, die Töchter, der Bauernhof, die Großstadt, das Land, die Kunstuniversität, das Talent, das Bilderbuch, die Haare, die Zauberkräfte, die Freunde, die Menschen, die Überzeugung, die Schwierigkeiten	**Adverb**, z. B.: weit, abwechselnd, zunächst, dort, jedoch, genug, trotzdem, dazu, weshalb, sogar, schließlich, gern, gleichzeitig, alleine
Verb, z. B.: kommt, muss ausziehen, hasst, hat, mag, ist, veröffentlicht hat, wurden geschrieben, hat verfasst, sind verfilmt worden, wurde geboren, war, ist verheiratet, illustriert haben, lebt, liebt, ging, erlernen, stellte fest, hatte, zeichnete, schrieb, nannte, ausgelacht und gequält wird, stecken, bricht auf, sind, lachen, will unterhalten und erklären, dastehen	**Konjunktion**, z. B.: weil, und, oder, dass, sondern, aber
Adjektiv, z. B.: übertriebene, österreichische, beide, feuerrote, rote, anderen, utopisches, feste	**Präposition**, z. B.: zu, über, für, mit, von, in, auf, zwischen
Pronomen, z. B.: wer, sie, die (Relativpron.), meisten, manche, einige, ihrer, ihr, die (Demonstrativpron.), ihren (Sg.), wo, alle, ihnen, ihren (Pl.)	

Richtig schreiben (S. 224–225)

1 Deutschkurs – Deutschland – Deutschlehrerin – deutschsprachig – Deutschstunde – Deutschunterricht

2 das Endspiel – die Entscheidung – endgültig – endlos – die Entschuldigung – der Entschluss – das Endergebnis – entsenden – der Endlauf – endlich – entlaufen

3
1 Wir übersetzten den Brief aus London ins Deutsche.
2 Die Gruppe setzte am Morgen mit der Fähre ans andere Ufer über.
3 Der Beste hat das Ziel schon nach zwei Stunden durchlaufen.
4 Das Kaffeewasser ist schon längst durchgelaufen.
5 Wegen des starken Regens stellten sie sich bei uns unter.
6 Die Polizei unterstellt ihnen Diebstahl.
7 Der Trainer umschrieb das peinliche Tor als kleines Missgeschick.
8 Nun habe ich den Hausaufsatz schon das dritte Mal umgeschrieben.
9 Nach der Pause gingen wir zur Tagesordnung über.
10 Meine Meinung übergingen sie einfach.

4 **1** a **2** a **3** b **4** b **5** a **6** a **7** b

5 die deutsche Band (kein Eigenname), internationale Auszeichnungen (kein Eigenname), die Goldene Kamera (Eigenname), die Goldene Stimmgabel (Eigenname), den Bayrischen Musiklöwen (Eigenname), den Vereinigten Staaten von Amerika (Eigenname), ihres nationalen und internationalen Ruhms (kein Eigenname), mit goldenen Messern (kein Eigenname), von goldenen Tellern (kein Eigenname), in der nationalen Presse (kein Eigenname)

Quellenverzeichnis

Textquellen

6 Heine, Luise: Computersicherheit: Warum Phishing tatsächlich etwas mit Angeln zu tun hat. Aus: http://www.geo.de/GEOlino/technik [29. 03. 10] **8 ff.** Drvenkar, Zoran: Niemand so stark wie wir (Auszug). Reinbek: Rowohlt Taschenbuch Verlag, 1998, S. 15 ff. **17** Äsop: Der Löwe und die Maus. Aus: Mader, Ludwig (Hg.): Antike Fabeln: Hesiod, Archilchos, Aesop, Ennius Horaz, Phaedrus, Babrios, Avianus, Romulus. Zürich: Artemis & Winkler, 1951, S. 142 f. **18** Martin Luther: Vom Frosch und der Maus. Aus: Dr. Martin Luthers Werke. In einer das Bedürfniss der Zeit berücksichtigenden Auswahl. Dritter Teil. Hamburg: Friedrich Perthes, 1827, S. 193. **20** La Fontaine, Jean de: Der Frosch und der Ochse. Aus: Der Ochse und das Harfenspiel. Fabeln aus aller Welt. Berlin: Neues Leben, 1974, S. 104 f. **22 f.** Loriot (eigentlich Bernhard Victor Christoph-Carl von Bülow, kurz Vicco von Bülow): Das Frühstücksei. Aus Loriot: Männer und Frauen passen einfach nicht zusammen. Zürich: Diogenes Verlag, 2006, S. 37 f. **41 ff.** Gallauner, Lisa: Verzieh dich! (Auszug) © 2010 by UNDA Verlag. **47 ff.** Funke, Cornelia: Die Wilden Hühner auf Klassenfahrt (Auszug). Hamburg: Dressler Verlag, 1996, S. 9 ff. **50 f.** Stell dir vor … Aus: Ullrich, Lena: Koalas: Waldbewohner mit Stammbaum. Aus: http://www.geo.de/GEOlino/natur [02. 02. 2010] **53** Bei großen Dürren … Nach: Berliner Morgenpost, 10. 10. 09, S. 4 (Berliner Kinderpost) **54 f.** Müller, Simone: Im Grab des Herrschers. Aus: http://www.geo.de/GEOlino/mensch/berufe [26. 04. 11] **57 ff.** Böker, Elisabeth: Weltraumeroberer Juri Gagarin. Aus: http://www.geo.de/GEOlino/mensch [26. 04. 11] **60 f.** Adolf, Jessica: Charles Darwin … Aus: http://www.geo.de/GEOlino/natur [26. 04. 11] **62** *Balkendiagramm* »Fremdsprachen in deutschen Schulen«: 5.–10. Klasse, Statistisches Bundesamt Okt. 2011. *Balkendiagramm* »Fremdsprachen in sächsischen Schulen«: Statistisches Landesamt des Freistaates Sachsen, Medieninformation 44/2010. **63** *Kreisdiagramm*: Schüleraustausch in Zahlen. Nach: Thomas Terbeck: Handbuch Fernweh – Der Ratgeber zum Schüleraustausch. weltweiser Verlag, 2008, S. 109 f. **64** Stromausfall! … Nach: Atomstrom. Aus: Was ist Was-Magazin 5/2009, S. 26–27. **65** *Diagramm* Stromerzeugung in Deutschland. Nach Angaben aus: Was ist Was-Magazin 5/2009, S. 26–27. **96 f.** Schami, Rafik: Andere Sitten. Aus: R. S.: Gesammelte Olivenkerne aus dem Tagebuch der Fremde. München: Deutscher Tachenbuch Verlag, 2000, S. 133 f. **98** Tischsitten in aller Welt. Nach: Floto-Stammen, Sonja: Wo Schmatzen und Schlürfen erlaubt ist. 35 Lieblingsrezepte aus aller Welt von Kindern für Kinder. Kempen: Moses Verlag, 2008, S. 14, 16, 38, 56, 64, 68, 74, 76, 82, 90. © Dr. Sonja Floto-Stammen **99 ff.** Cardoso, Onelio Jorge: Negrita (Auszug aus Kap. 3 und 4), übersetzt von Kerstin Vinz. ©1987 aurich verlag GmbH, 4178 Kevelaer. **103** Pelle ist … Aus: Linde, Gunnel: Wie eine Hecke voll Himbeeren. Aus dem Schwedischen von Birgitta Kicherer. München: Deutscher Taschenbuch Verlag (Gerstenberg bei dtv junior), 2007, S. 8. **104** Ich beschloss … Aus: Green, John: Eine wie Alaska. Aus dem Amerikanischen von Sophie Zeitz. München: Hanser, 2007, S. 25, 27. **105** Pludra, Benno: Das Herz des Piraten (Auszug). Berlin: Der Kinderbuchverlag, 1985, S. 5 ff. **106 f.** Die Ernte. Nach: Scheicher, Uwe: Spaß mit Geschichte: von den Anfängen bis 1500. Berlin: Volk und Wissen Verlag, 1990, S. 3. **109** Drvenkar, Zoran: Niemand so stark wie wir (Auszug). Reinbek: Rowohlt Taschenbuch Verlag, 1998, S. 15 ff. **115** Tuckermann, Anja, Steinhöfel, Andreas: David Tage. Mona Nächte (Auszug). Hamburg: Carlsen, 2001, S. 8 f. **116 ff.** Richter, Jutta: Hechtsommer (Auszug). München: Reihe Hanser bei dtv, 2008, S. 13 ff. © München, Wien: Carl Hanser Verlag, 2004. **120 ff.** Schiller, Friedrich: Der Handschuh. Aus: Thalheim, Hans-Günther u. a. (Hg.) : Friedrich Schiller. Sämtliche Werke in zehn Bänden. Berliner Ausgabe. Band 1. Berlin, Weimar: Aufbau Verlag, 2005, S. 426. **124 ff.** Fontane, Theodor: Die Brück am Tay. Aus: Fontanes Werke in fünf Bänden. Bd. 1. Berlin, Weimar: Aufbau Verlag, 1975, S. 46 ff. **126** Das Zugunglück auf der Tay-Brücke. Aus: Zürcherische Freitagszeitung vom 2. Januar 1880. **128 f.** Mey, Reinhard: Nanga Parbat. Aus: Reinhard Mey: CD »Nanga Parbat« (Booklet). EMI Music Germany, 2004. **132 ff.** Goethe, Johann Wolfgang von: Der Zauberlehrling. Aus: J. W. v. G.: Werke. Hamburger Ausgabe in 14 Bänden, Band I. München: Deutscher Taschenbuch Verlag, 1996, S. 276. **135** Gereimte Geschichten mit dramatischer Handlung: Silke König (Autorin). **136 f.** Droste-Hülshoff, Annette von: Der Knabe im Moor. Aus: Häckel, Manfred (Hg.): A. v. D.-H.: Werke und Briefe in zwei Bänden. Bd. I. Leipzig: Insel Verlag, 1976, S. 344 ff. **138** Brecht, Bertolt: Der

Schneider von Ulm. Aus: B. B.: Gesammelte Werke in 20 Bänden, Band 9. Frankfurt/M.: Suhrkamp Verlag, 1967, S. 645 f. **139** Lasch, Burkhard: Jugendliebe. Aus: http://www.ute-freudenberg.de/jugend.html [31. 05. 2010] **140** Ich bin Ankleiderin … Nach: Leipert, Lydia: Kleine und große Umzüge. Aus: Berliner Zeitung vom 20. 05. 2008, S. 22. **141** Aus dem Einmaleins einer Maskenbildnerin. Nach: Krause, Marlene A.: Maskenbildner. Aus: Das neue Universum: Ein Jahrbuch für Forschung, Wissen, Unterhaltung. München: Südwest-Verlag, 2002. **142** Für jede Maske … Nach: Krause, Marlene A.: Maskenbildner. Aus: Das große Readers Digest Jugendbuch. 35. Folge. 1994/95. Frankfurt: Verlag Das Beste, 1994, S. 246 ff. **144** Aus einem Interview mit den beiden Leitern der Sektion Kinder- und Jugendfilme der Berliner Filmfestspiele **147** Die ersten Rezepte … Nach: Schmitt, Sabine: Ruhig Blut. Aus.:www.welt.de/print-welt/article278216/Ruhig_Blut.html [25. 02. 2010] **148** Mit der Firma … Nach: Schmitt, Sabine: Ruhig Blut. Aus: www.welt.de/print-welt/article278216/Ruhig_Blut.html [25. 02. 2010] **148** Blut fließt. Nach: Schmitt, Sabine: Ruhig Blut. Aus: www.welt.de/print-welt/article278216/Ruhig_Blut.html [25. 02. 2010] **151** Linn R. … Nach: Link, Barbara: Die rote Zora. Aus GEOlino 1/2008, S. 60 ff. **152** Eine Souffleuse … Nach: Scory, Vera: Unsichtbare Rolle. Aus: Junge Bühne. Das junge Theatermagazin der Deutschen Bühne, Sept. 2007, 1. Jahrgang, S. 34 ff. **153** Berufsbild Tontechniker/-in. Nach: Deutscher Bühnenverein (Hg.): Berufe am Theater. Köln, 2007. **154** Berufsbild Beleuchter/-in und Bühnenhandwerker/-in. Nach: Deutscher Bühnenverein (Hg.): Berufe am Theater. Köln, 2007. **155** Berufsbild Theaterschuhmacher/-in. Nach: Deutscher Bühnenverein (Hg.): Berufe am Theater. Köln, 2007. **163** Ewalds Überlegungen. Nach: Nöstlinger, Christine: Das Austauschkind. Wien: Dachs-Verlag, 1998, S. 13–14. **167** Nehmt ihr ihn nun? Nach: Nöstlinger, Christine: Das Austauschkind. Wien: Dachs-Verlag, 1998, S. 22. **167** Das Einzige … Nach: Nöstlinger, Christine: Das Austauschkind. Wien: Dachs-Verlag, 1998, S. 22–23. **169** Ewalds Wunsch … Nach: Nöstlinger, Christine: Das Austauschkind. Wien: Dachs-Verlag, 1998, S. 29–30. **170** Ewald hielt … Nach: Nöstlinger, Christine: Das Austauschkind. Wien: Dachs-Verlag, 1998, S. 31. **172** Die Familie … Nach: Nöstlinger, Christine: Das Austauschkind. Wien: Dachs-Verlag, 1998, S. 44–45. **174** Das Fahrrad? Nach: Kalwa, Eva: Ein Mädchen küssen? Merkwürdig. Aus: Der Tagesspiegel vom 31. 10. 2008. **177** Manz, Hans: Begegnungsformen. Aus: Mit Wörtern fliegen. Neues Sprachbuch für Kinder und Neugierige. Beltz Verlag, Weinheim/Basel 1995, S. 29. **188** Das Grundieren … Nach: Film & Kino: Geschichte, Technik, Stars. Text von Richard Platt. Aus dem Engl. übers. von Manfred Kottmann. Reihe: Sehen, staunen, wissen. Hildesheim: Gerstenberg, 1992, S. 34 f. **211** Wieso klappern Klapperschlangen? Nach: Hell, Ilse und Arnim, Oliver: Das große Buch der 555 interessantesten Kinderfragen. München: Compact Verlag, 2003, S. 87. **216** Das Rätsel von den Gummibärchen. Nach: Hell, Ilse und Arnim, Oliver: Das große Buch der 555 interessantesten Kinderfragen. München: Compact Verlag, 2003, S. 41. **219 f.** *Rallye, Medaillon, downloaden, indiskret.* Aus: Dudenredaktion (Hg.): Duden: Die deutsche Rechtschreibung. 25., völlig neu bearbeitete und erweiterte Auflage. Mannheim, Wien, Zürich: Dudenverlag, 2009, S. 358–359, 565, 722, 878. **226 f.** Nesbit, Edith: Die Kinder von Arden (Auszug). Übersetzt von Sybil Gräfin Schönfeldt. Hamburg: Cecilie Dressler Verlag, 2001, S. 51 f., 171–174. **227 ff.** Ruppel, Ursula: Die Kinder von Arden (Auszug). Nach dem Roman von Edith Nesbit. Hörspielbearbeitung für den SWR 2003. **235** Werbung muss … Nach: Bucci, Claudia: Werbung früher und heute. Aus: http://www.wenhardt-bucci.de **241** Blindekuh. Nach: Bernd Schreiber: Blindekuh. In: Gelberg, H-J. (Hg.): Die Erde ist mein Haus. 8. Jahrbuch der Kinderliteratur. Weinheim: Beltz, 1998, S. 114 f. **244** Inas rosa Freund. Nach: Jo Pestum: Inas rosa Freund. In: Westhoff Hannelore (Hsg.): Die schönsten Schulgeschichten. Ravensburg Ravensburger Buchverlag, 1990, S. 85 ff. **246** Diebe schieben gestohlene Pflanzen durch die Straße. In: Sächsische Zeitung, 02. 07. 02, S. 6.

Bildquellen

6 © Martina Berg-Fotolia.com **8** *Buchcover* (Niemand so stark wie wir): © by Rowohlt Verlag GmbH, Reinbek bei Hamburg **15** Thomas Schulz, Teupitz **21** picture-alliance/ZB, Frankfurt a. M. **23** Loriot: Das Frühstücksei. Aus: Copyright © 2008 Diogenes Verlag AG Zürich **25** Marianne Thiele, Krakow am See **29** Thomas Schulz, Teupitz **31** Thomas Schulz, Teupitz **35** Thomas Schulz, Teupitz **47** *Buchcover* (Die wilden Hühner auf Klassenfahrt): Dressler Verlag, Hamburg, 1996 **51** © Andreas Edelmann-Fotolia.com **52** picture-alliance/Paul Mayall, Frankfurt am Main **53** © Africa-Fotolia.com **55** picture-alliance/dpa, Frankfurt am Main **58** picture-alliance/dpa, Frankfurt am Main **61** picture-alliance/Mary Evans Picture Library, Frankfurt am Main **64** © DeVlce-Fotolia.com **78** © Fatman73-Fotolia.com (Computer); © zimmytws-Fotolia.com (Bibliothek); © TOM ANG-Fotolia.com (Bücherregal) **80** *Buchcover* (Was du schon immer über China wissen wolltest): Berlin Verlag, Berlin 2008; *Buchcover* (China heute): Gerstenberg Verlag, Hildesheim; *Cover* (GEO Spezial China): Gruner + Jahr AG, Hamburg 2003 **83** © XtravaganT-Fotolia.com **86** Thomas Schulz, Teupitz **96** © CIRIC **103** *Buchcover* (Wie eine Hecke voll Himbeeren): Deutscher Taschenbuch Verlag München, 2007 **104** *Buchcover* (Eine wie Alaska): Deutscher Taschenbuch Verlag (Reihe Hanser) München, 2007 **106** © tankist276-Fotolia.com **144** Thomas Schulz, Teupitz **115** *Buchcover* (David Tage. Mona Nächte): Carlsen Verlag, Hamburg, 2010 **116** *Buchcover* (Hechtsommer): Deutscher Taschenbuch Verlag, München, 2006 **129** *Filmplakat* (Nanga Parbat): Senator-Filmverleih **134** Archiv VWV **135** picture-alliance/akg-images, Frankfurt a. M. **138** akg-images, Frankfurt a. M. **139** ©AiA-Fotolia.com **140** Thomas Schulz, Teupitz **142** Thomas Schulz, Teupitz **145** picture-alliance/ZB, Frankfurt a. M. **146** picture-alliance/dpa, Frankfurt a. M. **147** Berliner Zeitung / Max Lautenschläger **148** picture-alliance/dpa, Frankfurt a. M. **149** picture-alliance/dpa, Frankfurt a. M **150** picture-alliance, Frankfurt a. M. **151** Universal Pict. Int. Ger./Cinetext, Frankfurt a. M **152** Thomas Schulz, Teupitz **153** Thomas Schulz, Teupitz **154** Thomas Schulz, Teupitz **155** © Thomas Coune-Fotolia.com **156** *Buchcover* (Das Austauschkind): Beltz Verlag Weinheim, 2010 **174** picture-alliance/dpa, Frankfurt a. M. **179** © FCS Photography -Fotolia.com **186** picture-alliance/dpa, Frankfurt a. M. **188** Thomas Schulz, Teupitz **191** picture-alliance/ASA, Frankfurt a. M. **192** © Martina Berg-Fotolia.com **201** Thomas Schulz, Teupitz **202** picture-alliance/ZB, Frankfurt am Main **209** picture-alliance/Berliner Zeitung © Berlin Picture Gate **211** © Steve Byland-Fotolia.com **213** © Sandra Brunsch-Fotolia.com **219** Bibliographisches Institut, Dudenverlag, Mannheim **222** Bibliographisches Institut, Dudenverlag, Mannheim; Thomas Schulz, Teupitz (Jugendliche am PC) **225** picture-alliance/dpa, Frankfurt am Main **236** akg-images, Berlin **239** Mit freundlicher Genehmigung: Berliner Wasserbetriebe

Sachregister

Zu diesem Buch gibt es ein passendes **Arbeitsheft** (ISBN 978-3-06-062753-0).

Autoren und Redaktion danken Veronika Amm, Kristina Bullert, Bärbel Döring, Simone Fischer, Viola Oehme, Katrin Paape und Freya Rump für wertvolle Anregungen und praktische Hinweise bei der Entwicklung des Manuskripts.

Redaktion: Karin Unfried, Gabriella Wenzel
Bildrecherche: Angelika Wagener
Illustrationen: Uta Bettzieche, Leipzig: S. 9, 11, 12, 41, 42, 43, 45, 48, 49, 97, 98, 99, 101, 109, 117, 119, 120, 121, 122, 125, 136, 137, 242, 244, 246
Annette von Bodecker-Büttner, Dresden: S. 227, 229, 231, 232
Susann Hesselbart, Leipzig: S. 27, 34, 37, 38, 56, 66, 69, 70, 73, 75, 76, 85, 111, 128, 130, 132, 133, 157, 158, 159, 160, 163, 165, 166, 167, 169, 171, 172, 173, 177, 181, 183, 184, 192, 197, 199, 204, 206, 213, 215, 216, 217, 237
Christa Unzner, Den Haag: S. 17, 18, 20

Umschlaggestaltung: werkstatt für gebrauchsgrafik, Berlin
Umschlagillustration: Dorothee Mahnkopf, Berlin
Typografisches Konzept, Satz und Layout:
Klein & Halm Grafikdesign, Berlin,
nach Entwürfen von Farnschläder & Mahlstedt, Hamburg

www.cornelsen.de

Die Links zu externen Webseiten Dritter, die in diesem Lehrwerk angegeben sind, wurden vor Drucklegung sorgfältig auf ihre Aktualität geprüft. Der Verlag übernimmt keine Gewähr für die Aktualität und den Inhalt dieser Seiten oder solcher, die mit ihnen verlinkt sind.

Dieses Werk berücksichtigt die Regeln der reformierten Rechtschreibung und Zeichensetzung. Bei den mit [R] gekennzeichneten Texten haben die Rechteinhaber einer Anpassung widersprochen.

1. Auflage, 1. Druck 2012

Alle Drucke dieser Auflage sind inhaltlich unverändert und können im Unterricht nebeneinander verwendet werden.

Druck: Mohn Media Mohndruck, Gütersloh

ISBN 978-3-06-062747-9

Inhalt gedruckt auf säurefreiem Papier
aus nachhaltiger Forstwirtschaft.